세브란스 학생운동사
HISTORY OF SEVERANCE STUDENT MOVEMENT

세브란스 학생운동사

HISTORY OF SEVERANCE STUDENT MOVEMENT

연세대학교 의과대학 의사학과 엮음

발간사

2020년은 한국 민주주의운동의 시작이라 할 수 있는 4·19혁명 60주년을 맞이하는 뜻깊은 해입니다. 이에 한국의 민주주의운동을 재조명하고 정리하는 다양한 작업이 진행되고 있는 것으로 알고 있습니다.

작년 『세브란스 독립운동사』를 발간한 이후 독립운동에 국한하지 않고 근현대 세브란스 학생들의 사회운동을 좀 더 종합적으로 정리할 필요성을 느꼈습니다. 게다가 학생운동은 해방 후 한국 사회의 민주화를 앞당긴 가장 중요하고 상징적인 활동 중 하나입니다. 이에 의사학과에서는 4·19혁명 60주년을 맞은 올해 발간을 목표로 2019년부터 의과대학의 지원을 받아 독립운동을 포함하여 해방 이후 세브란스 학생들이 중심이 되어 펼친 각종 사회운동과 민주화운동에 관한 자료를 정리하였습니다.

일반적으로 의과대학생은 사회 문제에 관심이 많지 않다는 것이 통념입니다. 그러나 세브란스의 학생들은 본업인 학업에 열중하는 중에도 사회가 병들었을 때에는 이를 고치기 위해 분연히 떨치고 일어섰습니다. 이번에 발간되는 『세브란스 학생운동사』는 이러한 사실을 잘 증언해주고 있습니다.

본업만으로도 바쁜 시간을 기꺼이 내어 세브란스 학생들이 일궈낸 다양한 활동상을 새롭게 발굴하여 정리한 의사학과 학과원들에게 감사의 말씀을 전합니다. 학과장인 여인석 교수를 비롯하여 책이 나올 수 있도록 많은 노력을 기울여준 김영수 교수, 그리고 특히 다양한 자료를 새롭게 발굴하고 정리하는 데 애쓴 신창훈 조교의 노고에 깊이 감사드립니다.

이 책은 작년에 출간된 『세브란스 독립운동사』와 더불어 세브란스인이 근현대사의 현장에서 사회를 치료하는 큰 의사로서의 모습을 잘 보여주는 또 하나의 결과물이 될 것입니다. 모쪼록 이번 『세브란스 학생운동사』의 출간이 의료인의 사회적 책임에 대한 깊은 의미를 다시금 생각해보는 계기가 되기를 바랍니다.

2020년 5월
연세대학교 의과대학 학장 장양수

축사

신종 코로나바이러스감염증(COVID-19)으로 혼란스러운 봄입니다. 많은 환자들이 코로나바이러스로 고통받고 모든 국민들이 감염을 우려하고 있습니다. 진료의 일선에 있는 연세의료원 역시 이에 맞서 최선을 다하고 있습니다. 오랜 시간 지켜온 우리 세브란스의 본분이기도 합니다.

하지만 우리는 의료기관인 동시에 교육연구기관입니다. 질병의 대유행(팬데믹)에도 불구하고 우리의 일상이 무너지지 않았듯이, 우리의 교육연구 역시 중단되어서는 안 된다고 생각합니다. 특히 혼란스러운 상황일수록 기본으로 돌아갈 필요가 있으며, 이런 점에서 우리 연세의료원의 연원에 대한 연구는 가치를 발한다고 할 수 있습니다.

이번에 발행되는 『세브란스 학생운동사』는 지난 몇 년 동안 우리가 수행해온 연구결과물 중 하나입니다. 아시는 바와 같이 우리나라 근대 의학의 뿌리인 제중원(세브란스)에 대한 연구성과들이 지속적으로 발간되었습니다. 이러한 연구를 토대로 삼아 세브란스인들의 독립운동과 학생운동을 치밀하게 탐구하는 작업이 진행될 수 있었습니다. 『세브란스 학생운동사』는 올해 4월에 발간된 『3·1운동과 세브란스 독립운동』과 나란히 짝을 이루는 성과라고 할 수 있습니다.

『세브란스 학생운동사』에서는 해방 이전부터 시작하여 8·15해방과 4월혁명을 거치면서 세브란스 학생들이 우리의 독립과 사회 공헌을 위해 얼마나 헌신해왔는지가 잘 나타나 있습니다. 이어서 1980년까지 계속 이어진 학생운동의 역사를 통해 우리 사회의 불의에 눈을 감지 않고 민주화에 기여한 선배들의 모습을 생생히 느낄 수 있습니다.

이러한 방대한 연구성과가 단시간에 나올 수 있는 것은 아닙니다. 의과대학 인문사회의학교실 의사학과에서는 연구팀을 꾸려 자료를 발굴, 정리하여 『세브란스 학생운동사』를 편찬하게 되었습니다. 쉽지 않은 연구를 훌륭한 책으로 마무리한 의사학과의 여인석 교수와 교실원들에게 깊은 감사의 뜻을 표합니다. 이 책을 통해 우리 의료원과 의료인의 본분에 대해서 다시 한번 성찰하는 계기가 되기를 바랍니다.

2020년 5월
연세대학교 의료원장 겸 의무부총장 윤도흠

축사

『세브란스 학생운동사』 출간을 축하드립니다. 모교는 독립운동에 목숨을 바친 수많은 선배님들을 배출함으로써 동창들의 무한한 자부심의 원천이 되고 있는데, 이번에 출간된 『세브란스 학생운동사』를 읽어보니, 그 명맥이 일제강점기부터 건국 초기를 거쳐 우리나라 민주화운동이 정점에 달했던 80년대까지 끊이지 않고 이어져있다는 것을 알았습니다.

일전에 사석에서 4·19 당일 현장에서 겪었던 일화를 들려주신 김병길 선배님의 말씀을 들었을 때에도 깊은 감동을 느낄 수 있었는데, 이 책의 곳곳에서 이용설, 문창모, 양재모, 김재전 등 귀에 익은 선배님들과 은사님들의 존함이 눈에 띄어 현장에서 활약하는 모습이 눈앞에 그려지는 듯하여 흥미롭게 읽을 수 있었습니다.

작년에 펴낸 『세브란스 독립운동사』가 3·1운동 100주년을 기리는 소중한 기념물이었던 것과 같이, 『세브란스 학생운동사』는 4·19학생운동 60주년을 맞아 펴내는 소중한 모교의 기록입니다. 많은 동창들이 읽고 감동을 느끼게 될 것입니다.

과거의 기록물들은 우리 세브란스가 어떤 정체성을 가지고 있는가를 일깨워주고, 미래에 어떤 길로 가야할지를 알려줍니다. 그런 의미에서 『세브란스 학생운동사』는 모교에게 드리는 훈장이 아니라 나침반이라고 생각합니다. 항상 국가와 사회의 중대사를 외면하지 않고 행동으로 보여준 우리의 과거를 거울삼아, 인류에 기여하는 길로 나아가는 길잡이로 삼기를 기대합니다.

오랜 시간 동안 자료를 정리하여 귀한 기록물을 출간해주신 의사학과 여인석 교수님을 비롯한 여러 동창들께 심심한 사의를 표합니다.

감사합니다.

2020년 5월
연세대학교 의과대학 총동창회 회장 한승경

차례

발간사 4   축사 6

시작하는 글 13

1부 해방 이전 세브란스의 학생운동

1 세브란스와 3·1운동   21
   3·1운동 이전의 세브란스   21
   3·1운동의 전개   25
   세브란스 학생들의 3·1운동 참여   30

2 3·1운동 이후 세브란스의 독립운동   35
   대한민국 임시정부와 세브란스   35
   세브란스YMCA의 사회운동   42
   흑백당사건   48

● 『세브란스교우회보』   53

2부 8·15해방과 세브란스

1 해방 직후의 세브란스 학생운동   61
   해방 직후 세브란스학도대의 활동   61
   좌우 대립의 고조와 반탁전국학생총연맹   70
   독립학생전선과 전국학생총연맹   79

2 해방 직후 세브란스의 사회공헌   83
   무의촌 진료활동과 문맹퇴치운동   83
   한국전쟁기 전재민 구호활동과
   세브란스 거제분원   87

● 무의촌 진료봉사활동의 전통   92

3부 4월 혁명과 세브란스

1 4월 혁명의 배경과 경과   101
   4월 혁명의 정치적·사회적 배경   101
   3·15부정선거와 4월 혁명   104

2 세브란스 학생들의 활약   111
   4·19세브란스학생시위   111
   최정규 열사의 희생   117

3 4월 혁명 이후의 학생운동   127
   학도호국단의 해체와 학생자치의 부활   127
   연세대학교 학원민주화운동   131

● 최정규 추도식과 연세대 학생운동   139

4부 1960년대 세브란스의 학생운동

1 한일협정반대운동과 세브란스   145
   한일협정의 추진 배경 및 경과   145
   한일협정반대운동의 고조   149
   세브란스의 한일협정반대운동과
   '일본상품 불매운동'   159

2 반독재민주화운동과 세브란스   169
   1967년 총선과 1969년 3선개헌   169
   세브란스의 3선개헌반대운동과
   단식농성투쟁   175

● 세브란스 학생회 교지 『세브란스』   181

5부 1970년대 세브란스의 학생운동

1 유신 전후의 반독재민주화운동과
　세브란스　　　　　　　　　　　　　189
　유신 이전 학생운동과 1971년 위수령　　189
　10월 유신과 1973년 반유신민주화운동　195

2 긴급조치와 학생운동의 저항　　　　202
　1974년 대통령 긴급조치 제1호와
　의대생 구속사건　　　　　　　　　　202
　구속학생 복권운동　　　　　　　　　213

● 세브란스 학생축제, 세란제　　　　　217

6부 1980년대 세브란스의 학생운동

1 1980년대 학생운동의 배경과 경과　223
　'서울의 봄'과 5·17쿠데타　　　　　　223
　학원자율화조치 전후의 연세대 학생운동　231

2 세브란스 학생들의 반독재민주화운동　241
　변혁적 학생운동의 고조와 1986년
　수업거부투쟁　　　　　　　　　　　241
　세브란스 학생운동의 급진화　　　　　245
　1987년 6월 민주항쟁과 이한열　　　　251

● 『의료원소식』과 「학생란」　　　　　259

맺는 글 265

부록

세브란스 학생운동사 연표 270
기록 속 세브란스 학생운동 274
구술로 만나는 세브란스인의 학생운동 318

참고문헌 337　　자료출처 344　　찾아보기 348

시작하는 글

학생은 학업의 완수를 통해 인재로 성장할 것을 요구받는 존재이다. 근현대 한국의 학생 역시 그로부터 예외가 아니다. 학생은 가족과 주변인들의 기대를 짊어지고 있었다. 오랜 기간에 걸쳐 교육이 계층 상승의 사회적 통로로 기능해왔기 때문이다. 사회의 시선도 그와 다르지 않았다. 일정 수준 이상의 교육과정을 이수한 학생은, 고등교육의 더딘 보급과 그에 따른 수적 희소성으로 말미암아, 그 존재 자체만으로 '지식인'의 자격을 지닐 수 있었다. 즉, 학생은 지식인으로서의 사회적 사명도 도외시할 수 없었다.

근현대 한국의 학생들은 그러한 개인적·사회적 과업을 외면하지 않으면서도, 그 바깥의 영역으로 자신들의 활동범위를 끊임없이 확장해나갔다. 그와 같은 학생들의 능동적 양상을 집약적으로 함축한 용어가 바로 '학생운동'이다. 좁게는 개별 정치적 사안에 대한 직접적 행동부터, 넓게는 문맹 퇴치, 의료봉사와 같은 사회적 운동에 이르기까지, 20세기 전반에 걸쳐 학생들은 스스로 능동적 주체가 되어 '학생운동'을 치열히 전개했다.

널리 알려진 바와 같이, 한국 근현대사의 큰 줄기 속에서 학생운동이 차지하는 역사적 위상과 의의는 결코 가볍지 않다. 학생운동은 현대 한국의 정치적·사회적 민주화를 앞당긴 집단 움직임이었으며, 더욱 거슬러 올라가면 일제강점기 조선의 독립과 해방을 추동한 동력원이었다. 이 책에서 본격적으로 조명하고자 하는 '세브란스 학생운동' 역시 그러한 자장 속에 자리한다. 바꾸어 말하면, 세브란스 학생운동의 역사적 위치를 탐색하는 작업은 한국 근현대 학생운동의 여정을 재확인하는 지점에서 명확한 연구사적 의의를 내포한다.

그런데 '학생운동'이라는 개념이 논리적으로 성립하기 위해서는 반드시 충족되어야 하는 선결 조건이 있다. 바로 '주체'와 '공간'의 형성이다. 학생운동은 학생을 주체로 하는 운동이며 학생은 학교를 통해 형성되는 주체인 이상, '학교 없는 학생', 그리고 '학생 없는 학생운동'은 존재할 수 없기 때문이다. 세브란스 역시 학생들을 길러내는 학교이기에 이 도식에서 예외는 아니다. 즉, '세브란스 학생운동' 역시 공간으로서의 '세브란스', 그리고 주체로서의 '세브란스 학생'이 마련되었을 때 비로소 모습을 드러냈을 것이다.

이 지점에서 세브란스 학생운동만의 고유한 역사적 의의가 도출된다. 세브란스와 세브란스 학생은 한국 근현대사에서 가장 오랜 학생운동의 전통을 지닌 공간과 주체라 할 수 있다. 선행연구를 통해 상세히 규명된 바와 같이, 세브란스의 연원은 1885년 설립된 한국 최초의 서양식 근대 병원 제중원濟衆院, 그리고 다음해 부속 교육기관으로 출범한 제중원의학당濟衆院醫學堂으로 거슬러 올라간다.[1] 특히 제중원의학당을 직접적으로 계승한 세브란스병원의학교─病院醫學校는 명실상부 한국 근대 의료의 산실로, 1908년 제1회 졸업생 김필순金弼淳

(1908), 김희영金熙榮(1908), 박서양朴瑞陽(1908), 신창희申昌熙(1908), 주현측朱賢則(1908), 홍석후洪錫厚(1908), 홍종은洪鐘殷(1908)을 배출하며 세브란스 학생의 산실로 자리매김했다.

이에 이 책은 한국 근현대사를 무대로 하여 세브란스 학생들이 전개한 다양한 형태의 '세브란스 학생운동'을 연대기적으로 폭넓게 아우르고자 한다. 그중에서도 특히 세브란스 학생들이 참여한 정치적 성격의 운동을 중점적으로 서술할 것이며, 그 주변에서 전개된 각종 형태의 사회적 운동은 가능한 범위 내에서 포괄할 것이다. 시간상으로는 일제강점기 조선의 독립을 선언한 1919년 3·1운동, 그리고 현대 한국의 민주주의를 실질적 제도화의 단계로 끌어올린 1987년 6월 민주항쟁을 각각 시점과 종점으로 설정할 것이다.

비중의 측면에서는 1945년 해방 이후의 세브란스 학생운동을 집중적으로 조명할 것이다. 일본 제국주의의 강점이 종식된 이래로 한국 사회는 민주주의를 향하여 조금씩 발걸음을 내딛어왔다. 분단, 전쟁, 독재를 비롯한 한국 현대사의 여러 굴곡이 방증하듯이, 그 여정은 길고 험난한 것이었다. 그러나 스스로의 힘으로 시련을 견뎌내고 그것을 극복했을 때, 그에 비례하여 민주주의도 한국 사회에 점차 그 모습을 드러냈다. 1960년 4월 혁명, 1964-1965년 한일협정반대운동, 1970년대 반유신민주화운동, 1987년 6월 민주항쟁 등은 바로 그러한 역사적 의의를 함축한 주요 사건들이었다. 세브란스 학생들도 시대

---

1 제중원과 세브란스의 역사적 연속성에 관해서는 여인석·신규환 공저, 『제중원 뿌리논쟁』, 역사공간, 2015 참조.

적·사회적 사명감을 지고 그 현장의 중심을 지켰다.

이 책의 구성은 다음과 같다. 먼저 1부에서는 해방 이전의 세브란스 학생운동을 다룰 것이다. 구체적으로는 3·1운동을 핵심 주제로 하여 세브란스 학생들의 참여 양상을 확인한 후, 그로부터 발아한 세브란스 학생운동의 전통을 추적할 것이다. 이어지는 2부에서는 우익 학생운동을 중심으로 해방 직후 세브란스의 학생운동을 개괄하는 한편, 같은 시기 전개된 여러 형태의 사회운동을 함께 살펴보고자 한다.

3부에서는 당대에 생산된 자료를 토대로 세브란스 학생운동이 4월 혁명의 꽃을 틔워내는 양상을 재구성할 것이다. 그 가운데에서 스러진 최정규崔正圭(1965)에 대한 조명도 물론 간과하지 않을 것이다. 아울러 4부에서는 1960년대에 세브란스에서 학생운동이 점차 고조되는 양상을 순차적으로 따라가고자 한다. 한일협정반대운동과 3선개헌 반대운동이 그 소재가 될 것이다.

다음에서는 세브란스 학생운동의 시련과 침체, 그리고 부활을 다룰 것이다. 먼저 5부는 1970년대를 배경으로 하여 유신 전후의 반독재민주화운동과 1974년 세브란스 학생들의 긴급조치 1호 위반 사건을 아우를 것이며, 이어서 6부는 1980년대 변혁적·급진적 이념의 유입 속에서 세브란스 학생운동이 다시 활기를 되찾아가는 모습을 그려낼 것이다.

마지막에는 학생운동사 연표와 사진 및 기록, 학생운동 참가자들의 구술을 부록으로 실었다. 그 외에 본문에서 미처 다루지 못한 당대 세브란스 학생운동의 다양한 모습들은 각 장의 보론으로 배치했다.

이 책의 토대가 된 자료는 다음과 같다. 먼저 근현대 세브란스 학생들의 모습을 생생히 드러내는 각종 정기간행물을 핵심 자료로 활용했다. 이에 해당하는 대표적인 매체는 『연세춘추』로, 해당 신문은 1957년 세브란스의과대학과 연희대학교가 통합한 이래로 세브란스를 포함한 연세대학교 학생사회의 동향을 보여주는 기본 자료이다. 1980년대에 발행된 『의료원소식』의 「학생란」 역시 해당 시기 세브란스 학생사회의 모습을 살펴보는 데 유용하다. 그 외에 연세대학교 의과대학 학생회와 세브란스병원 원목실이 각각 간행한 두 개의 『세브란스』도 세브란스 내의 분위기를 파악하는 측면에서 적지 않은 도움이 되었다. 세브란스 외부의 간행물로는 『경향신문』, 『동아일보』, 『조선일보』 등 주요 일간지를 참고했다.

다른 한편으로 이 책은 연세대학교 의과대학 의사학과 및 기타 기관에서 생산, 축적한 자료에 크게 의존했다. 특히 『연세의사학』에 게재된 세브란스 출신 인물들의 구술은 기존의 문헌만으로는 파악할 수 없었던 세브란스 학생운동의 여백을 보충하는 데 결정적으로 기여했다. 연세대학교 의과대학 동창회에서 간행하는 『세우世友』도 인명, 졸업년도를 비롯한 세브란스 출신 인물의 인적 정보를 파악하는 데 큰 도움이 되었다.[2] 아울러 민주화운동기념사업회 오픈아카이브, 국사편찬위원회 전자사료관에 소장된 사진자료도 세브란스 학생운동의 실제 모습을 생생히 드러내는 귀중한 자료로 활용되었다. 그 외에 책을 준비하는 과정에서 새롭게 발굴한 수기, 판결문 등도 본문 서술을 풍부히 하는 토대가 되었다.

---

2   본문의 인명 및 졸업년도의 표기 역시 『세우』를 기준으로 했다. 단, 비졸업생의 경우 남아있는 자료를 토대로 가능한 범위 내에서 인명과 입학년도를 표기했다.

일러두기

- 인물명에 붙은 괄호는 졸업년도이다. 졸업을 못한 경우에는 연도+설명 (중퇴, 입학)으로 표시했다.
- 맞춤법, 띄어쓰기, 외래어표기는 국립국어원 기준에 따랐다.
- 인용 사료(당시 선언문, 구호 등)는 국립국어원의 맞춤법과 띄어쓰기를 적용하지 않고 원문 그대로 수록했다.
- 부록에 실은 〈기록 속 세브란스 학생운동〉의 자료는 학생민주화운동의 기록과 사회봉사활동 순으로 실었다.

1부

해방 이전 세브란스의 학생운동

1

세브란스와 3·1운동

3·1운동 이전의 세브란스

1885년 4월 10일 미국 북장로교 선교부는 선교사 호레이스 알렌Horace N. Allen의 주도로 서울 재동 소재 구 홍영식洪英植 저택에 광혜원廣惠院을 개원했다.[1] 개원 2주 후 제중원으로 개칭된 이 병원은 한국 최초의 서구식 의료기관으로,[2] 한국 근대 의료사의 획기적 전환점이자 동시에 현 세브란스병원의 출발점이다. 다음해 3월 29일에는 부속 교육기관인 제중원의학당이 개교하였는데, 그 역시 연세대학교 의과대학의 효시를 이루었다.[3]

---

1 호레이스 알렌 저, 김원모 역, 『알렌의 일기』, 단국대학교출판부, 2004, 47-48쪽; 「광혜원을 설치하도록 하다」, 『고종실록』 22, 1885년 음력 2월 29일.
2 「광혜원을 제중원으로 개칭하다」, 『고종실록』 22, 1885년 음력 3월 12일.
3 「설제중원」, 『한성주보』, 1886년 2월 1일 1면.

초기 제중원의학당의 의학교육은 순조롭지 못했다. 내외의 여러 장애물로 말미암아 졸업생을 배출하지 못했다. 그러나 1893년 제4대 원장으로 부임한 선교사 올리버 에비슨Oliver R. Avison의 노력으로 제중원과 제중원의학당은 중흥을 맞이했다. 그는 조선 정부로부터 제중원의 운영권을 완전히 이양받는 한편, 임상 현장에 초점을 맞추는 방향으로 꾸준히 의학교육의 체계화를 시도했다.[4] 제중원의학당은 1899년 제중원의학교로 재출발하여 1908년 제1회 졸업생 7명을 배출할 정도로 성장을 거듭했다.

이 무렵 제중원의학교는 세브란스병원의학교로도 통칭되었다.[5] 1909년에는 세브란스병원의학교로 학부에 등록되었다. '세브란스'는 1900년 제중원의 근대식 병원 건립에 1만 달러를 기부한 미국 사업가 루이 세브란스Louis H. Severance를 기념하는 뜻에서, '연합'은 북장로교, 성공회, 남·북감리교, 남장로교, 캐나다장로교, 호주장로교 등을 비롯한 여러 개신교 교단의 의학교 공동 운영을 상징하는 차원에서 교명에 반영된 것이었다.[6] 그와 같은 직간접적인 후원에 힘입어 세브란스는 본래의 사명, 즉 근대적 의학도 양성에 더욱 집중할 수 있었다.

세브란스의 역사적 역할은 식민지시기에도 면면히 이어졌다. 물론 그 과정이 순탄한 것은 아니었다. 불행히도 자주독립국을 향한 한

---

4 여인석, 「제중원의 의학교육과 서양의학의 토착화」, 연세대학교 의학사연구소 편, 『한국 근대 의학의 기원, 연세』, 역사공간, 2016, 100-105쪽.
5 1908년 졸업생 김희영의 졸업장에는 세브란스병원의학교로 표기되어 있다.
6 김도형, 「종합대학을 향한 여정-언더우드와 에비슨의 동역」, 위의 책, 119쪽.

국인들의 열망은 1910년 일본 제국주의의 강점으로 말미암아 꺾이고 말았고, 이는 세브란스에도 영향을 미쳤다. 특히 조선총독부는 「의사규칙」, 「의사시험규칙」을 연이어 공포하였는데, 이에 따르면 세브란스 학생은 학교 졸업 후 별도의 의사시험을 통과해야 비로소 의사면허를 취득할 수 있었다.[7] 세브란스를 비롯한 조선의 사립 의학교육기관을 철저히 견제하는 조처임이 분명했다. 게다가 1915년 공포된 「전문학교규칙」은 '전문학교'의 인가, 운영, 폐쇄에 관한 폭넓은 권한을 조선총독부 총독에 부여했다.[8] 이제 세브란스는 언제든지 총독에 의해 존폐의 위기에 몰릴 수 있는 상황에 봉착했다.

세브란스는 일련의 제도적 변화를 주시하며 기민하게 대응했다. 1913년 의학교를 신축하는 한편, 교수진을 대거 확충했다. 의학교육의 질적 쇄신을 위한 조치였다.[9] 1917년에는 「전문학교규칙」 공포에 대응하여 세브란스연합의학전문학교─聯合醫學專門學校로 다시 거듭났다.[10] 그러한 노력에 힘입어 1923년을 기점으로 세브란스 졸업생에 대한 무시험 의사면허 부여가 확정되었다.[11]

세브란스 의학교육의 수준이 제고됨에 따라 학생들도 꾸준히 모여들었다. 단적으로 1918년 한 해에만 10명의 졸업생이 배출될 정도

---

7   「의사규칙의 발포」, 『매일신보』 1913년 11월 16일 2면; 「의사시험규칙에 대하야(中野 위생과장담)」, 『매일신보』 1914년 7월 23일 2면.
8   「전문학교규칙」(1915.3.24.)
9   신규환·박윤재 공저, 『제중원 세브란스 이야기』, 역사공간, 2015, 153쪽.
10   「사립의전 개교식」, 『매일신보』 1917년 6월 13일 2면; 「세브란스의학전문교 개교식, 13일 오후 3시」, 『매일신보』 1917년 6월 15일 3면.
11   신규환·박윤재, 앞의 책, 154-155쪽.

였다.¹² 이처럼 학생층이 두텁게 축적되자 그에 비례하여 학생운동의 기반도 점차 마련되었다. 학생들을 구성원으로 하는 자율적 조직의 출범이 그 증거였다. 세브란스의 경우, 기독교청년회Young Men's Christian Association(이하 'YMCA')가 이에 해당했다. 세브란스병원의학교 시절부터 여러 선교사들의 공헌과 기여 속에서 성장해온 학교였기에, 세브란스에는 기독교의 영향력이 이미 깊게 배어있었다. 이는 세브란스YMCA의 활성화로 이어져, 거의 모든 세브란스 학생들이 YMCA와 직간접적인 관계를 맺는 것으로 귀결되었다.¹³ 실제로 세브란스YMCA의 활발한 움직임은 조선YMCA연합회의 창립 과정을 통해 방증된다. 1914년 4월 개성 한영서원韓英書院에서 해당 단체가 출범했을 당시, 세브란스YMCA는 창립 구성원으로 참가한 유일한 상급학교 조직이었다.¹⁴

1910년대 세브란스YMCA의 활동은 학생들에게 운동의 경험을 제공한 측면에서 역사적 의의를 지닌다. 세브란스 학생들은 YMCA를 조직적 기반으로 삼아 다양한 형태의 활동을 전개해나갔다. 그중에서도 특히 세브란스YMCA가 주력한 사업은 연합전도회 준비 및 참여였다. 1916년 여름방학 활동이 그에 해당하는 대표적 사례로, 당시 세브란스YMCA는 배재학당培材學堂, 경신학교儆新學校 학생들과 더불어

---

12 「세부란시의학교 졸업식, 학제변경후 제1회」, 『매일신보』 1918년 3월 28일 3면. 1925년 기준 세브란스 재학생은 총 68명이었다. 장규식, 「1920-30년대 YMCA학생운동의 전개와 일상활동」, 『한국기독교와 역사』 27, 2007, 79쪽.
13 장규식, 「YMCA학생운동과 3·1운동의 초기 조직화」, 『한국근현대사연구』 20, 2002, 117쪽.
14 위의 글, 119쪽.

순회 음악회 형식의 전도활동을 전개했다.[15]

물론 이상의 활동을 엄격한 의미의 학생운동으로 파악하는 데에는 일정한 한계가 뒤따른다. 기본적으로 종교적 성격을 강하게 내포한 것이었기 때문이다. 그러나 하나의 조직을 토대로 하여 공통의 운동을 준비, 주도하는 과정에서 축적된 '경험'과 '네트워크'는 세브란스 학생들에게 소중한 자산이 되었다. 다음 절에서 살펴보는 바와 같이, 세브란스 학생들이 3·1운동에 능동적으로 참여할 수 있었던 배경에는 YMCA 활동을 통해 마련된 경험과 네트워크가 있었다. 즉, 향후 세브란스 학생운동을 이끌어나갈 주체는 이미 1910년대 세브란스의 공간 속에서 형성되고 있었다.

3·1운동의 전개

1918년 11월 약 5년여에 걸친 제1차 세계대전이 마침내 종식되었다. 곧 전쟁의 여파가 전전戰前의 국제질서를 강타하여, 패전국인 독일제국, 오스트리아-헝가리제국, 오스만튀르크제국이 연이어 해체되었다. 전쟁 와중에 혁명이 발발한 러시아에서도 제정이 무너지고 블라디미르 레닌Vladimir Lenin이 이끄는 볼셰비키가 세계 최초의 사회주의 국가를 수립했다. 승전국인 영국, 프랑스 역시 전쟁 수행 과정에서 입은 극심한 인적·물적 피해로 말미암아 과거의 국제적 지위를 그대

---

[15] 위의 글, 120-122쪽.

로 지켜낼 수는 없었다. 유럽 제국주의 열강 본위의 국제질서가 한계에 다다르고 있었다.

조선인들은 그러한 국제질서의 변동 속에서 독립의 실마리를 찾고자 했다. 그들이 특히 주목했던 것은 미국 대통령 우드로 윌슨Woodrow Wilson이 전후 세계질서의 기본 원칙으로 제창한 '민족자결주의'였다. 윌슨은 민족자결주의에 따른 식민지의 해방을 핵심 기조로 삼아 전후 국제질서의 재편을 주도하고자 하였고, 이는 제1차 세계대전으로 입증된 미국의 압도적 국력을 통해 뒷받침되었다. 이에 조선인들은 민족자결주의에 호응하여 국제적으로 독립 의지를 드러냄으로써 일본 제국주의의 통치에서 해방되고자 했다.[16]

이에 국내외의 여러 정치·사회 단체들이 조선의 독립 의지를 국제사회에 알릴 실질적 수단을 모색했다. 먼저 행동에 나선 세력은 국외의 신한청년당新韓靑年黨이었다. 상하이의 여운형呂運亨, 신규식申圭植 등은 1918년 11월 신한청년당을 조직한 후, 김규식金奎植을 대표로 선정하여 1919년 파리강화회의에 파견했다.[17] 일본 본국에서도 일련의 정치적 움직임이 일어났다. 1919년 2월 8일 도쿄의 조선인 유학생들은 조선기독교청년회관에 모여 조선의 독립을 선언한 후, 그 취지를 담은 '독립선언서', '결의문' 등을 제국의회 의원, 조선총독부 및 일본 소재 각국 대사관과 언론사에 발송했다.[18]

---

16 박찬승, 『한국근대정치사상사연구』, 역사비평사, 1992, 168-169쪽.
17 정병준, 「중국 관내 신한청년당과 3·1운동」, 『한국독립운동사연구』 65, 2019, 8-28쪽.
18 김인덕, 「일본지역 유학생의 2·8운동과 3·1운동」, 『한국독립운동사연구』 13, 1999, 15-16쪽.

이처럼 국외 세력의 움직임이 본격화되자 국내에서도 그에 호응하는 집단적 행동이 점차 가시화되었다. 그 중심에는 천도교, 기독교를 비롯한 종교세력이 있었다. 천도교는 교단을 조직적 기반으로 삼아 1919년 1월 말부터 본격적으로 구상을 가다듬기 시작했다. 이들은 교주 손병희孫秉熙와 간부 최린崔麟, 권동진權東鎭, 오세창吳世昌 등을 중심으로 '대중화', '일원화', '비폭력'의 3대 원칙을 수립하는 한편, 타 교단에 공동 연대를 타진했다.[19]

당시 개신교 계열은 이승훈李昇薰, 함태영咸台永 등이 자체적으로 모종의 운동을 기획하고 있던 터였다. 그 와중에 최린을 통해 천도교 측의 연대 의사가 전달되자, 개신교계 인물들은 긍정적으로 화답하여 2월 23일 공동 행동의 방향으로 의견을 수렴했다.[20] 마침내 2월 말에 이르러 독립선언 및 대규모 만세시위운동을 주도할 단일 지도부가 형성되었다. 그들이 곧 2월 28일 손병희의 자택에 모인 천도교 대표 15인, 개신교 대표 16인, 불교 대표 2인, 즉 '민족대표 33인'이었다.[21]

민족대표 33인이 수립한 본래의 계획은 1919년 3월 1일 서울 탑골공원(당시 명칭은 '파고다공원')에서 「기미독립선언서」를 낭독하고 대규모 만세시위를 전개하는 것이었다. 마침 3월 3일에는 고종高宗의

---

19 국사편찬위원회 한국사데이터베이스, 『한민족독립운동사자료집』 11, 「손병희 신문조서 제1회(1919.4.11.)」.

20 국사편찬위원회 한국사데이터베이스, 『한민족독립운동사자료집』 11권, 「손병희 신문조서 제2회(1919.4.12.)」; 국사편찬위원회 한국사데이터베이스, 『한민족독립운동사자료집』 12권, 「함태영 신문조서 제2회(1919.9.15.)」.

21 국사편찬위원회 한국사데이터베이스, 『한민족독립운동사자료집』 11권, 「손병희 신문조서 제2회(1919.4.12.)」.

국장이 예정되어 있었다. 그의 정치적 상징성과 당대에 유포된 독살설을 고려하면, 다수의 군중이 3월 초 서울에 집결할 것은 명약관화했다. 그러나 민족대표 33인은 2월 28일 저녁 손병희의 자택에서 최종 논의를 거친 끝에 계획을 수정했다. 선언 장소를 탑골공원에서 태화관泰和館으로 변경한 것이 그 핵심으로, 이는 운동의 폭력화와 그에 수반될 희생을 우려한 결과였다.[22]

마침내 1919년 3월 1일이 밝아오자, 민족대표 33인은 수정된 계획을 그대로 행동에 옮겼다. 학생들을 비롯한 대규모 군중이 탑골공원에 집결하여 민족대표의 독립선언을 기다렸다. 민족대표들이 모습을 드러내지 않자 일부 학생들이 직접 태화관으로 이동해 합류를 요청했다. 익히 알려진 바와 같이 태화관에 모인 민족대표들은 학생들의 요청을 거부하였고, 곧이어 독립선언서를 낭독한 후 일제 당국에 자진 신고하여 종로경찰서로 연행되었다.[23] 이로써 3·1운동은 민족대표의 손을 떠났고, 탑골공원에 모인 학생과 군중들은 스스로 독립선언서를 낭독한 후 시내로 나아가 만세시위를 전개했다. 3·1운동의 시작이었다.

서울에서의 시위와 함께 평양, 진남포, 안주 등에서 동시다발적으로 시위가 일어났다. 이미 운동 지도부는 후술할 학생 '네트워크'를 이용해 지방으로 선언서를 배포해둔 터였다. 급기야 3월 중순에는 운

---

22 국사편찬위원회 한국사데이터베이스, 『한민족독립운동사자료집』 11권, 「함태영 신문조서 제1회(1919.8.28.)」
23 『조선독립신문』 1919년 3월 1일 1면.

자료 1-1   3·1운동 소식을 보도한 『조선독립신문』 1919년 3월 1일 1면

동의 불길이 전국으로 확대되었다. 주요 도시의 시위가 일본 제국주의의 통치에 대한 보편적 반감에 불을 붙이자, 계층, 종교, 직업을 망라한 자생적 시위가 전국 각지에서 조직된 것이었다.

일제는 초지일관 무력으로 운동을 탄압했다. 3월 초 전국 각지에 군이 배치되었으며, 4월 초에는 본국에서 추가로 파견된 부대까지 무

력 진압에 동원되었다.²⁴ 무자비한 유혈 진압으로 말미암아 전국에서 사상자가 속출하자, 3·1운동의 성격도 본래의 비폭력투쟁에서 폭력투쟁으로 점차 바뀌어나갔다. 지역에 따라서는 학살이 자행된 경우도 더러 있었는데, 특히 경기도 화성 수촌리와 제암리에서는 다수의 주민이 일본 군경에 의해 일방적으로 학살되는 참극이 벌어졌다.

결과적으로 3·1운동은 일제의 가혹한 탄압에 부딪히며 소기의 목적을 달성하는 데에 실패했다. 제1차 세계대전의 승전국인 일본의 강점하에 있던 조선에는 패전국 식민지 처리의 원칙이 된 민족자결주의가 적용되지 않았다. 그러나 전 조선인들이 일본 제국주의 통치에 반대한다는 사실은 3·1운동을 통해 분명히 확인되었고, 이는 향후 한국 독립운동의 근간이 되었다. 1919년 상반기 해외 각지에서 출범한 '임시정부'는 바로 그 의지를 구현한 결과물이었다.

세브란스 학생들의 3·1운동 참여

종교계의 3·1운동 준비 계획은 미션스쿨 내의 YMCA를 경유하여 학생들에게 파급되었다. 세브란스 학생들의 합류 경로도 이와 다르지 않았다. 그 시작은 1919년 2월 12일 세브란스병원 제약주임 이갑성李甲成(1919 중퇴)의 집에서 열린 모임이었다. 이날 이갑성은 세브란스 4학년 이용설李容卨(1919), 3학년 김문진金文軫(1921), 2학년 배동석裵東

---

24 3·1운동 당시 일본군의 배치와 이동에 관해서는 이양희,「일본군의 3·1운동 탄압과 조선통치방안」,『한국근현대사연구』 65, 2013 참조.

奭(1917 입학), 그리고 연희전문학교延禧專門學校의 김원벽金元璧, 경성의학전문학교京城醫學專門學校의 한위건韓偉健, 경성전수학교京城專修學校의 윤자영尹滋英 등을 비롯한 학생대표들을 불러 종교계의 계획을 전달했다.

당시 김원벽, 한위건, 윤자영 등은 YMCA 차원의 민족운동에 대하여 논의를 수렴하고 있었으며, 이용설, 김문진은 각각 세브란스 YMCA의 전·현직 회장으로서 그들과 밀접한 관계를 맺고 있던 터였다. 이에 이갑성과 전문학교 학생들은 YMCA를 기반으로 하여 '학생단'을 조직, YMCA 간부들을 중심으로 지도부를 결성했다. 학생단 지도부는 네 차례에 걸친 회의 끝에 종교계의 만세시위 계획에 가담할 것을 결정했다.[25]

이후 학생들은 비밀리에 운동의 실무를 수행했다.[26] 2월 28일 저녁 정동교회 이필주李弼柱 목사 사택에서 결정된 바에 따르면, 학생들의 주된 역할은 전국 각지에 독립선언서를 전달하여 각 지역의 운동 기반을 조성하는 것이었다. 이에 세브란스 학생들은 도별로 흩어져 선언서를 배포하는 작업에 돌입했다. 현재 전해지는 바에 따르면, 지역별로 배치된 세브란스 학생은 표 1-1과 같았다.[27]

이상의 역할 분담은 실제 집행되었던 것으로 생각된다. 3학년 김

---

[25] 장규식, 앞의 글, 124-134쪽.

[26] 이하 세브란스 학생들의 3·1운동 참여 양상에 관한 본문의 서술은 김영수, 「세브란스 학생 독립운동-네트워크 형성과 3·1운동의 전국적 확대를 중심으로」, 『연세의사학』 22-2, 2019와 국사편찬위원회 한국사데이터베이스에서 소장 중인 심문조서를 토대로 했다.

[27] 최영득(崔永得)(1986), 「3·1운동과 세브란스」, 『세브란스』 23, 1982, 27-28쪽에서 재인용.

표 1-1   3·1운동 준비 작업에 참여한 세브란스 학생들

이름	졸업년도	내용
이용설(李容卨)	1919	독립선언서 서명인 모집 및 배포 총괄
정동섭(鄭東燮)	1921	독립선언서 경성부 내 배포
이순필(李順弼)	1920	마산으로 독립선언서 전달 시도
박주풍(朴疇豊)	1919	독립선언서 배포 책임(함경북도)
유영호(劉永浩)	1921	독립선언서 배포 책임(함경남도)
김기반(金基盤)	1919	독립선언서 배포 책임(평안북도)
배순형(裵順亨)	1921	독립선언서 배포 책임(황해도)
변기백(邊基伯)	1920	독립선언서 배포 책임(강원도)
김문진(金文軫)	1921	독립선언서 배포 책임(경상북도)
김성국(金成國)	1921	독립선언서 배포 책임(경상남도)
김미수(?)	(?)	독립선언서 배포 책임(전라남도)
김병수(金炳洙)	1921	독립선언서 배포 책임(전라북도)

문진, 김병수, 김성국, 2학년 배동석 등이 이갑성의 요청에 따라 각각 대구, 군산, 원산, 마산에 독립선언서를 전달한 사실이 교차검증되기 때문이다.[28] 아울러 김문진은 1학년 이굉상 李宏祥(1924)을 통해 마산의 임학찬 任學讚 목사에게 선언문을 인계하는 역할까지 수행했다.[29] 이와 같은 세브란스 학생들의 노력에 힘입어 3월 초를 기해 전국 각지에서 동시다발적으로 만세시위가 전개될 수 있었다.

3·1운동의 주무대 서울에서도 세브란스 학생들의 헌신이 이어

---

[28] 국사편찬위원회 한국사데이터베이스, 『한민족독립운동사자료집』 27, 「배동석 신문조서 (1919.3.27.)」;『한민족독립운동사자료집』 16, 「김병수 신문조서(1919.6.25.)」.

[29] 국사편찬위원회 한국사데이터베이스, 『한민족독립운동사자료집』 15, 「이굉상 신문조서 (1919.5.5.)」.

졌다. 김문진과 1학년 김성국은 각각 승동교회와 정동교회에 독립선언서를 전달하였고, 이는 다시 중등학교 학생대표들의 손에 건네졌다. 선언서를 배포할 시간과 장소를 특정하여 학생들에게 숙지시키는 것도 학생단의 몫이었다. 3월 1일 탑골공원에서 군중들이 조선의 독립을 선언하였을 때 만세시위가 서울 각지로 순식간에 확산될 수 있었던 배경에는 이와 같은 학생들의 역할이 자리했다.

물론 학생들이 자신들의 역할을 운동의 사전 준비에 국한한 것은 아니었다. 시위 당일 세브란스 학생들은 만세행진 대열에 합류하였으며, 더 나아가 3월 5일에는 학생단 주도의 시위를 서울역, 남대문, 대한문 일대에서 전개했다. 자료를 통해 시위 참여 사실이 확인된 세브란스 재학생만 1학년 김봉렬金鳳烈(1922), 김찬두金瓚斗(1922), 이굉상, 서영완徐永琬(1919 입학), 2학년 배동석, 최동崔棟(1921), 3학년 김문진, 김성국, 김병수, 송춘근宋春根(1923), 4학년 박주풍, 이용설 등 총 12명에 이를 정도이다.[30]

신문조서의 존재가 파악되지 않는 것으로 미루어보아 김문진, 이용설은 일제 당국의 추적을 피하는 데 성공했던 것 같다. 그러나 이들을 제외한 대다수의 세브란스 학생은 경찰의 혹독한 취조를 받은 후,

---

[30] 국사편찬위원회 한국사데이터베이스, 『한민족독립운동사자료집』 17, 「박주풍 신문조서(1919.6.20.)」; 『한민족독립운동사자료집』 17, 「김찬두 신문조서(1919.6.20.)」; 『한민족독립운동사자료집』 17, 「서영완 신문조서(1919.6.21.)」; 『한민족독립운동사자료집』 17, 「김봉렬 신문조서(1919.6.21.)」; 『한민족독립운동사자료집』 35, 「송춘근 신문조서(1919.12.6.)」. 3월 1일 시위에 참여한 세브란스 학생이 더 많았을 가능성도 남아있다. 김찬두는 약 30여 명의 세브란스 학생이 3·1운동에 참여하였다고 진술한 바 있다. 국사편찬위원회 한국사데이터베이스, 『한민족독립운동사자료집』 17, 「김찬두 신문조서(1919.6.20.)」

표 1-2   3·1운동에 참여한 세브란스 학생들의 재판 결과

이름(학년)	1심(경성지방법원)	2심(경성복심법원)
김성국(3학년)	징역 1년(1919.11.6.)	무죄(1920.2.27.)
이굉상(1학년)	징역 8개월(1919.11.6.)	무죄(1920.2.27.)
김봉렬(1학년)	징역 6개월, 집행유예 3년(1919.11.6.)	-
김찬두(1학년)	징역 6개월, 집행유예 3년(1919.11.6.)	-
박주풍(4학년)	징역 6개월, 집행유예 3년(1919.11.6.)	-
최동(2학년)	징역 7개월, 집행유예 3년(1919.11.6.)	-
서영완(1학년)	징역 6개월(1919.11.6.)	-
김병수(3학년)	징역 1년 2개월(1919.11.6.)	징역 8개월(1920.2.27.)
배동석(2학년)	징역 1년(1919.11.6.)	징역 1년(1920.4.27.)
송춘근(3학년)	징역 1년 6개월(1920.10.8.)	-

보안법 및 출판법 위반 혐의로 재판에 회부되었다. 1심은 1919년 11월 6일 종료되었는데, 6명의 학생은 실형을, 나머지 4명의 학생은 집행유예를 선고받았다.[31] 이후 네 명의 학생이 항소를 제기하여 최종적으로 김성국, 이굉상은 무죄를, 나머지는 집행유예에서 최대 징역 1년 6개월에 해당하는 형을 선고받았다. 가장 무거운 형을 선고받은 학생은 3학년 송춘근이었다.[32]

---

31 「1건의 기록이 3만장, 열네번 공판에 겨우 해결되어, 전중(田中)재판장 담」, 『매일신보』 1919년 11월 8일 3면.
32 개별 학생들의 판결문은 국가기록원 독립운동관련판결문 시스템을 통해 확인 가능하다.

2

3·1운동 이후
세브란스의 독립운동

대한민국 임시정부와 세브란스

3·1운동은 1919년 4월 중순을 기해 차차 저물었다. 이후 3·1운동에 담긴 전 조선인의 의지와 정신은 각지의 '임시정부'로 계승되었다. 먼저 1919년 3월 연해주의 독립운동가들이 대한국민의회大韓國民議會를 조직하였으며, 4월 11일 상하이의 인사들도 대한민국임시정부大韓民國臨時政府를 수립했다. 국내에서도 불완전한 차원에서나마 '국민대회'를 결행, 그 명의에 근거하여 이른바 '한성정부漢城政府'를 출범시켰다.[33]

해외 각지에서 정부를 자처한 조직이 등장하는 흐름에 맞물려 통합 임시정부 구성을 촉구하는 여론이 점차 거세졌다. 분명 독립운동의 효율적 전개를 위해서는 대오의 통일과 역량의 집중이 필요했다.

---

[33] 각 임시정부에 관한 상세한 사항은 김희곤, 『대한민국임시정부 I-상해시기』, 독립기념관 한국독립운동사연구소, 2008의 제3장 참조.

통합의 두 축도 명확했다. 비교적 분명한 실체와 기반을 지닌 연해주의 대한국민의회와 상하이의 대한민국임시정부가 그에 해당했다. 이에 두 조직은 각각 원세훈元世勳과 안창호安昌浩를 대표로 내세워 협상을 진행하였고, 최종적으로 한성정부의 계승을 원칙으로 하되 실질적으로는 대한국민의회와 대한민국임시정부를 대등하게 통합하는 안이 도출되었다. 1919년 9월 11일 임시의정원의 「대한민국임시헌법」 선포, 그리고 11월 3일 대한국민의회의 이동휘의 국무총리 취임을 끝으로 마침내 단일 임시정부인 '대한민국임시정부'가 출범했다.[34]

임시정부의 출범에 호응하여 국내에서도 그 존재와 의의를 선전하는 활동이 전개되었다. 이 지점에서 3·1운동에 참여했던 세브란스 학생 송춘근의 활동이 주목된다. 그는 3·1운동 직후 체포를 피해 도피를 이어가던 와중에 우연히 이일선李日宣을 만났다. 이일선은 본래 세브란스병원의 방사선사로, 항일정신의 고취를 취지로 하여 1919년 4월부터 약 4개월에 걸쳐 『국민신보國民新報』를 발행, 배포한 인물이었다.[35] 그는 일제의 추적을 피해 1919년 7월 중국으로 피신하여 상하이 임시정부와 접촉하였고, 다시 임시의정원 의장 손정도가 발행한 전단 5,000장을 갖고 서울로 잠입했다.[36]

송춘근은 이일선의 도피를 지원하는 한편, 그와 함께 임시정부

---

[34] 위의 책, 89-98쪽.
[35] 국사편찬위원회 한국사데이터베이스, 『국외 항일운동 자료: 일본 외무성 기록』, 「不穩文書發行者檢擧ニ關スル件(1919.11.3.)」.
[36] 연세대학교 의과대학 의사학과 편, 『세브란스 독립운동사』, 역사공간, 2019, 436쪽.

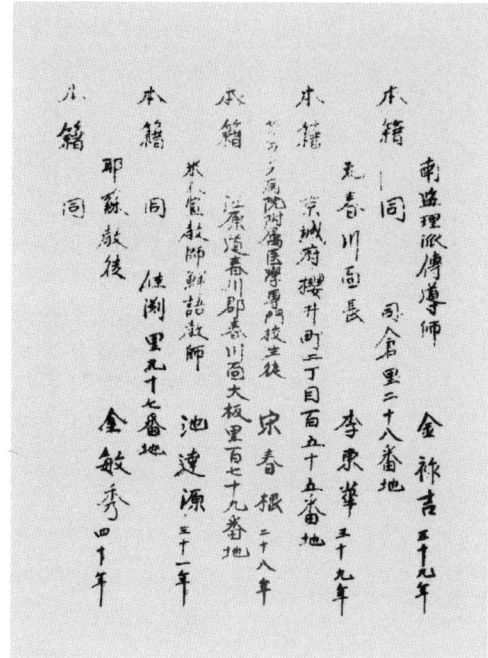

자료 1-2
조선총독부 경무국 고등경찰과
문서에 기재된 송춘근의 본적과
소속

선전활동에 참여했다. 이들은 주로 춘천을 활동지역으로 삼아 투옥학생 구제금 모금, 『국민신문』, 『독립신문』 배포, 임시정부 소식 전달 등의 운동을 전개했다. 그러나 1919년 10월 이일선이 일제에게 검거되고, 연이어 송춘근도 같은 해 12월 5일 체포되며 이들의 활동은 중단될 수밖에 없었다.[37] 앞서 살펴본 바와 같이 송춘근은 1920년 10월

---

37 국사편찬위원회 한국사데이터베이스, 『한민족독립운동사자료집』 35, 「송춘근 신문조서(1919.12.6.)」; 「송춘근 신문조서 제2회(1919.12.7.)」; 「송춘근 신문조서 제3회(1919.12.10.)」; 「송춘근 신문조서(1919.12.11.)」; 「송춘근 신문조서 제2회(1919.12.16.)」; 「송춘근 신문조서 (1920.2.12.)」; 「송춘근 신문조서 제2회(1920.3.26.)」; 「송춘근 신문조서 제2회(1919.12.16.)」; 「송춘근 신문조서 (1920.2.12.)」; 국사편찬위원회 한국사데이터베이스 『조선소요사건관계서류』 5, 「불령선인 검거의 건(1919.12.23.)」

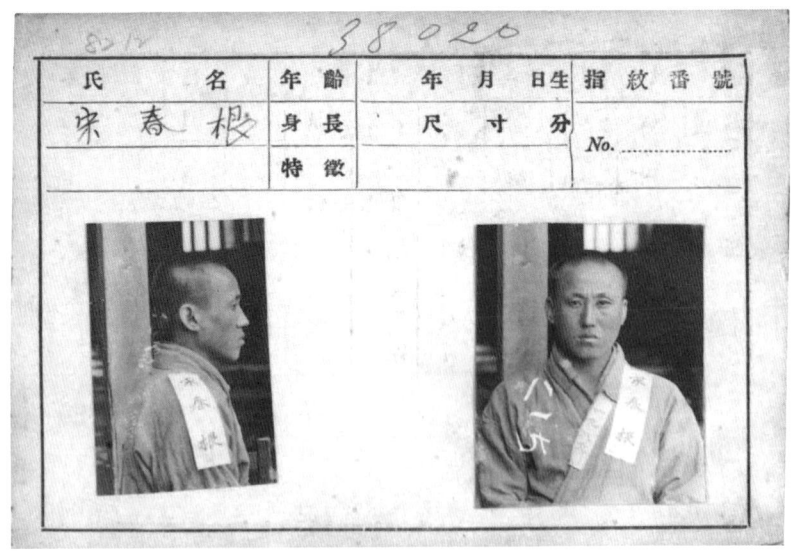

자료 1-3　일제에게 체포된 송춘근의 일제감시대상 인물카드

8일 경성지방법원에서 징역 1년 6개월의 실형을 선고받았다.

　　해외에서 임시정부에 참여한 세브란스 학생으로는 서영완을 거론할 수 있다. 1919년 당시 서영완은 세브란스의학전문학교 1학년으로, 3·1운동에 참여하였다가 징역 6개월을 선고받았다. 그는 출옥 후 세브란스에 복학하지 않고 중국으로 건너가 공산주의 계열의 운동에 참여했던 것으로 보인다. 일본 측 자료에 따르면, 그는 고려공산당高麗共産黨의 당원이자 임시정부의 임시헌법개정 기초위원이었다.[38] 초기 임시정부에 이동휘를 비롯한 상하이파 공산당원이 대거 참여한 사실

---

[38] 국사편찬위원회 한국사데이터베이스, 『한국근현대인물자료』, 「서영완」.

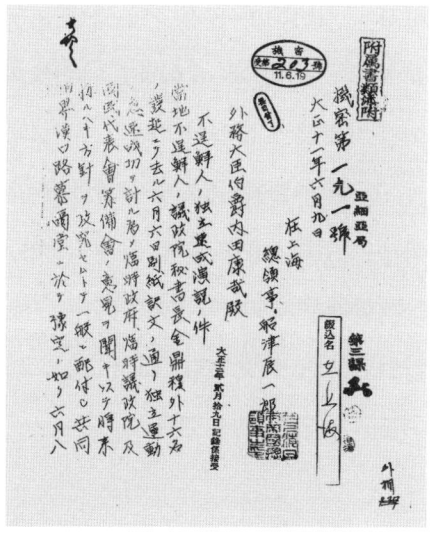

자료 1-4 　1922년 6월 9일 일본 상하이 총영사관에서 작성한 「不逞鮮人의 獨立速成演說의 件」. 명단에서 '徐永琬'을 확인할 수 있다.

을 고려하면, 서영완은 비교적 이른 시기부터 그 일원으로 임시정부 활동에 관여했던 것으로 추측된다.[39]

서영완은 1923년 2월 14일 임시정부의 진로를 두고 격론을 벌인 국민대표회의國民代表會議에서 다시 모습을 드러냈다. 이때 그의 신분은 '조선청년연합회朝鮮靑年聯合會'의 대표였다.[40] 여기서 '조선청년연합회'를 당대에 존재했던 '조선청년회연합회朝鮮靑年會聯合會'로 간주할 수 있다면, 이 역시 서영완의 앞선 시기 활동과 연결된다. 조선청년회연

39　임경석, 『초기 사회주의운동』, 독립기념관 한국독립운동사연구소, 2009, 53–56쪽.
40　국사편찬위원회 한국사데이터베이스, 『대한민국임시정부자료집』 6–96, 「불령선인 국민대표회의의 근황에 관한 건(1923.2.14.)」.

합회는 상하이파 공산당의 국내 활동기반이었기 때문이다.[41] 요컨대 서영완은 3·1운동 이후에도 사회주의운동을 중심으로 항일활동을 이어간 세브란스 학생이었다.

국내의 독자 조직에 근거하여 임시정부와 관계를 맺은 세브란스 학생도 있다. 바로 윤종석尹鍾奭(1925)이다. 그는 1919년 당시 세브란스의학전문학교 3학년이었는데, 3·1운동에는 직접적으로 참여하지 않았던 것으로 보인다. 대신 그는 그해 10월 전개된 이른바 '제2차 시위운동'에 깊이 관여했다.

> 작성일 대정 八년 一〇월 二七일
> 발송자 京畿道제三부 근무 도순사 豊原辰吉
> 발송자 京畿道제三부 근무 도순사 伊東保雄
> 수신자 제三부장 千葉 了 귀하
>
> 「독립운동에 관한 건」[42]
> 京城府和泉町 거주 京畿道江華郡 사람
> 세브란스병원 학생 尹鍾奭
> (중략)
> 위 사람들은 이미 보고한 바와 같이 금년 四월 이래 「조선독립운동」이라 칭하며 불온 인쇄물 배부, 기타 각종 불온행동을 자행하고 있음을 탐문하

---

41 임경석, 앞의 책, 219쪽.
42 국사편찬위원회 한국사데이터베이스, 『한민족독립운동사자료집』 55, 「독립운동에 관한 건」.

였던 바, 또 수소문된 바로는 지난 七·八월경 上海임시정부로부터 운동자금 모금차, 京城에 와 있는 李鍾郁과 모처에서 회합하고 조선 내에 聯通部라는 해외와 조선간의 교통 및 연락기관을 설치하여 더욱 운동의 진척 도모를 협의했다. 더욱 三一일의 天長節 축일을 기하여 京城府 내에서 학생과 노동자 등을 권유하여 제二 독립선언서를 배부하는 대대적 시위운동을 거행하려고 목하 맹렬히 분주하는 중이라는 첩보 있었음. 그 중 宋世浩, 羅昌憲은 본건에 관한 수뇌인물인 듯하며 이들의 거소는 엄중 수색 중이고 이에 보고 드림.

추신: 목하 보안법 위반 피고사건에 관하여 京城지방법원에서 보석 중에 있는 京城府和泉町의 약종상 閔橿은 본건의 교통 통신 사무에 관한 참여자의 한 사람이라는 첩보 입수하여 수사 중임.

주지하듯이 대한민국임시정부는 외교독립론을 기본 기조로 삼고 있었고, 그 연장선에서 '제2의 3·1운동'을 준비했다. 국내에서 재차 대규모 만세시위운동이 일어난다면, 임시정부의 위상과 외교력이 더욱 강화될 것이라는 판단이었다.[43] 이에 임시정부는 국내에 특파원을 파견해 체계적으로 시위를 준비했고, 그 과정에서 국내 비밀결사 독립대동단獨立大同團과 협력 관계를 구축했다. 윤종석은 이 독립대동단의 단원이었다.[44] 그는 이종욱李鍾郁, 민강閔橿 등과 함께 1919년 10월

---

[43] 김은지, 「대한민국 임시정부의 제2차 독립시위운동」, 『한국독립운동사연구』 44, 2013, 89-90쪽.

[44] 윤종석의 신문조서는 국사편찬위원회 한국사데이터베이스에서 확인 가능하다. 국사편찬위원회 한국사데이터베이스, 『한민족독립운동사자료집』 55, 「윤종석 신문조서(1919.11.21.)」;

31일 '천장절天長節'을 기일로 잡아 시위를 준비하였는데, 그 구체적 내용은 동시다발적인 선언서 배포와 만세시위였다. 그러나 시위가 예정된 10월 31일 아침 윤종석을 비롯한 대동단 간부들은 일제히 체포되고 말았다. 결과적으로 '제2차 시위'는 임시정부 내무부 명의의 포고문 1호와 2호를 배포하고 산발적인 만세시위를 전개하는 선에서 마무리되었다. 체포된 윤종석은 1920년 6월 28일 「정치범죄 처벌령」 제1조 위반 혐의로 공판에 회부되었다.[45]

세브란스YMCA의 사회운동

비록 무력에 의해 진압되었으나 3·1운동의 전국적 전개와 그에 힘입은 임시정부의 수립은 조선 사회에 독립의 희망을 불어넣었다. 그중에서도 특히 외교적 노력에 의한 독립을 현실적 방책으로 간주한 국내외의 조선인들은 1922년 워싱턴을 주시했다. 미국, 영국, 일본을 비롯한 9개 제국주의 열강이 아시아-태평양의 세력 균형과 각국의 이권 조정을 논의하고자 대규모 국제회의를 개최했기 때문이다. 이에 대한민국임시정부 등은 해당 회의에 직접 대표를 파견하여 조선의 독립을

「윤종석 신문조서 제2회(1919.11.1.)」; 「윤종석 신문조서 제3회(1919.11.10.)」; 「윤종석 신문조서 제4회(1919.11.11.)」; 「윤종석 신문조서 제5회(1919.11.28.)」; 「윤종석 신문조서(1919.12.5.)」; 『한민족독립운동사자료집』 6, 「윤종석 신문조서(1920.2.24.)」.

45 국사편찬위원회 한국사데이터베이스, 『한민족독립운동사자료집』 6, 「예심종결결정(1920.6.28.)」.

요구했다.[46]

그러나 워싱턴회의는 제국주의 열강의 이익을 재확인하는 선에서 마무리되고 말았다. 특히 일본은 제1차 세계대전의 승전국이자 아시아-태평양의 주요 열강으로서 그 국제적 지위를 재차 굳건히 했다. 미국-영국-일본의 협조 체제가 구축되는 국제질서의 변동 속에서 조선이 독립을 쟁취할 가능성도 급격히 위축되었다.[47] 현실적으로 즉시 독립은 불가능하다는 여론이 점차 식민지 조선 사회 내에 퍼져나갔다.

하지만 3·1운동으로 각성된 조선 사회의 의지는 다른 형태의 운동으로 분출되었다. 이른바 '문화운동'이었다. 문화운동은 정치 현안을 둘러싼 직접적 투쟁에 나서는 대신 '신문화', '신사조'의 기치를 내걸며 조선을 문화적·사회적으로 '개조'하는 작업에 착수했다. 그럼으로써 식민지 조선의 민족적 역량을 제고하고 단결을 강화하겠다는 계산이었다.[48] 이에 세브란스 학생들도 문화운동의 세례를 수용하며 일련의 움직임을 전개해나갔다. 그 중심에는 여전히 YMCA가 있었다. 1925년 기준 세브란스 학생 68명 전원이 정회원일 정도로 YMCA의 조직적 기반은 굳건했다.[49]

---

[46] 황민호·홍선표, 『3·1운동 직후 무장투쟁과 외교활동』, 독립기념관 한국독립운동사연구소, 2008, 243-244쪽.
[47] 위의 책, 251쪽.
[48] 이기훈, 『청년아 청년아 우리 청년아』, 돌베개, 2014, 103-105쪽.
[49] 장규식, 「1910-1920년대 연희·세브란스 학생들의 자치활동과 사회참여」, 연세대학교 의학사연구소 편, 앞의 책, 168-169쪽.

세브란스YMCA의 사회운동은 조선학생대회朝鮮學生大會를 거쳐 사회에 파급되었다. 조선학생대회는 1920년 5월 9일 출범한 전국 단위의 학생단체로, 조선 학생의 지덕체 발달을 도모하며 그 사상적 통일을 선도하는 것을 목적으로 했다. 세브란스의 김찬두와 김성국이 각각 부회장과 창립총회 사회자를 맡은 사실로 미루어보아, 조선학생대회의 출범 및 운영 과정에서 세브란스YMCA가 점한 비중은 쉽게 유추되는 바다.[50]

조선학생대회는 일반 대중을 대상으로 하는 계몽사업에 중점을 두었다. 학생들은 토론회, 운동회 등의 행사를 개최하며 대중과의 접점을 점차 늘려나갔다.[51] 신사조, 신문화의 기치를 설파하는 이른바 '순회강연'도 의욕적으로 추진되었는데, 사회 각계각층의 후원이 더해짐에 따라 세브란스의 김찬두를 비롯한 '청년 웅변가'들은 전국 주요 도시를 누비며 강연을 이어갈 수 있었다.[52] 일본 도쿄에서도 순회강연대회가 열릴 정도였다.[53]

강연의 내용은 사회적·문화적 실력 양성에 국한되었던 것 같다. 그러나 긴장감은 팽배했다. 어디까지나 전략적 차원에서 수위를 조정하였을 뿐, 조선학생대회가 궁극적으로 말하고자 한 바는 분명했다.

---

50 「학생대회의 성황」, 『동아일보』 1920년 5월 10일 3면.
51 「모임」, 『동아일보』 1920년 5월 29일 3면; 「학생대회운동회」, 『동아일보』 1922년 5월 14일 3면.
52 「조선학생대회 하기순회강연」, 『동아일보』 1920년 7월 26일 4면; 「학생대회순회강연」, 『동아일보』 1920년 7월 31일 4면; 「학생순회강연성황」, 『동아일보』 1920년 8월 7일 4면 외 다수.
53 「강연대회환영준비」, 『동아일보』 1920년 7월 7일 4면.

일제 관헌 역시 그 의도를 모르지 않았기에 철저히 강연을 감시했고, 때에 따라서는 발언을 직접 제지하거나 강제 중단시키는 조치도 불사했다.[54] 1920년 5월 29일 경성 승동예배당 강연에서는 발언자가 "단군자손", "배달민족", "참담한 조선" 등의 표현을 사용하자 참관하던 경찰이 발언을 제지하였으며, 같은 해 8월 공주에서도 경찰이 "조선 사람은 조선혼으로 살아야 한다"는 표현을 문제시하여 주의를 준 사례가 있었다.[55] 이상의 사례에서 드러나듯이 조선학생대회는 현실의 제약을 고려하여 의도적으로 사회적·문화적 성격을 전면에 내세웠을 뿐, 그 내면에는 독립을 향한 열망을 품고 있었다.

이와 비슷한 양상을 같은 시기 세브란스 학생들이 독자적으로 전개한 활동에서 재차 발견할 수 있다. 예를 들어 김영신金永信은 1920년 5월 7일 승동예배당에서 열린 면려청년회勉勵靑年會 토론회에 연사로 나섰는데, 강연을 통해 그가 강조한 바는 실력 양성을 통한 조선 사회의 발전이었다.[56] 또한 이면식李冕植(1924), 박용래朴溶來(1925) 등은 '전선순회전도대全鮮巡廻傳道隊'를 조직하여 조선과 만주를 순회하였는데, 그 와중에 식민지 조선의 현실을 성경 속 이집트의 학정虐政에 비유한 것이 빌미가 되어 경찰의 제지를 받았다.[57]

---

[54] 「조선학생대회 하기순회강연」, 『동아일보』 1921년 7월 10일 4면; 「고령에 우설화, 학생대회 강연중 사회자 이씨 구류」, 『동아일보』 1921년 8월 2일 3면.

[55] 「"단군자손"으로 토론중지를 당해」, 『동아일보』 1920년 5월 31일 3면; 「학생강연단 도처에 해산」, 『동아일보』 1920년 8월 15일 3면.

[56] 「면려청년회 토론대회성황」, 『동아일보』 1920년 5월 9일 3면.

[57] 「세부의전전도강연」, 『동아일보』 1921년 7월 14일 4면; 「의학생의 강연 돌연중지, 세부란스 학생이 강연하는중에 경관이 중지를 명령해」, 『조선일보』 1921년 7월 27일 3면.

 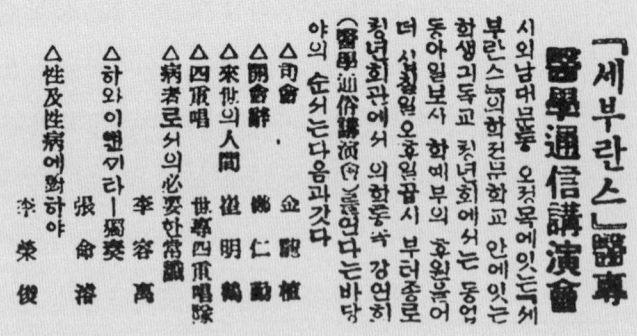

자료 1-5　1930년 11월 2일 『동아일보』(좌)에 게재된 세브란스 통속의학강연회 광고 및 1933년 11월 17일 『조선일보』(우)

1930년대에는 다른 형태의 강연회가 세브란스 학생들의 사회운동으로 활발히 전개되었다. 바로 '통속의학강연회通俗醫學講演會'였다. 당시 동아일보사 학예부는 조선의 주요 의학전문학교와 더불어 계몽운동의 일환으로 통속의학강연회를 기획했다. 제목에서 드러나는 바와 같이, 해당 기획의 목표는 민중의 실생활에 도움이 되는 의학지식을 널리 보급하는 것이었다. 세브란스는 이에 적극적으로 호응하여 최소 6차례 이상 통속의학강연회를 개최했다. 현재 남아있는 자료에 따르면, 세브란스YMCA가 1930년 11월을 시작으로 1932년 11월, 1933년 6월과 11월, 1934년 11월, 1935년 6월과 11월, 1936년 6월에 통속의학강연회를 주최한 사실이 확인된다.[58]

제7회 세브란스의학전문학교 통속의학강연회[59]

- 주최: 세브란스의학전문학교 학생기독교청년회
- 후원: 동아일보사 학예부
- 일시 및 장소: 1935년 6월 6일 오후 8시 종로 중앙기독청년회관
- 구성

  1. 개회: 사회자 한영주韓英柱(1937)

  2. 개회사: 곽용두郭庸斗(1937)

  3. 인간人間: 세브란스의학전문학교 교수 의학박사 최명학崔明鶴(1926)

  4. 사중창四重唱: 세브란스의학전문학교 사중창대

  5. 스포츠의 생리: 세브란스의학전문학교 교수 의학박사 오한영吳漢泳(1923)

  6. 제금提琴 독주獨奏: 김윤철金潤喆(1938)

  7. 불로장생론과 갱소년법更少年法에 대하여: 세브란스의학전문학교 교수 의학박사 이영준李營俊(1927)

  8. 폐회

---

58 「세전문예부주최 통속의학강연회」,『동아일보』 1930년 11월 2일 4면;「세전학생기청회 제2회 통속의학강연」,『동아일보』 1932년 11월 18일 5면;「세전통속의학강연 금야팔시에 개최」,『동아일보』 1933년 6월 6일 조간 4면;「세부란스의전, 의학통신강연회」,『조선일보』 1933년 11월 17일 2면;「금야 통속의학강연 칠시, 종로기청회관」,『동아일보』 1934년 11월 21일 석간 3면;「금야 세의전학생회주최 통속의학강연」,『동아일보』 1935년 6월 7일 석간 3면;「제8회 세전학생회주최 통속의학강연」,『동아일보』 1935년 11월 15일 석간 3면;「세의전학생기청주최 제9회통속의학강연 19일밤 본사학예부후원으로」,『동아일보』 1936년 6월 17일 석간 3면.

59 「금야 세의전학생회주최 통속의학강연」,『동아일보』 1935년 6월 7일 석간 3면. 이름 옆의 연도는 세브란스의학전문학교 졸업년도를 의미하며, 편집 과정에서 추가했다.

이 사례를 면밀히 살펴보면, '세브란스의학전문학교 학생기독교청년회'가 주최로 명시되었음을 알 수 있다. 앞서 언급한 바와 같이, 식민지기 세브란스YMCA는 전 재학생을 그 구성원으로 망라한 조직이었다. 따라서 세브란스YMCA가 통속의학강연회의 주최자로 참여한 사실은 곧 해당 행사를 세브란스 학생들이 주도적으로 기획, 구성하였음을 시사하는 증거가 된다.

세부 구성의 측면에서는 세브란스 학생과 교직원이 강연회에 고르게 참여하는 양상이 확인된다. 전문적 의학지식을 다루는 교양 강의는 해당 분야에 소양을 쌓은 교수들이, 그 외의 행사 진행, 공연 및 준비는 학생 YMCA가 분담했다. 요컨대 통속의학강연회는 의학교육의 산실로서 세브란스가 배양해온 근대적 의학지식을 조선 사회 전반에 보급하는 동시에 세브란스 학생들이 지닌 문화적 역량을 과시하는 복합적 장으로 기능했다.

흑백당사건

1930년대 후반에 들어서며 세브란스의 학생운동은 깊은 침체 국면에 들었다. 널리 알려진 바와 같이 일본 제국주의는 1937년 7월 중일전쟁을 일으켰으며, 연이어 1940년 9월 프랑스령 인도차이나반도를 점령해 전선을 확대했다. 이는 1941년 12월 진주만 공습과 전면적인 동남아시아 침공으로 절정에 이르러, 일본은 아시아-태평양 전역을 범위로 하는 기나긴 전쟁에 돌입했다.

이러한 확대일로의 침략은 식민지에 직접적인 영향을 끼쳤다. 일제는 조선 사회를 전시체제로 개조하여 전쟁 수행에 필요한 물자와 인력을 동원하고자 했다. 이로 말미암아 조선은 일제 침략의 보급기지로 전락하고 말았고, 그것을 뒷받침한 폭압적 통제로 인하여 공개적인 저항활동은 사실상 소멸하고 말았다. 세브란스도 총독부의 압력을 이겨내지 못한 끝에 1942년 4월 '아사히의학전문학교旭醫學專門學校'로 강제 개칭되었다. 일본 제국주의의 '욱일승천旭日昇天'을 바라는 뜻이 내포된 명칭이었다. 그뿐만 아니라 일제는 전시체제 돌입과 더불어 세브란스의 수업 연한을 기존 4년에서 3년 6개월로 축소하는 한편, 학생들에게 신사참배와 창씨개명을 강요했다.[60]

이러한 정치적·사회적 상황 속에서 동맹휴학, 수업 거부를 위시한 기존의 학생운동은 위축되었다. 게다가 학생들에게는 또 하나의 험난한 시련이 예정되어 있었다. 바로 일제의 병력 동원이었다. 일제는 1938년 육군특별지원병제도를 실시하여 조선인의 입대를 장려하였으며, 급기야 1943년에는 학도지원병제를 강행하여 세브란스를 비롯한 전문학교의 학생들에게 현역 지원을 사실상 강제했다.[61] 해당 제도에 따르면, 징집적령에 해당하거나 지원 의사를 밝힌 전문학교 학생은 별도의 훈련과정 없이 곧바로 현역에 편입되어야 했다. 일부 세브란스 학생들도 군의관으로 징병되어 각지의 전선으로 떠나야

---

60 연세대학교 의사학과, 「세브란스 의과대학 의예과 제1회 입학생, 이상종(李祥鍾)」, 『연세의사학』 21-1, 2018, 130-131쪽.
61 「신반도건설역사상불멸의기록-학도지원병의 성과와 소기총독담」, 『매일신보』 1943년 11월 27일 1면.

했다.⁶²

　그러나 모든 학생들이 일제의 강압에 순응한 것은 아니었다. 일부 학생들은 비밀리에 의열투쟁, 무장투쟁을 준비하는 등 적극적 행동을 모색했다.⁶³ 세브란스 학생 남상갑南相甲(1950)이 관여한 '흑백당黑白黨'은 바로 그러한 취지에 공감한 학생들의 비밀결사였다. 흑백당은 본래 1939년 경복중학교景福中學校 3학년 학생들의 소모임에서 출발한 조직으로, 1942년 4월 5일 창립 당시 경복중학교 졸업생 이현상李賢相, 보성전문학교普成專門學校 학생 홍건표洪建杓, 경성광산전문학교京城鑛山專門學校 학생 성익환成益煥, 주낙원朱樂元, 명륜전문학교明倫專門學校 학생 명의택明義宅, 그리고 세브란스의학전문학교 학생 남상갑을 핵심 구성원으로 했다. 후일 주낙원이 밝힌 바에 따르면, '흑백당'의 '흑백'은 '노예상태인 암흑에서 벗어나 희망과 자유의 백으로 나아가자'는 의지를 함의했다.⁶⁴ 다음은 흑백당의 선언문과 강령이다.⁶⁵

선언문
삼천리 금수강산에 단군의 후손으로 태어난 우리들은 조국이 악독한 일제의 잔인무도한 질곡속에서 빈사지경에 이른 현실을 차마 눈뜨고 볼 수 없

62　연세대학교 의사학과, 「해방과 세브란스학도대의 활동」, 『연세의사학』 6-2, 2002, 63쪽.
63　1940년대 학생들의 의열투쟁, 무장투쟁 준비 양상에 관해서는 홍석률, 「1940-45년 학생운동의 성격변화」, 서울대학교 국사학과 석사학위논문, 1990 참조.
64　김호일, 「1940년대 항일학생운동연구-흑백당의 활동을 중심으로」, 『중앙사론』 7, 1992, 14-15쪽.
65　위의 글, 16-17쪽에서 재인용.

어 여기 조국과 민족을 구하고자 흑백당을 조직한다. 우리는 조국이 광복을 되찾는 그날까지 우리의 몸과 마음을 다바쳐 모든 방법을 다하여 일제와 투쟁할 것을 삼천만 동포앞에 엄숙히 선언한다.

강령

一. 본 당원은 조국광복을 위해 신명을 바칠 것을 맹서한다.

一. 본 당원은 본당의 조직, 이념, 행동에 관한 사항을 절대 비밀로 한다.

一. 본 당원은 자기의 맡은 바 책임을 전력을 다해 완수한다.

이들은 친일파 처단, 일제 고관 거주지역 방화, 그리고 조선인 학병 대상의 격문 살포 등을 구상했다.[66] 이에 흑백당은 창당 이후 조직을 확대하는 작업에 착수하여 최대 15명의 당원을 확보하는 한편, 비밀리에 휘발유와 무기 등을 비축하고 격문 초안을 마련하는 등 행동 돌입을 준비했다.[67] 세브란스 학생 남상갑 역시 1944년 체포될 때까지 흑백당의 자금책 역할을 수행하며 당의 비밀활동에 깊숙이 관여했다.[68]

그러나 흑백당의 거사는 끝내 결실을 거두지 못했다. 1942년 10월 당원 김창흠과 홍건표가 체포되며 조직과 거사계획이 일제에 발각되었기 때문이다. 이후 흑백당은 조직을 보전하고자 일부 당원

---

[66] 홍석률, 앞의 글, 305쪽.
[67] 김호일, 앞의 글, 19-20쪽.
[68] 연세대학교 의과대학 의사학과 편, 앞의 책, 392-393쪽.

을 국외로 도피시켰고, 국내에 잔류한 나머지 당원들도 지하에 은신했다. 하지만 1944년 초에 이르러 당원의 대부분이 검거되고 말았고, 이때 국내에 잔류해있던 남상갑도 체포되었다.

이들은 곧바로 치안유지법 제1조, 제3조 위반 혐의로 구속기소되었다. 1944년 12월 6일 대전지방법원은 흑백당 당원들의 혐의를 인정하여 최대 징역 8년, 최소 징역 3년의 실형을 선고했다. 남상갑에게는 징역 5년형의 선고가 내려졌다. 실형을 선고받은 흑백당 당원 12명은 대전형무소에 수감되었다.[69] 홍건표에 대한 1945년 2월 12일자 고등법원의 판결주문이 남아있는 사실로 미루어보아, 수감된 당원 중 일부는 항소를 제기했던 것 같다.[70] 그러나 그 결과는 충분히 예상 가능한 것이었고, 결국 병보석으로 석방된 남상갑 외의 흑색당 당원들은 1945년 8월 15일 해방이 찾아올 때까지 옥고를 치러야 했다.

---

69 「남상갑」, 국가보훈처 공훈전자사료관 독립유공자공적조서.
70 「홍건표 판결문」, 국가보훈처 공훈전자사료관 원문사료실.

『세브란스교우회보』世富蘭偲校友會報, The Severance Bulletin』는 1920년대 중반 이래로 세브란스연합의학전문학교 교우회에서 발행한 정기간행물로, 현재 제6호(1926년 3월 3일)부터 제25호(1936년 2월 1일 발행)까지 이르는 총 18개 호가 연세대학교 의과대학 동은의학박물관, 연세대학교 중앙도서관, 고려대학교 중앙도서관 등에 소장되어 있다. 단, 창간호부터 제5호, 그리고 제17호, 제18호 등은 소재가 파악되지 않는다. 현재 남아있는 권호의 서지사항은 표 1-3과 같다.[71]

표의 권호 정보로 미루어보아, 『세브란스교우회보』는 연 2-3회 간행을 원칙으로 하였던 것으로 보인다. 그러나 때에 따라서는 아예 간행하지 않거나(1927년), 연 1회 간행에 그친 해(1930년)도 있었다. 인쇄소는 기독교영문사基督敎影文社 인쇄부 혹은 한성도서주식회사漢城圖書株式會社였으며, 발행인은 J. L. Boots, S. H. Martin 등을 비롯한 외국인 교수진이 담당했다. 편집인에는 이수원李壽源(1919), 최동崔棟(1921), 백태성白泰星(1928) 등의 세브란스 학생들을 주로 기용했다.

흥미로운 점은 『세브란스교우회보』가 교지校誌와 의학 학술지의 두 가지 성격을 동시에 지닌 간행물이라는 데에 있다. 제12호(1929년 11월호)를 사례로 삼아 그 세부 구성을 살펴보면, 우선 『세브란스교우회보』는 세브란스 학생사회의 활동과 동향을 충실히 전달하는 교지의 역할을 수행했다. 구체적으로는 '교우校友'와 '소식란消息欄'이 그에 해당하는 범주로, 각각 졸업생 동향을 비롯한 동창회 소식(「同窓會의 發展」, 「同窓京城支

---

71 현재 남아있는 『세브란스교우회보』 총 18호의 목차와 본문은 연세대학교 의과대학 의사학과와 동은의학박물관이 엮은 『세브란스교우회보』에서 확인할 수 있다. 연세대학교 의과대학 의사학과, 동은의학박물관 편, 『세브란스교우회보』, 역사공간, 2016.

표 1-3 『세브란스교우회보』 서지사항

호수	발행일	편집인	발행인	인쇄소	분량
제6호	1926.3.3.	이수원 (李壽源, 1919)	존 부츠 (J. D. Boots)[72]	기독교영문사 (基督敎影文社)	40쪽
제7호	1926.6.27.				38쪽
제8호	1926.12.30.				52쪽
제9호	1928.3.15.	존 부츠 (J. L. Boots)	존 부츠 (J. L. Boots)	한성도서주식회사 (漢城圖書株式會社)	40쪽
제10호	1928.10.16.				88쪽
제11호	1929.4.26.				118쪽
제12호	1929.11.16.	최동 (崔棟, 1921)		기독교영문사	120쪽
제13호	1930.10.13.	김진호(金鎭浩)	노먼 파운드 (N. Found)		88쪽
제14호	1931.3.8.	백태성 (白泰星, 1928)			46쪽
제15호	1931.11.18.		스탠리 마틴 (S. H. Martin)	한성도서주식회사	38쪽
제16호	1932.5.16.				58쪽
제19호	1933.5.5.				26쪽
제20호	1934.1.7.	이석신(李錫申)			20쪽
제21호	1934.6.13.				36쪽
제22호	1934.11.26.				22쪽
제23호	1935.2.3.				30쪽
제24호	1935.6.30.				60쪽
제25호	1936.2.1.				80쪽

會組織」)과 재학생의 활동내역(「今年度 스던트나잇(分劇大會)」, 「本校學生基督靑年會事業消息」)을 상세히 다루었다. 말미의 '문예란' 역시 학생들이 투고한 문학작품들을 중심으로 구성되었을 것으로 추측된다. 바꾸어 말하

---

72 존 부츠의 영문명은 J. L. Boots이다. 중간 이름인 D.는 오류인 듯하다.

면, 『세브란스교우회보』는 일제강점기 세브란스 학생사회의 역동적 모습을 담은 측면에서 역사적 의의를 가진다.

『세브란스교우회보』의 학술지적 성격은 '학총學叢', '논총論叢', '잡보雜報' 등의 범주를 통해 확인 가능하다. 그중에서도 특히 주목을 요하는 범주는 바로 학총이다. 학총은 그 이름에 걸맞게 의학적 의의를 지닌 논문(「百日咳의 血液及最近療法의 進步」, 「朝鮮人의 肺活量과 肺活量係數에 對ᄒᆞ야」)을 다수 배치했다. 『세브란스교우회보』가 사실

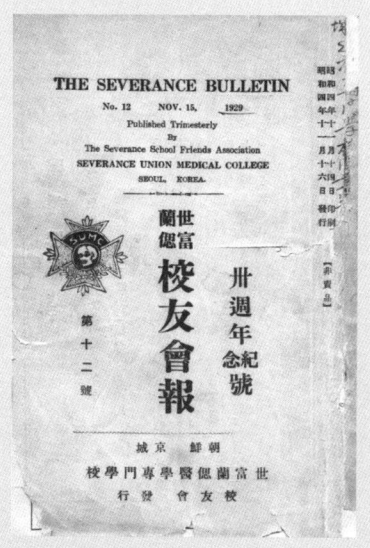

자료 1-6 『세브란스교우회보』 제12호(1929년호) 표지

상 한국 최초의 의학학술지라는 점을 염두에 두면, 학총에 실린 글들은 당대 세브란스의 연구 수준은 물론 그로 상징되는 식민지 조선의 의학 발전상까지 함께 가늠하는 측면에서 귀중한 의의를 지닌다.[73]

비록 의학 분야의 주제를 직접적으로 다룬 것은 아니지만, 논총과 잡보에 실린 글들도 '의료'의 측면에서 학술적 비중을 점한다. 예를 들어 잡보에 실린 「京城市內開業醫」, 「哀話와 셰부란스小兒健康診療所」 등은 당대 조선의 의료 실태를 주제로 삼은 글로, 그 학문적 의의가 결코 가볍지 않았다. 아울러 「셰부란스小兒健康診療所」의 경우 영역본(「The Severance Child-Welfare Clinic」)이 함께 배치되었는데, 이는 『세브란스교

---

[73] 신규환, 『세브란스, 새로운 세상을 꿈꾸다』, 역사공간, 2019, 359-361쪽.

표 1-4 『세브란스교우회보』 제12호(1929년호) 구성

구분	제목	필자
교가 (校歌)	校歌	-
	校歌選定	-
논총 (論叢)	吾人의 努力	반복기(潘福奇, J. D. Van Buskirk)
	學監就任의 所感	홍석후(洪錫厚, 1908)
	新學監을 歡迎함	-
	本校將來와 同窓生	제중원생(祭中怨生)
학총 (學叢)	內分泌	윤일선(尹日善)
	百日咳의 血液及最近療法의 進步	배헌(裵憲)
	朝鮮人의 肺活量과 肺活量係數에 對ㅎ야	김명선(金鳴善), 이영춘(李永春)
	멘들氏와 遺傳法則(一)	이명혁(李明赫)
	讀書에 對한 愚見	I. S. Y.
잡보 (雜報)	本校三十年史	ㅊ. ㄷ. 生
	朝鮮王室病院-第一年度報告一八八六年	H. N. Allen
	五十年後世富蘭偲醫專訪問記	K. S. 生
	各科巡禮記	순례자(巡禮者)
	英文, 西伯利亞橫斷記	C. I. McLaren
	英文, 셰부란스小兒健康診療所	-
	京城市內開業醫의 哀話	신필호(申弼浩)
교우 (校友)	同窓會의 發展	-
	同窓京城支會組織	신필호(申弼浩)
	校友會第十六會定期總會會錄	-
영문 (英文)	Notes on My Brief Trip to Vienna	C. I. Mclaren
	The Severance Child-Welfare Clinic	-
소식란 (消息欄)	全身을 朝鮮靑年에게	-
	本校學生基督靑年會事業消息	-
	今年度스던트나잇(分劇大會)	-
	本校抗結核會의 活動	-

구분	제목	필자
소식란 (消息欄)	校友會學藝部主催特別講演	-
	潘校長歡迎會	-
	醫學月例會講演	-
	硏究室消息	-
	抄讀會開催	-
문예란	短篇小說『老總角』	-
	戲曲管見	김상민(金相玟)
	젊은이들	T. S. P.
	달님의 啓示 외 시 13편	-

우회보』가 비교적 이른 시기부터 국제적 감각을 키워가고 있었음을 방증하는 근거가 된다. 실제로 세브란스의학전문학교는 1933년 8월 영문 학술지 *The Journal of Severance Union Medical College*를 발행하여 1937년까지 총 5개의 호를 발간했다.[74]

다른 한편으로 사료의 측면에서 『세브란스교우회보』가 점하는 역사적 의의도 언급 가능하다. 세부 구성에서 나타나듯이, 논총과 잡보는 '세브란스'를 주제로 하는 다양한 종류의 논설문, 기고문(「學監就任의 所感」, 「本校將來와 同窓生」, 「本校三十年史」) 등을 포괄했다. 해당 글들이 세브란스의 역사를 연구하는 후학들에게 귀중한 자료가 될 것임은 물론이다. 더욱이 알렌의 「朝鮮王室病院 - 第一年度報告一八八六年」은 제중원과 세브란스의 역사적 연속성을 입증하는 또 하나의 근거가 될 수 있다. 요컨대 『세브란스교우회보』는 일제강점기 세브란스의 학생운동사, 의학사, 학교사를 두루 아우르는 자료로서 그 가치가 적지 않다.

---

[74] 위의 책, 361쪽.

2부

8·15 해방과 세브란스

1
해방 직후의
세브란스 학생운동

해방 직후 세브란스학도대의 활동

1945년 8월 15일 해방이 찾아왔다. 이로써 36년간의 일제 식민통치가 종언을 고했고, 그 빈자리에는 새로운 자주독립국가 건설을 향한 열망으로 채워질 해방 공간이 조성되었다. 각각의 사상과 이념에 따라 새롭게 수립하고자 하는 국가의 상은 조금씩 엇갈렸다. 그러나 한반도에 세워질 새로운 국가가 한민족의 자주독립국이어야 한다는 데에는 이견이 없었다. 이에 위로는 김구金九, 김규식, 여운형, 송진우宋鎭禹 등의 정치인으로부터 아래로는 노동자, 농민을 비롯한 일반 대중에 이르기까지, 한국 사회의 모든 구성원들이 국가건설운동의 능동적 주체가 되어 각각의 열망을 구체적 실천으로 옮겼다.

그중에서도 특히 중요한 역할을 담당한 주체는 바로 학생이었다. 일제강점기 말 일제는 전시총동원체제를 가속화하며 조선의 학생들을 '학병'으로 징집, 전장으로 내몰았다.[1] 설령 징집되지 않은 학생이

자료 2-1
해방 직후
세브란스에 걸린
연합국 국기

라 하더라도 근로봉사, 신사참배 등 다양한 형태의 동원을 피할 수 없었다.[2] 이에 학생들은 식민지의 모순을 몸소 체감하며 독립국가 건설을 향한 열망을 간직하게 되었고, 그것은 곧 해방 이후 국가건설운동을 향한 열정으로 승화되었다. 젊은 '청년'으로서 새로운 국가의 중추

---

1   세브란스에서도 징집연령에 해당하는 학생들이 군의관으로 징병된 경우가 더러 있었다. 연세대학교 의사학과, 앞의 글(2002), 63쪽.
2   최규진, 「학교를 덮친 '전시체제', 동원되는 학생」, 『내일을 여는 역사』 50, 2013.

가 될 세대였기에, 학생들은 더욱 열정적인 태도로 자주독립국가 건설에 임했다.

다른 한편으로 학생은 당대의 사회적 맥락에서 지식인에 가까운 존재였다. 이는 일제의 소극적인 고등교육정책에서 기인했다. 식민지 시기 조선에서 고등교육에 접근할 수 있었던 사람은 극소수였다. 해방 직후 기준 조선에 존재한 대학과 전문학교는 공립 10개교, 사립 11개교 포함 총 21개교에 지나지 않았으며, 그 인원 역시 약 7,000여 명에 불과했다.[3] 새롭게 수립될 자주독립국이 다방면의 지식과 기술을 필요로 하는 이상, 그것을 담지한 학생의 사회적 책무는 결코 가볍지 않았다.

이는 해방 직후 학생조직의 결성으로 이어졌다. 1945년 8월 16일 서울 지역의 학생들은 휘문중학교에서 서울학도대회를 개최한 직후 최초의 학생단체 건국학도대建國學徒隊를 조직하였고, 그 흐름이 1945년 8월 25일 출범한 조선학도대朝鮮學徒隊로 다시 계승되었다.[4] 8월 15일 아침 여운형이 엔도 류사쿠遠藤柳作 조선총독부 정무총감에게 학생단체 조직에 개입하지 않을 것을 약속받았기 때문에, 학생들은 어떠한 간섭 없이 자율적으로 의견을 수렴할 수 있었다.[5] 여운형 역시 조선학도대 창립대회에 참석하여 학생들을 향해 기대의 뜻을 표

---

3 정선이, 「일제강점기고등교육 졸업자의 사회적 진출 양상과 특성」, 『사회와 역사』 77, 2008, 7-8쪽; 한국반탁반공학생운동기념사업회, 『한국학생건국운동사』, 한국반탁·반공학생운동기념사업회출판국, 1986, 56쪽.
4 한국반탁·반공학생운동기념사업회, 위의 책, 60쪽.
5 「건준위원장 여운형, 엔도와의 회담경과 보고」, 『매일신보』 1945년 8월 16일.

시했다.[6]

　조선학도대는 치안유지에 주력하며 활발한 활동을 전개했다. 일본은 1945년 8월 15일 항복을 선언했다. 그러나 그를 대체하여 38선 이남 한반도의 행정권 행사를 자임한 미군정청United States Military Government in Korea이 실제 서울에 수립된 시점은 1945년 9월 초였다. 이에 한국인들은 8월 중순에서 9월 초에 이르는 기간 동안 외부의 간섭 없이 자율적으로 질서를 회복하고 치안을 유지함으로써 스스로 주인이 되는 사회를 이룩하고자 했다. 조선학도대 또한 부민관府民館에서 8월 29일 조선학도총궐기대회를 열고 대동단결과 치안유지 협력을 결의한 후, 학교별로 구역을 설정해 실제 활동에 돌입했다.[7]

　조선학도대는 전재민 구호활동에도 적극적으로 참여했다. 일본 제국주의의 전시동원으로 말미암아 만주, 중국, 일본, 태평양 각지로 흩어졌던 조선인들은 해방과 함께 고국으로의 귀환을 서둘렀다. 국내에서도 동원된 일터를 떠나 귀향하는 사람들이 적지 않았다.[8] 이에 조선학도대는 전재민 구호에도 힘을 쏟지 않을 수 없었다. 다행히 좌우대립이 본격화되지 않은 시점이었기에, 학생들은 큰 갈등 없이 순조롭게 활동을 전개할 수 있었다. 학원이라는 공동체를 유지하고 있었던 점 역시 학생들의 단결 유지에 긍정적인 영향을 미쳤다.

6　연세대학교 의사학과, 앞의 글(2002), 67쪽.
7　예를 들어 연희전문학교는 성북구, 보성전문학교는 종로구의 치안을 담당했다.「경성의 중등학교 이상 학도들 조선학도총궐기대회 개최」,『매일신보』1945년 8월 29일.
8　해방 이후 한반도로 귀환한 한국인은 최대 280만 명으로 추산된다. 문명기,「20세기 전반기 대만인과 조선인의 역외이주와 귀환」,『한국학논총』50, 2018, 541쪽,

그 중심에는 세브란스 학생들이 있었다. 김재전金在洇(1950), 나도헌羅燾憲(1945), 박영섭朴永燮(1945), 손인배孫仁培(1945), 신원선, 윤복영尹福榮(1945), 윤상하尹相夏(1945), 이여규李如圭(1945), 이원종李元鐘(1945), 장기영, 전세준全世俊(1945), 최선학崔善鶴(1945), 한위수, 한응수韓膺洙(1945), 황규철黃圭哲(1945) 등의 세브란스 학생들은 1945년 8월 말 조선학도대 세브란스지대(이하 '세브란스학도대')를 조직했다. 세브란스학도대는 용산구, 그중에서도 특히 남대문경찰서에서 남영동에 이르는 구역을 아우르며 노점을 단속하고 가로를 정리하는 등 치안유지에 전력을 기울였다.[9] 해당 지역이 서울역을 포괄하고 있음을 고려하면, 세브란스학도대가 담당한 임무는 막중한 것이었다.

세브란스학도대의 활약은 구호활동 분야에서 더욱 독보적이었다. 당시 세브란스의학전문학교는 서울역 근처에 있었다. 그런데 해방 직후 서울역은 각양각색의 전재민들로 포화를 이루고 있었으며, 그중 상당수는 질병, 영양실조, 장기간의 이동 등으로 말미암아 진료가 시급한 상태였다. 이에 세브란스학도대는 학교 운동장, 학교 부속 남대문교회, 역내 '세브란스 역전 구호소' 등을 거점으로 삼아 서울역을 오가는 사람들을 대상으로 진료활동을 펼쳤다.[10] 한때 참여 의사를 타진한 경성제국대학 의학부 학생회가 끝내 특별한 활동을 전개하지 못했음을 감안하면, 세브란스학도대가 전적으로 전재민 진료를 담당

---

[9] 연세대학교 의사학과, 앞의 글(2002), 71쪽.
[10] 신규환·박윤재, 앞의 책, 254쪽.

자료 2-2   1945년 9월 서울역과 세브란스 전경

하였다고 보아도 무리가 아니었다.[11]

　　진료활동은 구호 전반에 걸친 사업으로 확장되었다. 학도대가 진료한 전재민의 대다수는 기본적인 식량과 의복조차 제대로 갖추지 못한 상태에 놓여있었다. 그러한 참상을 묵과할 수 없었던 세브란스학도대는 시내 각지에서 의복을 조달하여 전재민들에게 무료로 배급하는 한편, 학교 구내식당을 통해 음식을 제공했다. 일본인 양조업자 '사이토'에게 술을 기부받아 나누어주기도 하였는데, 특히 그는 자신이 관리하던 회관 '긴치요金千代'를 세브란스학도대의 수용소로 활용하게

11　　연세대학교 의사학과, 앞의 글(2002), 69쪽.

자료 2-3 1945년 10월 서울역의 기차표 구입 행렬

하여 구호사업에 큰 도움을 주었다.[12] 윤상하, 이원종 등의 일부 세브란스 학생들이 직접 일본으로 건너가 동포들과 함께 귀환한 경우도 있었다.[13]

무임승차권 발급도 세브란스학도대의 대표적 활동 중 하나이다. 당시 서울역에는 귀향을 희망함에도 불구하고 여비가 없어 뜻을 단념하는 전재민들이 적지 않았다. 세브란스학도대는 서울역 역장과 교섭을 진행, 권한을 위임받아 학도대 도장을 찍은 무임승차권을 전재민에게 발급했다. 이 역시 조선학도대 중 오직 세브란스학도대만 진행

12 신규환·박윤재, 앞의 책, 256쪽.
13 연세대학교 의사학과, 앞의 글(2002), 72쪽.

자료 2-4
1945년 10월
서울역의 승객들

한 사업이었다.¹⁴

    사회 각계각층에서 세브란스학도대의 활동을 후원했다. 건국준비위원회, 재외동포구제회를 비롯한 국내의 조직들이 구호품을 지원했다.¹⁵ 서울에 주둔한 미군 역시 자신들이 관할하던 일본군 군복과 내의를 세브란스학도대에 인계했다.¹⁶ 동문들도 힘을 보탰다. 강필

---

14 위의 글, 68쪽.
15 신규환·박윤재, 앞의 책, 256쪽.
16 연세대학교 의사학과, 앞의 글(2002), 68쪽.

구姜必求(1931), 김천만金千萬, 이성산李聖山, 이용겸李容兼(1933), 이용설, 정문도鄭文道, 최성장崔性章(1932) 등은 약품을 제공하거나 직접 치료에 참여하는 방식으로 학도대를 후원했다.[17] 이러한 다방면의 지원에 힘입어 세브란스학도대의 전재민 구호활동은 10월 중순까지 약 두 달에 걸쳐 순조롭게 진행되었다.

그 배경에는 해방 직후 세브란스의 조속한 정상화가 자리했다. 당시 서울에 소재한 전문학교들은 이르면 1945년 10월 초, 늦으면 1946년 2월 말에 이르러 개학한 경우가 일반적이었다. 그러나 세브란스는 1945년 9월 28일 빠르게 수업을 재개했다.[18] 그 결과 세브란스 학생들은 타 학교에 비해 상대적으로 이른 시기에 학원을 중심으로 결집할 수 있었던 것으로 보인다.

이는 학원 내부의 갈등이 원만히 수습되었기에 가능한 일이었다. 해방 직후 숙명淑明, 보성, 연희를 비롯한 사립 전문학교에서는 학생들의 주도하에 '친일·무능교수 축출운동'이 전개되었다. 김성수金性洙, 백낙준白樂濬 등 일제의 전시동원에 협력한 인물들이 설립자 혹은 교수의 지위에 기대어 학원 내에 잔존한 것을 문제 제기한 것이었다. 특히 보성전문학교에서는 김성수, 장덕수張德秀 등의 퇴진 여부를 둘러싼 갈등으로 학교 운영이 한동안 파행을 거듭했다.[19] 반면 세브란스에

---

17 신규환·박윤재, 앞의 책, 256쪽; 한국반탁·반공학생운동기념사업회, 앞의 책, 63쪽.
18 "History of Bureau of Education from 11 September 1945 to 28 February 1946", NARA, Record Group 332, Entry A1 1256, Box 36.
19 이준영, 「해방 직후 우익 학생운동의 조직화와 그 귀결」, 성균관대학교 사학과 석사학위논문, 2019, 18-20쪽.

서는 해방 직후 교장 이영준李榮俊(1927)이 도의적 책임을 지고 사퇴한 이래로 별다른 갈등이 발생하지 않았다.[20]

좌우 대립의 고조와 반탁전국학생총연맹

1945년 9월 조선인민공화국朝鮮人民共和國 수립과 미군정의 출범을 계기로 한국 사회 내의 좌우 대립이 본격화되었다. 9월 6일 박헌영朴憲永이 이끄는 조선공산당朝鮮共産黨은 여운형과 건국준비위원회建國準備委員會의 협조하에 조선인민공화국 수립을 선언했다. 미군의 한반도 진주 이전에 한국인이 주도하는 과도정권을 출범시킨 후 그것으로 하여금 한국인의 총의를 대변하게 하여 연합국으로부터 그 실체를 인정받겠다는 것이 그들의 계산이었다.[21]

그러나 9월 8일 인천에 상륙한 미군은 이튿날 주한미군정을 출범시키고 38선 이남의 한반도를 배타적 통치 영역으로 선언했다.[22] 미군정이 스스로를 38선 이남 한반도의 유일한 권력체로 간주하였다는 것은 곧 조선인민공화국을 방관하지 않겠다는 의사 표현이었다. 이는 10월 10일 아치볼드 아놀드Archibald V. Arnold 군정장관의 조선인민공화국 실체 부정 발언으로 표면화되었고, 실제로 미군정은 조선인민공

---

20 연세대학교 의사학과, 앞의 글(2002), 64쪽.
21 서중석,『한국현대민족운동연구』1, 역사비평사, 1991, 216-224쪽.
22 통치기관의 정식 명칭은 재조선미육군사령부군정청(在朝鮮美陸軍司令部軍政廳, United States Army Military Government in Korea, USAMGIK)이다.

화국과 각지의 인민위원회를 해체하는 작업에 착수했다.[23]

우익은 미군정의 조치를 지지했다. 한국민주당韓國民主黨은 이미 상하이 대한민국임시정부大韓民國臨時政府 봉대를 주창하며 인민공화국을 배척해온 터였고, 중국에서 개인 자격으로 환국한 대한민국임시정부 요인들도 임정법통론臨政法統論을 내세우며 인민공화국과의 합작에 소극적 태도를 견지했다.[24] 미국에서 귀국한 이승만李承晩 역시 조선인민공화국 참여를 거부했다.[25]

좌우의 대립은 1945년 12월 말 '신탁통치' 국면에 돌입하며 절정으로 치달았다. 모스크바에 모인 미국, 영국, 소련의 외무장관은 1945년 12월 28일 '조선에 관한 결정'을 공식 발표했다. 그 핵심 내용은 '임시 조선민주주의 정부'의 수립, 임시정부 원조를 목적으로 하는 미소공동위원회의 설치, 임시정부와 미소공동위원회의 협의에 따른 최대 5년간의 연합국(미국·영국·중국·소련) 신탁통치 등이었다.[26]

설령 연합국에 의한 것이라 하더라도, 36년간의 일제 식민통치로부터 해방된 지 채 반년이 되지 않은 한국인들이 외세의 신탁통치를 긍정적으로 받아들일 수는 없었다. 『동아일보』의 결정적 오보가 그 기폭제로 작동했다. 결정문이 공식 발표되기 하루 전인 12월 27일 『동아일보』는 1면 머리기사로 모스크바삼상회의 관측보도를 실었다.[27]

---

23   서중석, 앞의 책, 254-264쪽.
24   위의 책, 265-281쪽.
25   정병준, 『우남 이승만 연구』, 역사비평사, 2005, 464쪽.
26   서중석, 앞의 책, 301-305쪽.
27   「소련은 신탁통치 주장, 미국은 즉시독립 주장, 소련의 구실은 38선 분할점령」, 『동아일보』

자료 2-5
『동아일보』
1945년 12월 27일 1면

미국과 소련의 입장을 정반대로 서술하고 신탁통치 전후의 과정을 생략하는 등, 여러 측면에서 사실과 거리가 먼 보도였다. 하지만 그 파급력은 폭발적이었다. 전국적으로 신탁통치를 배격하는 분위기가 고조되었다. 좌익과 우익은 물론, 위로부터 아래에 이르기까지 각계각층에서 신탁통치 반대를 결의했다.[28]

그러나 조선공산당은 1946년 1월 2일에 이르러 기존의 반탁노선을 철회하고 삼상회의 결정에 대한 총체적 지지를 선언했다. 조선공산당 북조선 분국과 소련 본국의 지시, 서울 주재 소련영사관의 삼상

1945년 12월 27일 1면.
[28] 서중석, 앞의 책, 308-317쪽.

회의 결정문 전문 제공, 당 수뇌부의 자발적 결단 등 다양한 요소가 노선의 변화를 야기했다.[29] 우익은 좌익의 노선 전환을 민족에 대한 '배신'이자 '반역'으로 간주하여 격렬히 비난했다.[30]

학생조직 역시 그러한 흐름을 따라갔다. 1945년 12월 말 좌·우익 학생대표 20인은 장시간에 걸친 회의 끝에 '반탁전국학생운동준비회' 구성에 합의했다.[31] 하지만 앞서 언급한 바와 같이 1946년 1월 2일 조선공산당은 모스크바삼상회의 결정에 대한 총체적 지지로 입장을 전환했다. 이에 좌익 학생들은 '반탁학생준비회' 결성을 보류하고 기존의 결정을 다시 논의할 것을 우익 학생들에게 요구했다.[32]

이에 우익 학생들은 우익만의 반탁운동을 도모하는 방향으로 나아갔다. 그 결집체가 전국반탁학생총연맹全國反託學生總聯盟(이하 '반탁학련')이었다. 1946년 1월 2일 이철승李哲承, 채문식蔡汶植, 박용만朴容萬 등의 주도하에 반탁학련 결성 준비대회가 개최되었으며, 같은 달 7일에는 동대문운동장에 1만여 명의 학생이 운집한 가운데 '반탁학생대회'가 열렸다. 이 자리에서 반탁학련은 다음의 결의문을 채택하며 출범을 선언했다.[33]

---

29 위의 책, 317-322쪽; 김무용, 「해방 후 조선공산당의 노선과 국가건설 운동」, 고려대학교 사학과 박사학위논문, 2005, 107-108쪽.
30 서중석, 앞의 책, 315-316쪽.
31 「반탁학생총연맹 데모에 대한 진상」, 『해방일보』 1946년 1월 10일 2면; 건국청년운동협의회 편, 『건국청년운동사』, 건국청년운동협의회, 1989, 333쪽.
32 이준영, 앞의 글, 28-30쪽.
33 한국반탁·반공학생운동기념사업회, 앞의 책, 130-131쪽.

(1) 민족 자결, 신탁통치 절대반대.

(2) 즉각 자주독립을 요구한다.

(3) 민족진영의 대동단결을 요구한다.

(4) 미군정과 협력하자.

(5) 친일파, 매국노 등을 소탕한다.

세브란스 학생들도 급격한 정세 변동에 촉각을 기울이며 노선을 정립해나갔다. 우선 1945년 10월 중순을 전후하여 세브란스학도대가 구호활동을 종료했다. 학생으로서 학업에 복귀해야 한다는 데에 학교와 학생들의 의견이 일치한 결과였다.[34] 하지만 조선학도대의 좌경화가 세브란스 학생들의 이탈에 영향을 미쳤을 가능성도 남아있다. 조선학도대의 주도권을 장악한 좌익 학생들은 1945년 9월 20일 조선인민공화국 지지를 선언했다.[35] 이는 이후 세브란스 학생들이 내세운 노선과 상반된 것이었다.

좌익 학생들의 삼상회의 결정 지지 노선에 저항한 세브란스 학생들의 움직임은 크게 두 흐름으로 구분된다. 첫 번째 흐름은 세브란스 학생 전원이 하나의 단위가 되어 집단적으로 전개한 운동을 가리킨다. 세브란스 학생들은 1945년 12월 11일 학생대회를 개최하여 임시정부의 깃발 아래 단결할 것을 선언한 후, 결의문을 작성하여 임시

---

34 신규환·박윤재, 앞의 책, 259쪽.
35 이준영, 앞의 글, 15-16쪽.

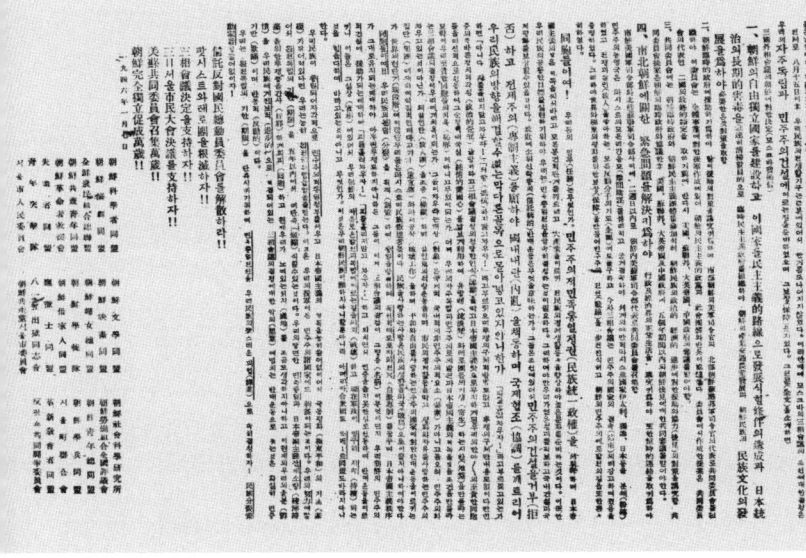

자료 2-6 조선학도대와 기타 단체 명의로 발표된 모스크바삼상회의 결정 지지 결의문

정부 주석 김구에게 제출했다.[36] 정확한 배포 시점을 알 수는 없지만, 신탁통치 배격을 선언한 결의문도 '세브란스의전 전교생 일동'의 명의로 채택되었다.[37] 세브란스 학생들은 신탁통치 반대 노선으로 집결하고 있었다.

신탁통치절대배격

一. 신탁통치를 지지하며 민족통일을 부르짖는 자는 모략이다. 이런 매국

---

36 「임시정부신봉, 세의전생결속」, 『동아일보』 1945년 12월 14일 2면; 「세의전생 활동재개」, 『대동신문』 1945년 12월 17일 2면. 이날의 학생대회가 제3차로 일컬어지고 있음을 고려하면, 세브란스 학생들은 수차례 학생대회를 열어 총의를 수렴했던 것으로 보인다.

37 국사편찬위원회 한국사데이터베이스, 「신탁통치절대배격」.

1. 해방 직후의 세브란스 학생운동   75

노를 배격하자.

一. 소위 시민대회라 하고 진정한 민중을 기만하여 공산주의선전, 행렬까지 하고 적기가赤旗歌를 마치 국가시國歌視하고 모국某國을 조국시祖國視하는 가면 쓴 조선인을 매장하자.

一. 민족의 대지도자 이승만 박사를 절대옹호하자.

타도! 타도! 인민공화국타도! 대한자주독립만세! 대한임시정부만세!

세브란스의전 전교생 일동

두 번째 흐름은 세브란스의 일부 학생이 우익 학생의 대열에 적극적으로 가담하여 전개한 운동을 가리킨다. 김덕순金德舜(1947), 김성전金成銓(1949), 김이배(1945 입학), 김재전, 김창순金昌舜(1948), 양재모梁在謨(1948), 윤석우尹錫宇(1948), 임평기林平基(1948), 조규환曺圭煥, 홍석기洪潟基(1949), 함영훈咸永焄(1944 입학) 등의 세브란스 학생들은 반탁학련 출범을 주도하며 신탁통치반대운동을 전개해나갔다. 특히 김덕순은 세브란스의 학생회장으로서 학생들의 총의를 수렴하는 한편, 반탁학련의 부위원장으로서 1946년 1월 7일 열린 반탁학생대회에서 학생들을 대표하여 '연합국 학생들에게 보내는 메시지'를 낭독했다.[38]

1946년 1월 18일에는 김덕순, 김성전, 김재전, 양재모, 윤석우, 홍석기 등이 인민일보人民日報 본사와 인민당人民黨 당사를 습격했다.

---

38 반탁학련의 총본부도 세브란스 구내 별관에 자리했다. 한국반탁·반공학생운동기념사업회, 앞의 책, 131-132쪽; 양재모, 「신탁통치반대 학생운동과 세브란스」, 『세브란스』, 7쪽; 연세의대 졸업생활동 편찬위원회, 『제중원·세브란스인의 사회공헌: 연세의대 졸업생을 중심으로』, 역사공간, 2016, 47-48쪽.

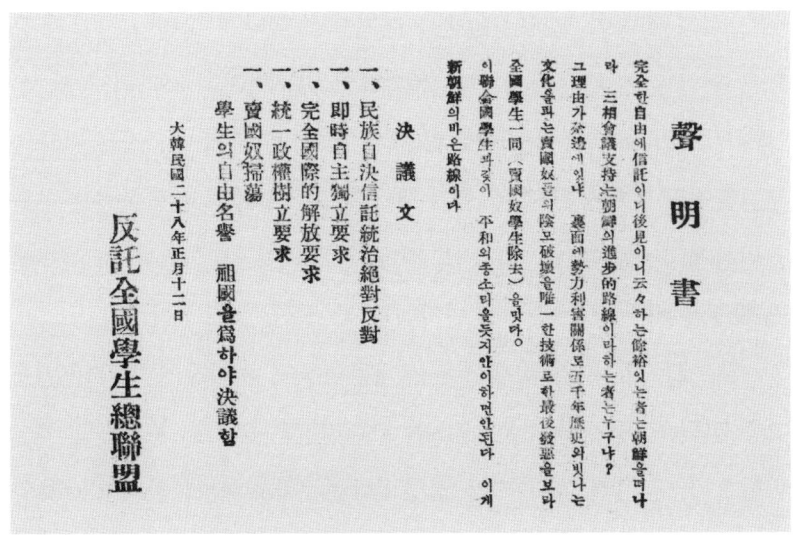

자료 2-7 반탁전국학생총연맹 명의의 격문

이날의 본 행사는 반탁학련의 주도하에 정동의 예배당에서 개최된 웅변대회로, 좌익에 대한 규탄이 그 목적이었다. 그러나 분위기가 점차 과열되어 물리적 폭력이 공공연히 거론될 정도에 이르렀고, 결국 흥분한 학생들은 인민일보사와 인민당 당사에 차례로 난입하여 기물을 파손했다. 그 후에도 학생들은 김구가 거처하는 경교장京橋莊 방향으로 행진을 지속했다. 이 과정에서 총격을 받아 세브란스 학생 함영훈을 비롯한 다수의 학생이 부상을 입었다.[39]

사건 직후 미군정은 총격의 주범을 좌익계 학생단체 학병동맹學兵

---

39 「생혈뿌려 반탁하는 학도」, 『동아일보』 1946년 1월 20일 2면; 「4명 위독」, 『동아일보』 1946년 1월 20일 2면; 연세대학교 의과대학, 앞의 책, 47쪽.

同盟으로 단정하여 그 구성원들을 대거 구속했다.[40] 그러나 사건의 규모가 워낙 컸기 때문에 우익에 유화적인 미군정이라 하더라도 좌·우 양측의 책임을 함께 추궁하지 않을 수 없었다. 이에 미군정은 수도관구경찰청장 장택상張澤相을 시켜 세브란스 구내 소재 반탁학련 본부를 포위하게 하여 김덕순, 김성전, 김재전, 양재모, 홍석기 등의 세브란스 학생을 비롯한 총 49명의 반탁학련 학생들을 체포했다.[41]

체포된 세브란스 학생들은 서대문경찰서 유치장에 수감되었다. 그중 김덕순, 양재모 등은 1946년 3월 검찰의 불기소 처분으로 석방되었으나, 김성전, 홍석기는 경성의학전문학교 학생 김기호金起虎와 함께 구속기소되어 재판에 회부되었다. 이들은 자신들의 행위를 부인하지 않았다.[42] 체포되지 않은 윤석우도 1946년 1월 26일 '1·18 진상보고 강연회'에 나서 좌익 지도자를 비판하고 학생들을 변론했다.[43] 결과적으로 법원은 기물 파괴, 방화 등의 혐의를 인정하여 학생들에게 징역 4개월, 집행유예 2년을 선고했다.[44]

---

40 학병동맹이 총격의 실제 주체인지 여부는 불분명하다. 강혜경, 「한국경찰의 형성과 성격(1945-1953년)」, 숙명여자대학교 사학과 박사학위논문, 2002, 73-74쪽.
41 「경기도 경찰부, 테러혐의 학생 41명 체포」, 『서울신문』 1946년 1월 21일; 양재모, 앞의 글, 7쪽; 한국반탁·반공학생운동기념사업회, 앞의 책, 143쪽.
42 「법정의 "반탁" 항쟁 조선은 조선의 나라 애국심 못니겨 탈선되였소 반탁학생사건공판」, 『동아일보』 1946년 4월 11일 2면.
43 한국반탁·반공학생운동기념사업회, 앞의 책, 148쪽.
44 「반탁학생에 4개월 징역언도」, 『동아일보』 1946년 4월 18일 2면. 단, 양재모는 김성전, 홍석기가 선고받은 형량을 징역 1년, 집행유예 2년으로 기억했다. 양재모, 앞의 글, 7쪽.

독립학생전선과 전국학생총연맹

1·18사건 이후 반탁학련은 정치적 역량을 더욱 확충하여 1946년 3월 20일 서울에서 열린 제1차 미소공동위원회美蘇共同委員會를 전후한 시기에 그 보폭을 확장했다. 1946년 3월 9일에는 정동교회에서 '기미독립선언기념 전국학생현상웅변대회'를 개최하였으며, 같은 달 30일 다시 탑골공원에서 '전국학생비상총궐기대회'를 열어 우익 학생의 세력을 과시했다. 세브란스 학생들도 그 일익을 담당하며 양 대회에 참가했다. 윤석우는 웅변대회에서 전문대학부문 4등에 입선하였으며, 더 나아가 궐기대회에서 학생대표의 자격으로 '연합국에 보내는 메시지'를 낭독했다. 김재전 역시 궐기대회 직후 학생대표단의 일원으로 김구를 방문해 우익 학생들의 총의, 즉 '반탁반공'의 결의를 전달했다.[45]

그러나 1946년 5월에 이르러 반탁학련은 분열을 맞이했다. 1월 18일의 사건이 그 배경이었다. 사건 직후 이철승을 비롯한 보성전문학교 학생들은 곧바로 석방되었지만, 나머지 학교의 학생들은 적지 않은 기간 동안 억류되어 있어야 했다. 이는 학생들의 의구심을 자아내었고, 그 연장선에서 반탁학련의 주도권을 장악한 보성전문학교 중심의 주류와 기타 학교 중심의 비주류 사이에 갈등이 발생했다. 결과적으로 비주류에 속한 학생들은 반탁학련을 이탈했다.[46]

세브란스 학생들도 그러한 대열에 합류했다. 김덕순이 그 중심

---

45 한국반탁·반공학생운동기념사업회, 앞의 책, 158-159쪽; 165-168쪽.
46 이준영, 앞의 글, 42-43쪽.

인물이었는데, 그는 연희전문학교 학생들과 더불어 새로운 우익 학생 단체로 독립학생전선獨立學生戰線을 조직했다.[47] 1946년 5월 16일 정식 발족한 독립학생전선은 『한성일보』 1946년 5월 18일자 2면에 다음의 결의문을 내걸어 그 창립 의의를 알렸다.[48]

> 3천만의 겨레가 다 탁치를 반대함에도 불구하고 소수 반역자가 탁치를 지지함으로 원통하게도 민족 분열을 결정적인 것으로 했고, 독립 전선에 위기를 양상했던 것이다. 드디어 미소공동위원회도 돌연적으로 결렬되었다. 강토를 분단한 38도선의 철폐는 거부되었다. 어제도 오늘도 동포는 남북에서 38도선의 철폐를 부르짖고 있다. 그리고, 우리는 민족의 사선인 이 38선 철폐를 당연히 요구할 권리가 있다. 그뿐 아니라 3천만 겨레는 탁치를 반대하고 완전 자주독립을 부르짖고 있다. 우리는 여하한 나라의 국토의 침범도, 내정의 간섭도 받지 않는 독립국가건설을 주장할 권리가 있다. 우리는 단결함으로 독립을 쟁취하여 국제공약과 민족자결의 원칙 위에 우리 민족이, 우리 민족에 의한, 우리 민족을 위한 나라를 건설해야 할 것이다. 민족 자결의 국제 공약이 없다고 할지라도 이것은 민족 정신의 지상명령이다. 민족의 몸이요, 힘이요, 이성인 학도는 다시 부르짖는다. 우리의 지향하는 목표는 오직 하나, 완전 자주독립밖에 없다. 탁치는 절대 반대한다. 38선을 철폐하라.
> 一. 우리는 조선의 몸이다. 조선을 위하여 살고 조선을 위하여 죽자.

---

47   위의 글, 43쪽.
48   「학생운동의 거화 독립학생전선궐기」, 『한성일보』 1946년 5월 18일 2면.

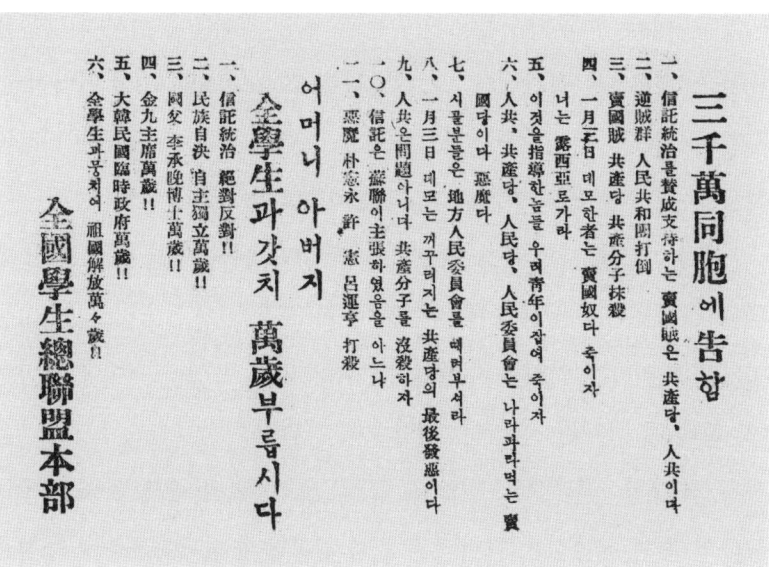

자료 2-8 전국학생총연맹 명의의 격문

一. 우리는 조선의 힘이다. 조선을 찾고 조선을 지키자.
一. 우리는 조선의 이성이다. 조선을 세우고 조선을 빛내자.

    1946년 5월 14일 개최된 독립전취국민대회의 참가 단체 중 하나로 등장하는 것으로 미루어보아, 독립학생전선은 정식 출범 이전부터 우익 학생운동의 한 분파로서 활발한 활동을 전개하였던 것으로 보인다.[49] 그러나 1946년 5월 1일 제1차 미소공동위원회가 휴회함에 따라 향후의 정치적 주도권을 둘러싼 좌익과 우익의 대립은 더욱 고조

---

49 「독립전취국민대회 참가 단체」, 『서울신문』 1946년 5월 14일.

되었다. 이에 우익 학생들은 일원화된 조직 체계를 구성하여 행동을 통일할 필요성을 절감했다. 그 결과물이 1946년 7월 31일 반탁학련, 독립학생전선, 경성대학동지회京城大學同志會의 통합체로 출범한 전국학생총연맹全國學生總聯盟(이하 '전국학련')이었다.[50]

이후 전국학련은 가장 대표적인 우익 학생단체로서 남한 사회 내 우익 정치세력의 선봉대를 자임하며 좌익 조직을 공격하고 5·10총선거를 지원하는 역할을 수행했다.[51] 세브란스 학생들도 이에 가담하여, 김덕순, 김재전, 김창순, 김향金香, 양달승梁達承(1953), 양재모, 윤석우, 조규환, 최규식崔圭植(1954) 등이 전국학련의 주요 인물로 활약했다.[52] 특히 최규식은 임시정부 주석 김구에게 반탁유공학생 표창을 받을 정도로 전국학련에서 활발한 활동을 전개했다.[53]

---

50 「독립전취에 봉기」, 『동아일보』 1946년 8월 2일 2면.
51 이준영, 앞의 글, 76쪽.
52 한국반탁·반공학생운동기념사업회, 앞의 책, 199쪽.
53 위의 책, 220쪽.

2

해방 직후 세브란스의 사회공헌

무의촌 진료활동과 문맹퇴치운동

해방 이후 세브란스 학생들은 조직적인 운동을 통해 나름의 정치적 역할을 수행했다. 그러나 세브란스 학생들의 움직임이 비단 정치적 운동에만 국한되었던 것은 아니다. 그들은 의료인이자 동시에 지식인으로서 그 책무를 자각하고 있었다. 실제로 세브란스 학생들은 자신들이 지닌 역량을 토대로 다방면에 걸쳐 사회에 공헌하고자 했다. 이는 의료인으로서 전개한 무의촌無醫村 진료활동, 그리고 지식인으로서 참여한 문맹퇴치운동으로 구체화되어 실현되었다.

먼저 전자를 살펴보면, 해방 직후 한국의 의료 실태는 심각한 수준이었다. 1941년 기준 조선에는 관공립병원 59개, 일본인 사립병원 67개, 선교병원 4개, 한국인 사립병원 34개가 존재했다.[54] 그 범위가 한반도 전역이라는 점, 그리고 해방 직후 일본 출신 의료인들이 본국으로 귀환한 점을 고려하면, 해방 직후 남한의 의료 여건을 추측하는 것은 그리 어렵지 않다.

지방의 상황도 크게 다르지 않았을 가능성이 높다. 일반적으로 도시에서 멀어질수록 비용과 거리의 측면에서 의료시설에 대한 접근성이 떨어지기 때문이다. 세브란스 학생들이 의료봉사를 전개한 '무의촌'이 바로 그 상징이었다. 이에 세브란스 학생들은 무의촌 진료봉사대를 꾸려 의료 혜택이 미치지 못하는 지역 곳곳을 누볐다. 학생들은 주로 방학을 활용하여 5-6명이 팀을 구성해 2-3주에 걸쳐 의료봉사를 하였던 것으로 보인다.[55] 때로는 세브란스 교수들도 학생들과 동행했다.[56]

다른 한편으로 무의촌 진료는 세브란스의 오랜 전통을 상징적으로 드러내는 활동이었다. 식민지시기 이래로 세브란스 학생들은 무의촌 진료를 정례화하여 방학마다 농촌으로 발걸음을 옮겼다. 특히 1940년부터는 그 범위를 확장하여 전국 각지를 순회할 정도였다. 물론 1940-1950년대에는 급작스러운 해방과 전쟁 등 일련의 정치적 격변으로 인하여 무의촌 진료봉사 역시 약간의 위축을 피할 수 없었다.[57] 그러나 세브란스는 그러한 혼란의 와중에서도 무의촌 진료의 명맥을 이어왔고, 그 정신은 후배들에 의해 끊임없이 계승되었다.

문맹퇴치 분야에서는 양재모의 활약이 단연 돋보인다. 그는 서울

---

[54] 신규환, 「해방 전후기 의료계의 의학인식과 사립병원의 발전: 재단법인 백병원을 중심으로」, 『의료사회사연구』 1, 2018, 89쪽.

[55] 양재모, 『사랑의 빛만 지고』, 큐라인, 2001, 110쪽.

[56] 「하계 무의촌진료행각, 세의대교수반 제주행」, 『경향신문』 1949년 8월 3일 2면.

[57] 연세대학교 의과대학 의학백년편찬위원회 편, 『의학백년』, 연세대학교출판부, 1986, 329쪽.

여자보육전문학원에서 최현배崔鉉培, 김윤경金允經 등으로부터 한글교습 강의를 수료하였고, 이후 동학들과 더불어 한글보급회를 결성하여 1945년 가을부터 한글 강습을 진행했다. 방학에는 지방으로 내려가 교사와 지방 유지들을 대상으로 강습을 이어갔다.[58] 세브란스 입학 이전부터 국문학에 관심을 지니고 있었기에 가능했던 운동이었다.[59] 당시 12세 이상 인구 기준 남한의 문맹률이 78%임을 고려하면, 양재모와 한글보급회는 사회적으로 가장 절실히 요구되는 운동을 전개한 것이었다.[60]

 비록 사료를 통해 구체적으로 확인되지는 않지만, 양재모 외의 세브란스 학생들도 문맹퇴치운동에 참여하였을 개연성이 높다. 세브란스 학생들이 참여한 학생조직 반탁학련과 전국학련이 문맹퇴치운동에 적극적으로 참여하였기 때문이다. 문맹퇴치운동은 브나로드운동 이래의 전통과 일반 대중의 문해 능력을 제고하는 명분을 두루 갖추었을뿐더러, 대민 접촉을 확장하여 정치적 기반을 다지는 측면에서 정치적으로도 유용성을 지녔다. 이에 반탁학련과 전국학련은 해방 3년에 걸쳐 방학마다 지방으로 내려가 문맹퇴치운동을 전개했다.[61]

 미군정과 우익 정치세력도 그들을 후원했다. 문맹퇴치는 그 자체로 효율적 통치체제 구축을 위해 필요한 것이었으며, 더 나아가 통치

---

58 양재모, 앞의 책, 50-54쪽; 연세대학교 의과대학, 앞의 책, 46-47쪽.
59 양재모, 위의 책, 84쪽.
60 임송자, 「미군정기 우익정치세력과 우익학생단체의 문해·계몽운동」, 『한국민족운동사연구』 79, 2014, 187쪽.
61 이준영, 앞의 글, 55-60쪽.

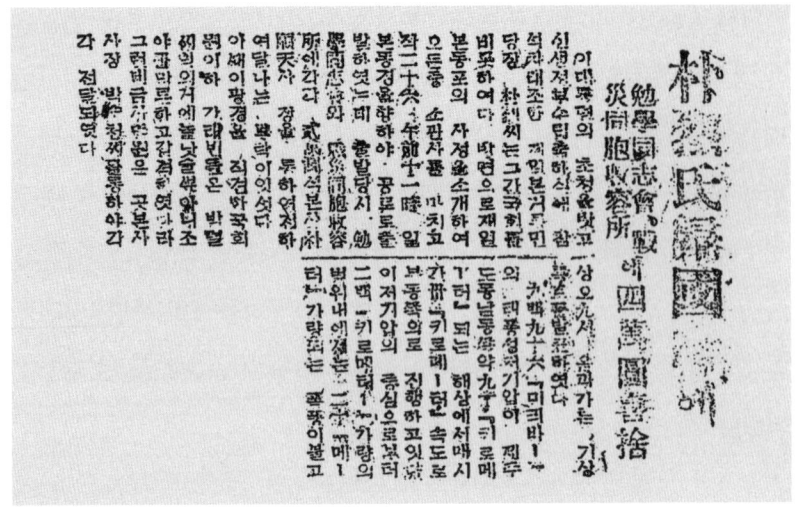

자료 2-9 1948년 8월 박열(朴烈)이 면학동지회에 거금을 기부한 사실을 보도한
『부인신보(婦人新報)』1948년 8월 27일자 기사

의 성과물로 내세울 수 있는 성질의 것이었다.[62] 좌익과의 경쟁에서 승리하여 남한 내의 정치적 주도권을 장악하기 위해서라도, 미군정과 우익 정치세력은 문맹퇴치운동을 비롯한 계몽사업을 통해 대중적 지지 기반을 선점, 확충할 필요가 있었다.[63]

실제로 세브란스 학생들의 문맹퇴치운동은 면학동지회勉學同志會를 통해 방증된다. 면학동지회는 1946년 12월 서울 정동 이화여자고등학교梨花女子高等學校 강당에서 결성된 학생조직으로, 문해·계몽운동을 그 활동 목적으로 했다. 구성의 측면에서는 전국학련 소속 시내 전

---

62 임송자, 앞의 글, 194-195쪽.
63 위의 글, 203-204쪽.

문학교 학생들이 그 중추를 이루고 있었는데, 그중에서도 특히 윤석우를 비롯하여 세브란스와 연희전문학교 학생들이 대거 참여했다.⁶⁴

한국전쟁기 전재민 구호활동과 세브란스 거제분원

해방 전후 세브란스 학생들의 사회공헌은 한국전쟁기 구호활동으로도 계승되었다. 1950년 6월 25일 새벽 한국전쟁이 발발했다. 북한이 38선 전역에서 전면적인 선제 침공을 감행한 결과였다. 이에 각지의 전선에서 부상자가 속출하였고, 그중 일부는 서울역 옆 세브란스병원으로 이송되었다.⁶⁵ 세브란스의 전 교직원들이 부상병 치료에 참여하였고, 학생들도 이에 힘을 보탰다.⁶⁶

그러나 전쟁 발발 3일 만에 서울이 함락되었다. 대한민국 정부는 허위 승전 보도를 반복하며 사태를 악화시켰다. 이로 말미암아 세브란스도 큰 혼란에 봉착하여, 일부는 남하하고 일부는 잔류하는 등 교직원과 학생들이 뿔뿔이 흩어졌다.⁶⁷ 게다가 서울 함락을 전후한 시점에는 문홍석文洪錫(1948), 이길구李吉求(1947), 이부현, 이성우李成雨(1945), 이호림, 정홍섭鄭弘燮(1934) 등 세브란스 출신의 좌익 계열 인물들이 이른바 '세브란스의과대학재건위원회'를 조직하여 북한 인민군

---

64 한국반탁·반공학생운동기념사업회, 앞의 책, 500쪽; 이준영, 앞의 글, 94쪽.
65 문창모, 『천리마 꼬리에 붙은 쉬파리: 영원한 젊은이, 문창모 박사 자서전』, 삶과꿈, 1996, 194-195쪽.
66 연세대학교 백년사편찬위원회 편, 『연세대학교백년사』 1, 연세대학교출판부, 1985, 315쪽.
67 연세대학교 의과대학 의학백년편찬위원회 편, 앞의 책, 151-157쪽.

의 지원하에 학교와 병원을 장악했다.[68]

1950년 9월 27일 서울이 수복되면서 세브란스는 다시 정상화되는 것처럼 보였다. 학교 역시 개강을 준비했다.[69] 그러나 중국이 전쟁 개입을 결정함에 따라 1950년 10월 중국인민지원군中國人民志願軍이 한반도에 모습을 드러냈다. 이들은 그해 말 대대적으로 공세를 가해 서울을 위협했다. 세브란스는 재차 험난한 피난길에 올라야 했다. 이처럼 전황이 급변하는 와중에 사망하거나 납북된 학생이 속출했다.[70] 세브란스 건물 역시 파괴를 피하지 못했다.[71]

그러나 세브란스 학생들은 혼란 속에서도 부상병 치료에 전념하며 본연의 역할을 수행했다. 김재전, 서인수徐仁銖(1944), 송선규宋璇圭(1949), 오원선吳元善(1944), 유승헌劉承憲(1945), 이광용李光鏞(1947), 이기섭李基燮(1938), 최용국崔龍國(1950) 등을 비롯한 졸업생들이 전쟁 발발 직후 군의관으로 임관하였으며, 김신기金信基(1952), 문영한文榮漢(1952), 성주호成周皓(1952) 등 전쟁 도중에 학업을 끝마친 학생들도 졸업과 동시에 입대하여 군의관으로 활동했다. 그중 김재전, 문영한, 오원선, 이광용, 최용국 등은 전후에도 군에 남아 군의관의 소임을 다했다.[72] 이 외에도 일부 4학년들이 현지에서 군의관으로 임관하거나

---

[68] 위의 책, 150-151쪽; 연세대학교 의사학과, 「세브란스와 한국전쟁」, 『연세의사학』 7-2, 2003, 106-107쪽.
[69] 연세대학교 백년사편찬위원회 편, 앞의 책, 316쪽.
[70] 해방 직후 세브란스 학생회를 이끌었던 김덕순도 이때 납북되었다. 양재모, 앞의 글, 7쪽; 양재모, 앞의 책, 108쪽.
[71] 연세대학교 의사학과, 앞의 글(2003), 110쪽.
[72] 연세의대 졸업생활동 편찬위원회, 앞의 책, 개별 인물 항목 참조.

하급생들이 각지의 군·경찰병원에 투입되어 부상병 치료를 도운 사례도 있었다.[73]

전시의 혼란 속에서 세브란스가 그나마 안정을 되찾은 시점은 1951년 1월 부산에 정착한 이후였다. 문교부는 1951년 5월 4일 「대학교육에 관한 전시특별 조치령」을 하달하여 부산, 대구, 광주 등 전국 5개 도시에 전시연합대학戰時聯合大學을 설치했다.[74] 이에 세브란스는 서울의대, 서울여자의대, 대구의대, 광주의대와 함께 부산에 위치한 전시연합대학 소속 의과대학에 편제되었다. 그 소재지는 부산시 광복동 2가 3번지(지금의 부산광역시 중구 광복동3가 3-1)였다.[75] 전시연합대학에 편제된 학생들은 1951년 12월 기준 약 50명이었다.[76]

병원은 거제도 장승포長承浦에 본부를 두었다.[77] 본래 세브란스는 전쟁 이전부터 거제도에서 진료소를 운영하고 있었다. 거제도의 열악한 의료 실태를 염려하던 지역유지 진도선陳道善이 1948년 숭실전문학교崇實專門學校 동창이자 세브란스 졸업생인 김명선金鳴善(1925)을 통해 진료소 설치를 요청하자, 세브란스는 흔쾌히 동의하여 김인선, 노경병盧庚昞(1947), 이한주李漢柱(1948) 등의 세브란스 출신 의료인들이 3개월씩 교대로 근무하는 방식으로 거제도 진료소를 운영했다. 이러한

73 연세대학교 백년사편찬위원회 편, 앞의 책, 315-316쪽;.
74 문교부, 「대학교육에 관한 전시특별조치령(1951.5.4.)」.
75 전종휘, 「전시연합대학에서의 활동」, 『의사학』 9-2, 2000, 256쪽.
76 「전시연합대학, 강의 개시」, 『부산일보』 1951년 3월 29일; 「전시연합대학, 부산에서 개강」, 『자유신문』 1951년 10월 11일 2면; 「< 부산 피난학교 실태 >(1)」, 『자유신문』 1951년 12월 16일 2면.
77 「피난민구호에 만전」, 『동아일보』 1951년 1월 13일 2면.

연고가 전쟁 당시 세브란스가 거제도에 안착하는 데 도움이 되었음은 물론이다.[78] 다만 장승포 본부의 규모가 50병상 수준에 불과하다는 것이 문제였는데, 이 또한 미8군의 협조하에 장승포국민학교를 임시병원으로 활용하면서 해결되었다.[79] 세브란스고등간호학교 역시 거제도에 설치되어 전재민 구호에 힘을 보탰다.[80] 전시연합대학에 편제된 세브란스 학생들도 수시로 거제에 내려와 환자 진료를 도왔다.[81]

세브란스 학생들의 헌신은 청도淸道분원에서 더욱 빛을 발했다. 1951년 당시 세브란스병원장이었던 문창모文昌模(1931)는 사회부장관의 요청으로 밀양을 현지 시찰하던 도중 국민방위군國民防衛軍의 참상을 목격했다.[82] 국민방위군은 본래 1950년 12월「국민방위군 설치법」에 의해 창설된, 전시 예비군의 성격을 지닌 조직이었다. 그러나 사령관 김윤근金潤根 준장, 부사령관 윤익헌尹益憲 대령을 비롯한 국민방위군 사령부는 실제 방위군에게 돌아가야 할 보급품을 대규모로 부정 착복하였고, 결국 전국 각지에서 병력을 징집하여 이동하는 과정에서 다수의 사상자가 발생했다.[83]

이에 문창모는 밀양 등지에 산재된 국민방위군 출신 환자들을 청도로 모은 다음 세브란스 분원을 설치하여 구호에 착수했다. 3, 4학

---

78 연세대학교 의사학과, 앞의 글(2003), 114-115쪽.
79 문창모, 앞의 책, 204쪽.
80 「세부란서고등간호학교 거제도서 개교」,『동아일보』1951년 4월 19일 2면.
81 연세대학교 의사학과, 앞의 글(2003), 124쪽.
82 문창모, 앞의 책, 205-207쪽.
83 진실·화해를위한과거사정리위원회 편,『진실화해위원회 종합보고서』4, 2010, 60-63쪽.

년을 중심으로 하는 다수의 세브란스 학생들도 문창모와 동행하여 청도분원에서 적극적으로 부상자 치료에 나섰다.[84] 학생 한 명이 하나의 교실을 책임질 정도였다.[85] 물론 세브란스 학생들이 거제와 청도에 계속 머무를 수는 없었다. 1952년 4월 세브란스병원이 서울에서 다시 개원하였고, 동년 6월 12일부터는 수업도 재개되었다. 그러나 세브란스 학생들이 전재민 구호활동을 통해 본연의 사명을 다하였다는 사실에는 변함이 없었다.

---

[84] 이영세(李英世)(1952), 「전화 속의 세브란스」, 『세브란스』 20, 1979, 142-144쪽.
[85] 문창모, 앞의 책, 208쪽.

무의촌 진료 봉사활동의 전통

근대 의학은 1885년 제중원의 설립을 기점으로 점차 한국 사회에 뿌리를 내려갔다. 그러나 한정된 인적·물적 자원으로 말미암아 그 파급 속도는 매우 더뎠다. 특히 당대 대다수의 인구가 거주한 농촌은, 식민지시기를 거치며 상대적으로 의료 접근성이 개선된 도시와 달리, 여전히 근대 의학의 손길 바깥에 머무르는 경우가 일반적이었다. 실제로 단 한 명의 의사도, 단 하나의 의료시설도 구비하지 못한 채 방치된 촌락이 적지 않았기에, 이른바 '무의촌無醫村'은 해방 이후 중대한 사회적 문제로 부상했다.[86]

근대적 의료 체계의 구축은 그 누구도 부정할 수 없는 보편적 과업이었다. 하지만 여러 현실적 조건을 감안하면, 무의촌의 완전한 해소는 장기적 차원에서 접근하여야 하는 문제였다. 농민들은 당장 의료 혜택이 절실히 요구되는 상황에 처해 있었고, 때에 따라서는 그 제공 여부에 따라 생사가 갈리는 경우도 흔했다. 이에 의과대학 학생들은 지방을 순회하며 농민들을 진료하는 방식을 고안했다. 그 중심에는 세브란스가 있었다.

세브란스는 해방 이전부터 무의촌 진료 경험을 축적한 바 있었다. 지금까지 알려진 바에 따르면, 세브란스 학생들이 조직적으로 무의촌 봉사에 뛰어든 시점은 1940년이었다. 이 해 김명선金鳴善 교수를 단장으로,

---

86 「사설, 무의촌을 구하는 길」, 『독립신보』 1946년 7월 26일 1면; 「무의촌 없이 할 때는 언제, 경기도의 무의면만 49개소」, 『자유신문』 1947년 5월 12일 2면; 「각지방사망률에서 본, 한심한 의료시설, 무의촌에 근본대책세우라」, 『부녀신문』 1947년 11월 22일 2면; 「무의촌이 빚어낸 죄, 무허가약종상 말듣고 황천객」, 『호남신문』 1948년 10월 7일 2면; 「병마에 신음하는 무의촌을 급속구호하라」, 『민국일보』 1948년 12월 28일 2면 외 다수.

이봉호李奉鎬(1941), 이병학李炳學(1941) 등 4학년 학생을 단원으로 한 진료반은 만주 펑톈奉天 일대를 방문하여 해당 지역의 조선인들을 진료했다.[87] 그뿐만 아니라 세브란스 학생들은 1941년에도 복수의 진료반을 편성하여 평안북도, 함경남도 일대의 무의촌을 방문했다.[88]

　　이와 같은 무의촌 진료봉사활동의 배경에는 세브란스 학생들의 고유한 문제의식이 자리했다. 이미 1920년대 후반 이래로 세브란스 학생들은 농촌에서의 사업을 구상하고 있었다. 의료인이자 동시에 지식인으로서 농민이 필요로 하는 의술을 제공하고 보건·위생 지식을 전파한다면, 궁극적으로는 조선의 사회적·문화적 진전도 크게 앞당길 수 있다는 생각이었다.[89]

　　이에 세브란스 학생들은 8·15해방을 계기로 삼아 본격적으로 무의촌 진료봉사활동에 착수했다. 세브란스학생회, 학생기독청년회 등은 각각 진료반을 편성하여 여름방학마다 전국 각지의 무의촌을 방문했다. 일반적으로 열흘 이상 농촌에 상주하며 무료로 농민을 치료하는 형태가 일반적이었다.[90] 거제, 제주 등을 비롯한 도서 지역에도 세브란스 학생들의 손길이 미쳤다.[91]

　　1950년대에 들어서며 무의촌 진료봉사활동은 세브란스의 전통으

87　연세대학교 의과대학 의학백년편찬위원회 편,『의학백년』, 연세대학교출판부, 1986, 329쪽.

88　「무의촌에 인술의 손-본사서 세전교수와 학생파유-평북과 함남일대를 무료회진」,『매일신보』1941년 7월 17일.

89　이용설,「조선의 의업과 농촌사업 (1)」,『세브란스교우회보』 11, 1929; 조계성,「조선의 의업과 농촌사업 (2)」,『세브란스교우회보』 11, 1929.

90　「양복강습회」,『경향신문』 1947년 6월 26일 4면;「세의대, 무의촌순회구호득코자 연극과 음악공연」,『가정신문』 1947년 5월 24일 2면;「세의대의 진료반 전북무의촌순방」,『동아일보』 1948년 8월 3일 2면;「무의촌에 특파 세의대에서 진료반」,『한성일보』 1948년 7월 31일 2면.

91　「세의대진료반 거제도파견」,『동아일보』 1948년 8월 11일 2면;「하계 무의촌진료행각, 세의대교수반 제주행」,『경향신문』 1949년 8월 3일 2면.

자료 2-10   1950년대 세브란스 무의촌 순회진료반의 모습

로 정착하는 데 성공했다. 1958년의 활동을 사례로 살펴보면, 세브란스 학생들은 총 10개반 72명의 진료대를 편성하여 충북 보은, 전북 무주, 경남 울진, 강원도 춘성 및 백령도, 연평도 등으로 흩어졌다. 방문 지역에서 드러나는 바와 같이 전국적 범위의 봉사활동을 추진한 것이었다. 그 규모에 걸맞게 지원도 대폭 증가하여, 보건사회부, 대한수산중앙회, 한미재단, 세계기독교봉사회, 유한양행柳韓洋行, 동아제약東亞製藥, 경성신약京城新藥 등 정부와 기업을 망라한 국내외의 다양한 단체들이 세브란스 학생들을 적극적으로 후원했다. 그 결과 세브란스 학생들은 1958년 여름방학에만 총 1만 1,088명의 환자를 진료할 수 있었다.[92]

아울러 1950년대 세브란스의 무의촌 봉사는 진료 영역의 측면에서도 확장을 거듭했다. 예를 들어 1958년 10월 세브란스 학생들은 독자

---

92   「의대 무의촌 순회 계획」, 『연세춘추』 1958년 6월 30일 1면; 「의과대학 무의촌순회보고좌담회」, 『연세춘추』 1958년 9월 15일 1면.

표 2-1 1958년 여름방학 무의촌 진료봉사활동 방문 지역 및 진료 환자

진료반	방문 지역	환자(명)	진료반	방문 지역	환자(명)
제1반	백령도-연평도	2,561	제6반	경상남도 통영	1,100
제2반	충청북도 보은	1,131	제7반	경상남도 울진	650
제3반	전라북도 무주	1,316	제8반	전라남도 구례	1,068
제4반	강원도 춘성	750	제9반	경상남도 고령	761
제5반	경상남도 울산	831	제10반	경상남도 합천	910
합계 1만 1,088명 진료					

표 2-2 1958년 여름방학 무의촌 진료봉사활동 결과(질환별 분류)

질환	비율(%)	질환	비율(%)
소화기 계통	30	호흡기 계통	12
영양실조	18	안질환	4
피부질환	15	기타	8
이비과질환	13		

적으로 '농촌영양실태조사반'을 꾸려 경기도 고양군 원당면 성사리에서 농민의 식단과 그 영양 실태를 점검했다.[93] 또한 1959년에는 한센병 권위자 유준柳駿 교수의 주도하에 '나병진료단'을 조직, 하계 무의촌 진료의 일환으로 각지의 한센인 수용소를 순회했다.[94] 무의촌 봉사의 전통을 계승하면서도 그것을 발전적으로 재생산하는 능동적 양상이 드러난 사례였다.

이후 세브란스는 방학 중 무의촌 진료를 정례화하며 그 연속성을

---

[93] 「의대서 농민 영양실태 조사」, 『연세춘추』 1958년 10월 13일 1면.
[94] 「계몽과 무료진료로 무의촌 순회」, 『연세춘추』 1959년 8월 10일 1면.

자료 2-11　1960년 해남군에서 의료봉사활동을 전개하는 세브란스 학생들

담지했다.[95] 지도교수와 전문의가 진료를 주도하고 의과대학 3-4학년 학생들과 간호사가 보조하였으며, 그 기간은 보통 열흘을 상회했다. 그뿐만 아니라 세브란스 학생들은 학술조사를 병행하여 그 결과물을 교지 『세브란스』에 게재하는 한편,[96] 대민관계에도 관심을 기울여 구호 물자와 의류를 전달하고 체육대회 등을 개최하여 상호 친선을 다졌다.[97] 이처럼 무의촌 진료는 봉사와 연구의, 그리고 세브란스 학생과 무의촌 농민의 유기적 결합을 창출하는 복합적 장으로 기능했다.

상황에 따라 신축적으로 진료반을 편성하여 사회적 책무를 다한 경우도 있었다. 1961년 전라남도 남원과 경상북도 영주가 각각 저수지

95　「의과대학 무의촌 진료계획 성안」, 『연세춘추』 1968년 6월 10일 1면; 「의과대 순회진료 폐막」, 『연세춘추』 1970년 3월 2일 1면; 「각 단체 동계봉사 모두 마쳐」, 『연세춘추』 1976년 3월 1일 1면; 「겨울철 봉사활동일정 밝혀져」, 『연세춘추』 1982년 1월 4일 7면; 「여름철 봉사활동 일정 밝혀져」, 『연세춘추』 1984년 6월 4일 7면 외 다수.

96　문준식(文駿植(1988)·홍성범(洪性範(1988), 「한국 강원도 평창군 대상리 대하리 일부 주민에 대한 집단구충효과」, 『세브란스』 26, 1985 외 다수.

97　이문영, 「수학여행된 봉사활동」, 『연세춘추』 1965년 8월 23일 3면.

붕괴와 집중호우로 큰 수해를 입자, 총 16명의 세브란스 학생들이 긴급히 수해지구로 내려가 6일 동안 약 4,000여 명의 환자를 치료했다.[98] 마찬가지로 1979년 수해로 말미암아 경상남도 하동에서 수인성 질환이 창궐하자 세브란스 학생들이 파견되어 진료를 실시하고 방역 조치를 취했다.[99] 세브란스 학생들의 역할은 전염병이 발생했을 때에도 빛을 발했다. 1963년 부산에서 콜레라가 발생하여 다수의 시민들이 고통을 겪자 세브란스 3·4학년 120명이 보건사회부의 위촉을 받아 현지에서 진료활동을 전개했다.[100]

1968년 단과대학으로 독립한 치과대학도 무의촌 봉사의 대열에 합류했다. 1970년대 초반 이래로 치과대학 학생들은 독자적으로 무의촌 진료반을 꾸려 전국 각지를 누볐다. 농민들을 대상으로 구강위생에 관한 지식을 전파하는 활동도 겸한 것이었다.[101] 1982년 정식 대학으로 승격한 원주 의과대학의 학생들 역시 세브란스의 전통을 계승하여 무의촌 진료를 도외시하지 않았다.[102] 타 대학이 합류함에 따라 세브란스의 무의촌 진료는 한 단계 다시 도약하여 의·치 혹은 의·치·간 '연합봉사'의 형태로 거듭났다.[103]

그렇다면 세브란스의 무의촌 진료봉사활동이 걸어온 긴 여정에서 우리는 어떠한 역사적 의의와 교훈을 도출할 수 있을까? 우선 무의촌 진

---

[98] 「큰 성과 걷우고 의대 진료반 귀경」, 『연세춘추』 1961년 8월 10일 1면.

[99] 「수해지구 의료봉사 지난 4일부터 하동서」, 『연세춘추』 1979년 9월 17일 1면.

[100] 「의대생 120명 경남지구서 구호 활동」, 『연세춘추』 1963년 9월 30일 1면.

[101] 「치대무의촌진료」, 『연세춘추』 1974년 6월 3일 1면; 「치과대 무의촌 진료봉사」, 『연세춘추』 1976년 9월 13일 1면 외 다수.

[102] 「여름철 봉사활동 일정 밝혀져」, 『연세춘추』 1983년 6월 13일 7면; 「여름철 봉사활동 오는 25일부터」, 『연세춘추』 1985년 6월 3일 7면 외 다수.

[103] 「농어촌 봉사활동」, 『연세춘추』 1972년 7월 24일 1면.

료봉사활동이 부단한 발전적 계승을 거치며 세브란스의 전통으로 자리 잡은 사실에 관심을 기울일 필요가 있다. 소규모 진료반의 순회에서 시작하였던 활동은 어느새 봉사와 연구를 아우르는 의·치·간 합동의 대규모 활동으로 발전했다. 세브란스의 정신을 계승하면서도 끊임없이 그것을 혁신한 학생들의 능동적 모습이 분명히 드러나는 바이다.

     물론 지금의 한국 사회는 '무의촌'과 거리가 멀다. 그렇기에 무의촌 진료봉사활동에 내재된 가치도 일부 퇴색된 측면이 없지 않다. 그러나 현 한국 사회가 누리는 의료 혜택은 경제 발전에 따른 자연스러운 산물이 아니다. 역사적 관점에 입각해 긴 호흡으로 근현대 한국 사회를 살펴보면, 세브란스 학생들이 부단한 노력으로 의료의 공백 지역을 채워나가는 양상을 쉽게 포착할 수 있다. 학생들의 사회 참여를 추동한 박애정신, 그리고 그것을 핵심 가치로 삼아온 세브란스의 전통을 다시 되새길 필요가 있다.

3부

4월 혁명과 세브란스

1

4월 혁명의 배경과 경과

4월 혁명의 정치적·사회적 배경

전쟁 이후 한동안 침체되었던 세브란스의 학생운동은 1960년대에 이르러 활기를 되찾았다. 그 결정적 계기는 바로 1960년 4월 혁명이었다. 1950년대 이승만정부의 총체적 모순이 1960년 3·15부정선거와 경찰의 유혈 진압이라는 극단적 형태로 표면화되었을 때, 세브란스의 학생들은 교문 밖으로 나아가 혁명의 대열에 합류하여 피와 땀을 흘렸다. 그리고 그것을 자양분으로 삼아 새로운 학생운동의 흐름을 주조해나갔다.

　1950년대 후반 이승만정부의 모순은 전 분야에 걸쳐있었다. 먼저 정치적 상황을 살펴보면, 한국전쟁 이래로 이승만과 자유당은 장기 집권을 이어가고 있었다. 정치적으로 이승만을 견제, 대체할 인물은 부재했고, 야당은 분열을 거듭하며 유의미한 대안세력으로 자리 잡지 못했다. 전쟁을 거치며 극도로 강화된 반공 이데올로기도 이승만과 자유당의 장기집권을 뒷받침하는 역할을 수행했다.

그러나 1956년 정부통령 선거는 위기의 경종을 울렸다. 1955년 출범한 통합보수야당 민주당民主黨과 제도권 내외의 혁신계가 이승만과 자유당의 아성을 위협했다. 선거 직전 급서했음에도 불구하고 적지 않은 사람들이 민주당의 대통령 후보 신익희申翼熙를 향해 추모표를 던졌으며, 같은 당의 부통령 후보 장면張勉은 관권의 개입을 뚫고 정권의 2인자 이기붕李起鵬을 꺾었다. 이미 80세를 넘긴 이승만의 나이를 감안하면, 민주당 출신 부통령이 확보한 대통령 유고 시 계승권은 정권의 치명적 약점이 되었다.[1]

혁신계 조봉암曺奉岩의 선전善戰도 위협적이었다. 1956년 정부통령 선거는 휴전 후 불과 3년이 지나지 않은 시점에 치러졌다. 그러나 조봉암은 과감하게 평화통일론을 꺼내들었으며, 더 나아가 '피해대중'을 위한 정치를 공약했다. 세간의 예상과 달리 그는 유효투표의 30%에 해당하는 216만 표를 얻으며 향후 가능성을 입증했다. 지역에 따라서는 이승만을 능가한 사례도 있었다.[2] 더이상 이승만과 자유당이 순탄히 집권할 수 없다는 사실이 명백해졌다.

그 배경에는 각종 모순의 누적이 있었다. 이승만과 자유당은 파행적 개헌을 거듭하며 장기집권에만 몰두하였을 뿐, 어떠한 비전과 전망도 제시하지 못했다. 특히 경제 분야에서는 미국의 원조에 전적으로 의존하여 소비재 산업 중심의 현상유지에 안주했다. 하지만 미

---

1 서중석, 『조봉암과 1950년대』 上, 역사비평사, 2000, 149쪽.
2 중앙선거관리위원회 선거통계시스템 개표현황 「제3대 대통령선거」 항목.

국의 대한對韓 원조는 1950년대 후반을 마지막으로 종료가 예정되어 있었다.[3] 더이상 기존의 경제정책을 답습할 수 없는 상황이었다.

그에 부응하여 한국 사회의 지식인들은 산업화와 자립경제에 대한 열망을 키워갔다. 비록 그 각론에 있어서는 차이를 드러냈으나, '개발'과 '균형 성장'을 통해 원조에 종속되지 않는 경제를 건설한다는 데에는 이론異論이 없었다.[4] 하지만 이승만정부는 외부의 변화에 대응하고 내부의 열망을 수용할 역량이 결여되어 있었다. 일상화된 부정부패 속에서 이득을 취하며 사회 전반의 낙후를 방치할 뿐이었다.

대신 이승만과 자유당은 정치적·사회적 탄압의 강화에 몰두했다. 먼저 공권력을 총동원하여 1958년 5월 국회의원 총선거의 전 과정에 개입했다. 비록 민주당의 호헌선 확보를 저지하지는 못하였으나, 자유당은 공권력의 불법적·초법적 개입에 힘입어 원내 과반을 점해 의회 권력을 지켜내는 데 성공했다.[5] 그뿐만 아니라 정권은 1958년 12월 24일 야당 의원들을 국회에서 폭력적으로 축출한 후 국가보안법을 개악하였으며, 연이어 1959년 4월에는 정부 비판 성향의 논조를 견지하던 『경향신문』을 폐간시켰다.[6]

동시에 자유당은 제도적 방식의 집권 연장을 모색했다. 민주당

---

3   정진아, 「제1공화국기(1948-1960) 이승만정권의 경제정책론 연구-국가 주도의 산업화정책과 경제개발계획을 중심으로」, 연세대학교 사학과 박사학위논문, 2007, 157쪽.
4   박태균, 『원형과 변용: 한국 경제개발계획의 기원』, 서울대학교출판문화원, 2007, 68쪽.
5   김진흠, 「1958년 5·2총선 연구: 부정선거를 중심으로」, 성균관대학교 사학과 석사학위논문, 2012.
6   민주화운동기념사업회연구소 편, 『한국민주화운동사』 1, 돌베개, 2008, 82-87쪽.

구파와의 합동을 통한 내각책임제 개헌이 가장 유력한 방안으로 떠올랐다. 그러나 이승만 본인이 대통령의 권한 축소를 경계하며 개헌을 거부함에 따라 구상은 좌초했다.[7] 결국 이승만과 자유당은 익숙하면서도 가장 '확실한' 수단에 의존하여 재집권을 추구하는 길을 선택했다. 그것은 바로 부정선거였다.

3·15부정선거와 4월 혁명

부정선거를 구체화하는 작업은 내무부와 그 산하 경찰의 몫이었다. 1959년 3월 입각한 내무부장관 최인규崔仁圭는 총체적 부정선거를 설계하여 야당 후보 탄압, 유권자 매수, 4할 사전투표, 3인조·9인조 공개투표, 야당 참관인 매수, 투표함 바꿔치기 등 각종 형태의 부정행위를 기획했다. 1959년 6월 경상북도 영덕·월성, 경상남도 울산, 강원도 인제, 그리고 1960년 경상북도 영주·영일의 국회의원 재선거를 '연습장'으로 삼은 결과, 부정선거는 그 위력을 여실히 드러냈다.[8]

이에 1960년 3월 15일의 정부통령 선거는 처음부터 끝까지 전 과정에 걸쳐 정권의 기획대로 진행되었다. 이승만은 유효투표의 88.7%, 이기붕은 79%를 확보하며 여유롭게 당선을 확정지었다. 그마저도 개

---

7 이혜영, 「제1공화국기 자유당과 '이승만 이후' 정치 구상」, 이화여자대학교 사학과 박사학위논문, 2015, 214-223쪽.

8 민주화운동기념사업회연구소 편, 앞의 책, 97-99쪽.

표 도중 '조정'된 득표율이었다.⁹ 선거는 한순간에 요식행위로 전락하고 말았고, 민주당은 당일로 선거무효를 선언했다. 주권을 강탈당한 일반 대중들도 행동에 돌입, 마산, 부산 일대에서 시위가 일어났다. 그러나 경찰은 초지일관 무력진압으로 대응했다.¹⁰

그 과정에서 3월 15일 마산 시위에 참여했던 한 학생이 항쟁 당일을 마지막으로 실종되었다. 바로 마산상업고등학교馬山商業高等學校 1학년 김주열金朱烈이었다. 그리고 그는 4월 11일 처참한 시신의 모습으로 마산 중앙부두 앞바다에 떠올랐다. 김주열의 참혹한 죽음으로 경찰의 만행이 입증되자 마산 시민들은 재차 일어섰다.¹¹ 정부는 상투적·소극적 대응으로 일관하며 시민들의 분노를 가중시켰고, 그로 말미암아 대구, 인천, 청주, 진주, 대전 등 전국 각지에서 부정선거와 경찰의 만행을 규탄하는 시위가 이어졌다.¹²

혁명의 물결은 마침내 서울에 도달했다. 3·15부정선거 이래로 4월 초에 이르기까지 서울은 상대적으로 조용한 분위기를 유지했다. 그러나 대학생들은 부정선거를 예의주시하고 있었다. 1960년 3월 1일 서울운동장에서 열린 3·1절 41주년 기념식에서 공명선거추진전국학생위원회가 공명선거를 촉구하는 삐라를 살포했고, 3월 5일에는 학생

---

9 위의 책, 113쪽.
10 위의 책, 113-117쪽.
11 이은진, 「3·15마산의거의 지역적 기원과 전개」, 정근식·이호룡 편, 『4월혁명과 한국민주주의』, 선인, 2010, 162-167쪽.
12 민주화운동기념사업회연구소 편, 앞의 책, 120-121쪽; 허종, 「대전·충남지역 4월혁명의 발발」, 정근식·이호룡 편, 앞의 책, 2010.

1,000여 명이 종로 일대에서 부정선거를 규탄하는 시위를 전개했다. 4월 1일 신학기를 맞이하자 대학가의 집단적인 움직임은 더욱 본격화되었다.[13] 특히 고려대학교 학생들은 4월 18일 선제적으로 가두시위에 돌입하여 국회의사당 앞까지 진출했다. 이에 부담을 느낀 자유당은 정치깡패를 동원하여 시내에 투입하였고, 그로 말미암아 폭력배의 습격으로 고려대학교 학생 40여 명이 부상을 입는 사태가 발생했다.[14]

4월 18일의 습격 사건은 서울 시내의 전 대학생이 거리로 뛰쳐나온 직접적 계기로 작동했다. 연세대학교 학생들도 4월 19일 거리에 나섰다. 총 3,000여 명의 학생들이 12시 대강당에 집결하여 교문을 나섰는데, 이들은 서대문, 서울역, 남대문, 을지로입구를 거쳐 오후 1시 20분 서울시청 앞 광장에 도착했다. 시위대는 시청 앞에서 1시 30분경 다시 행진을 시작하였고, 세브란스 학생 시위대가 여기에 합류했다. 그들은 무교동을 거쳐 화신, 종로4가를 돌아 원남동로터리로 향했다. 이날 연세대학교 학생들이 채택한 결의문, 그리고 시위 도중 외친 구호는 다음과 같다.[15]

결의문

발작적 방종이 아닌 민주주의라는 것, 그것은 각인의 의사를 자유로히 표

---

[13] 오유석,「서울에서의 4월혁명」, 위의 책.
[14] 서준석,「1950년대 후반의 자유당 정권과 '정치깡패'」, 성균관대학교 사학과 석사학위논문, 2011, 59-63쪽.
[15] 『연세춘추』 1960년 4월 27일 1면.

자료 3-1 4월 혁명 당시 연세대학교 시위대원 3,000여 명이 굴레방다리에 이르렀을 때의 광경

　시할 수 있을 뿐 아니라, 집회, 언론, 결사의 자유가 엄연히 보장되어야 함은 물론 국민에 의해서 선출된 정부와 입법부는 국민의 의사를 존중하며 전 국민을 위한 정부가 되어야 하는 것이다.

　　우리와 자손의 건전한 번영과 행복을 위하여 우리는 선두에 나서지 않으면 안되는 것이며, 보다 나은 앞날의 발전을 위하여 헌법전문에 기록된 바 사회적 폐습을 타파하고 진정한 민주주의 대한민국을 건설해야 하는 것이다. 몽매한 무지와 편협, 그리고 집권과 데모의 제지, 학생살해, 재집권을 위한 독단적인 개헌과 부정선거 등은 이 나라를 말살하는 행위인 것이며, 악의 오염을 더욱 증가시키는 것 이외에는 그 무엇이 되겠는가? 나라를 바로 잡고자 혈관에 맥동치는 정의의 양식, 불사조의 진리를 견지하려는 하염없는 마음에서 우리는 다음의 몇 사항을 엄숙히 결의하는 바이다.

1. 부정(3·15) 공개투표의 창안집단을 법으로 처벌하라.
1. 권력에 아부하는 간신배를 축출하라.
1. 국민의 자유로운 의사표시를 허용하라.
1. 경찰은 국민의 권리와 자유를 침해치 말라.
1. 정부는 마산사건의 전 책임을 지라.

구호(우리의 주장)
1. 민주주의 반역자를 극형에 처하라.
1. 경찰은 학원 내의 일을 간섭말라.
1. 국민 의사에 반하여 개헌의 주도자를 저지하라.
1. 사상 최악의 3·15선거를 다시 하라.
1. 위정자 양심이 있는가.
1. 진리, 자유.
1. 학원에 자유를 달라.
1. 3·15부정선거 규탄한다.
1. 경찰국가 원치 않는다.
1. 학도는 살아있다.

가두행진 도중 학생들은 경무대景武臺(현 청와대) 근처에서 경찰의 사격으로 다수의 사상자가 발생했다는 소식을 접했다. 그러나 시위대는 비보에 굴하지 않고 행진을 지속하여 돈화문, 안국동로터리를 거쳐 중앙청 앞으로 나아갔다. 경찰은 중앙청 앞에서도 시위대를 향해 총격을 가했다. 그럼에도 불구하고 학생들은 시위를 중단하지 않고

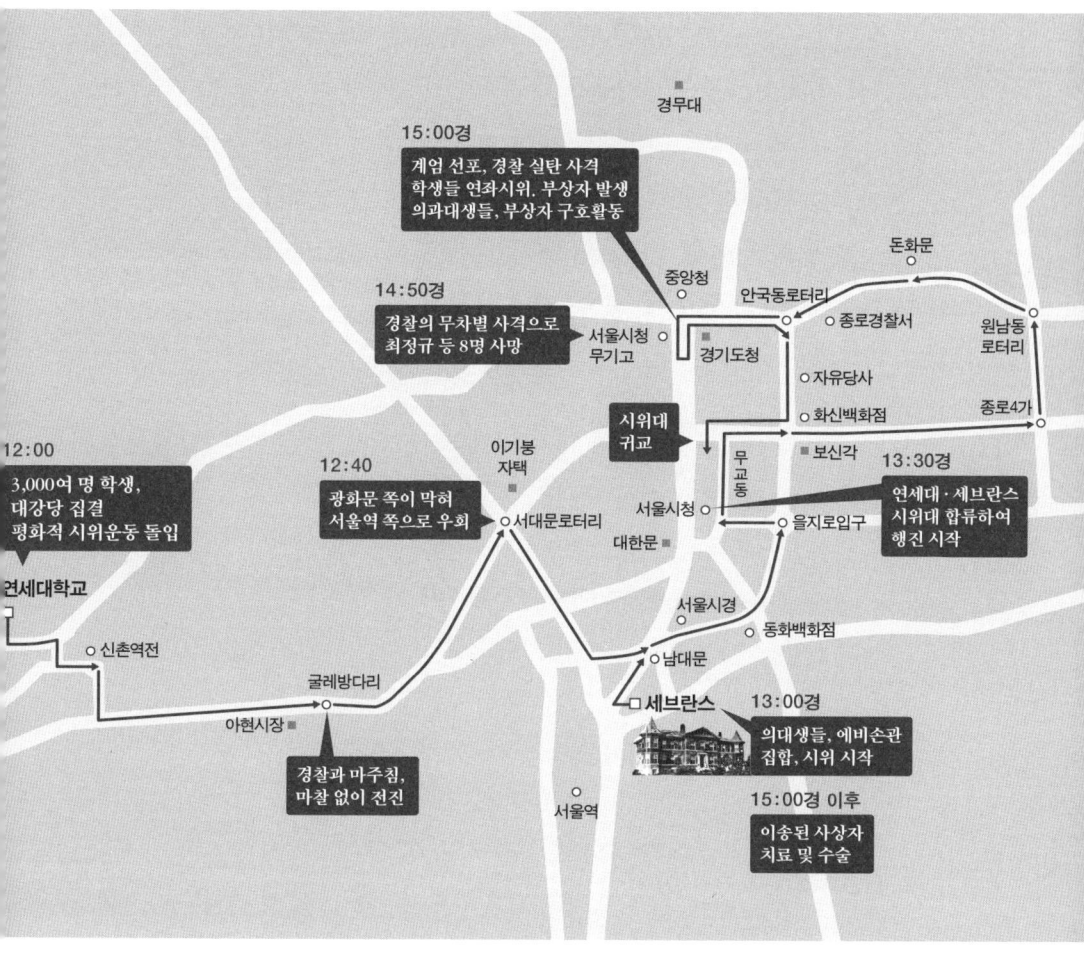

자료 3-2   1960년 4월 19일 연세대학교·세브란스 학생시위[16]

---

16   『연세춘추』 1960년 7월 27일 1면, 「연세대학교 의과대학 투쟁실기」(4월혁명청사편집위 편, 『민주한국4월혁명청사』, 1960), 『4·19혁명』(김정남, 민주화운동기념사업회, 2003)을 참고하여 그림.

다시 안국동, 종로, 남대문, 서울역, 서소문을 거쳐 학교로 복귀했다.[17]

이날 경찰은 오후 1시 40분경 경무대 어귀를 시작으로 중앙청, 서대문 등 서울 곳곳에서 시위대를 향해 무차별적으로 총격을 가했다. 그 결과 서울에서만 109명의 사망자가 발생했다.[18] 부상자도 적지 않았다. 연세대학교 학생 중에서는 행정학과 3학년 김홍수가 관통상을 입고 정법대학 학도호국단 학생위원장 고홍우가 졸도했다. 국문학과 4학년 백원배, 전기공학과 4학년 홍사성 등도 경찰에 연행되어 고문 당한 후 세브란스병원에 입원했다.[19]

---

[17] 「4·19학생시위에 3,000여 명 참가」, 『연세춘추』 1960년 4월 27일 1면.
[18] 민주화운동기념사업회연구소 편, 앞의 책, 129-132쪽.
[19] 「내가 당한 경찰 고문」, 『연세춘추』 1960년 5월 2일 3면.

2

세브란스 학생들의 활약

4·19세브란스학생시위

세브란스의 학생들도 혁명의 대열에 합류하여 자신의 역사적 소임을 다했다. 학생들이 본격적인 행동에 돌입한 시점은 4월 19일 점심이었다. 이미 4월 18일과 19일 오전의 시위 소식이 전해지며 세브란스 내에서도 긴장이 배가되고 있던 터였다. 여기에 4월 19일 점심을 전후하여 중앙대학교中央大學校 시위대가 세브란스 교문 앞을 지나가며 열의를 고조시켰으며, 그 직후에는 연세대학교 시위대가 신촌을 출발해 도심 방향으로 행진을 시작했다는 소식까지 전해졌다.[20]

이에 세브란스 학도호국단 운영위원회 간부 운영위원장 4학년 조진빈曺震彬(1961), 부위원장 3학년 빈주원賓注源(1962), 총무 4학년 김병

---

[20] 4월혁명청사편집위 편, 「연세대학교 의과대학 투쟁실기」, 『민주한국4월혁명청사』, 성공사, 1960, 501-502쪽.

자료 3-3 4월 혁명 당시 세브란스 학생들의 모습

자료 3-4 서울시청 앞의 시위대. 흰색 가운을 입은 세브란스 학생들을 확인할 수 있다.

길金炳吉(1961) 등은 전 학생들을 에비슨관으로 소집했다.[21] 그 자리에서 학생들은 회의를 진행하였고, 그 결과물로 다음 결의문을 만장일치로 채택했다.

> **결의문**
> 1. 부정으로 일관한 3·15정부통령선거를 다시 하자.
> 1. 살인경찰의 만행을 규탄한다.
> 1. 경찰은 정치적으로 엄정중립을 지키도록 하라.
> 1. 학원에 있어서의 일절의 정치적 조종, 간섭을 배격한다.
> 1. 이상의 결의를 전학생들의 의사로 채택한다.

결의문 채택 직후인 오후 1시 15분경 200여 명의 세브란스 학생들이 흰 가운을 입고 교문을 나섰다. 교외에 외출하였다가 학교로 복귀하던 학생 수십여 명도 그 자리에서 즉각 대열에 합류했다. 학교 밖으로 나선 세브란스 학생들은 마침 교문 앞을 지나던 경기대학교京畿大學校 시위대와 합류하였다가, 나중에는 신촌에서 세종로 방향으로 행진해오던 연세대학교 시위대와 합세해 돈화문 방향으로 나아갔다. 세브란스 학생들은 "의학도여, 메쓰를 들라! 썩은 정치 수술하자", "김주열군의 시체를 다시 해부하라!" 등 의학도의 특색을 드러낸 구호로

---

[21] 연세대학교 의과대학 의학백년 편찬위원회, 앞의 책, 193쪽. 조진빈은 1959년 9월 28일 학생총회에서 세브란스 학도호국단의 운영위원장으로 선출되었다. 「의대 학위장에 조군」, 『연세춘추』 1959년 10월 5일 1면.

시선을 집중시켰다.[22]

의학도로서의 자의식은 부상자 수습 활동으로 이어졌다. 앞서 언급한 바와 같이 4월 19일 경찰은 오후 1시 40분 경무대 어귀를 시작으로 중앙청, 서대문 등 서울 곳곳에서 시위대를 향해 무차별적으로 총격을 가했다. 그러나 경찰의 계속되는 발포로 인하여 그 누구도 도처에 쓰러진 부상자들을 수습할 엄두를 내지 못했다. 들것을 들고 달려온 수도의과대학首都醫科大學 학생들마저 앞으로 나서지 못했다.

이때 세브란스 학생들이 부상자를 수습했다. 흰 가운을 입은 세브란스 학생들은 수도의과대학 학생들이 가져온 들것을 들고 현장으로 돌진하여 부상자를 세브란스병원으로 후송했다.[23] 부상자에 대한 치료는 세브란스 교수들과 학생들의 몫이었다. 세브란스 학생들은 안국동-종로-남대문을 거쳐 학교로 돌아오는 것으로 시위를 마무리하였는데, 그중 30명이 병원에 남아 의사들을 도우며 부상자 치료에 열중했다.

날이 저물수록 병원으로 후송되는 사상자는 계속 늘어났다.[24] 1960년 4월 혁명 당시 세브란스 병원에서 치료한 환자는 약 200명에 달하며, 대부분 19-21세의 남성환자였다. 그들은 대부분 팔다리, 복부, 가슴, 머리에 상처를 입은 총상 환자였기 때문에 세브란스병원에

---

[22] 4월혁명청사편집위 편, 앞의 책, 502쪽.
[23] 「4·19학생시위에 3000여 명 참가」, 『연세춘추』 1960년 4월 27일 1면; 「진리 자유의 수호를 위하여」, 『연세춘추』 1960년 4월 27일 3면; 노순환, 「나는 실망하지 않는다」, 『경향신문』 1961년 4월 19일 조간 4면.
[24] 이정석, 「뜬눈으로 새운 혁명의 밤」, 『세계』 174(1960년 6월호), 144-147쪽.

자료 3-5
4월 19일의 세브란스 학생들.
부상자들을 들것으로
옮기고 있다.

서는 그들에게 다량의 수혈을 시행해야만 했다. 또한 약 74회의 수술을 실시했다.[25] 진료실과 수술대가 부족해 복도에서 수술을 감행해야 할 정도였다. 출혈 환자가 많아 병원이 비축해두었던 혈액도 점차 바닥을 드러냈다. 이에 학생들은 병원의 협조로 두 대의 지프차에 탑승, 시내 곳곳을 누비며 시민들을 대상으로 헌혈을 호소했다. 영안실을 지키며 사망자 신원 파악에 전념한 학생들도 적지 않았다.[26] 여유가 있는 병원으로 부상자들을 이송할 때에도 학생들이 발벗고 나섰다.[27]

시위 당일 부상을 입은 세브란스 학생도 적지 않았다. 의예과 2학년 박태건朴泰建(1965)의 사례가 대표적이다. 그는 4월 19일 세브란스 학생시위에 참여한 후 학교로 복귀하였다가 다시 귀가하고자 버스에 탑승했다. 그리고 경찰의 통제로 서대문 근처에서 차량 통행이 통제되자 버스에서 하차하여 광화문 방향을 향해 걸어갔다. 그 와중에 박태건은 서대문구 소재 이기붕의 자택 앞을 지나게 되었다.[28] 그런데 그 앞을 지키고 있던 약 20명 가량의 정복 경찰관은 박태건을 발견하자마자 집단으로 구타를 가해 실신에 이르게 했다. 그는 서대문경찰서 내에서 비로소 정신을 되찾았지만, 그곳에서 다시 허위 진술을 강요당해야 했다.[29] 박태건이 사찰계 계장의 훈계를 듣고 간신히 석방된

---

[25] 민광식, 허경발, 김광연, 「4·19 및 4·26 부상자의 통계학적 고찰: 연세대 의과대학에서 취급한 환자 예」, 『대한의학협회지』 Vol.3, No.5, 1960, 34-37쪽.
[26] 4월혁명청사편집위 편, 앞의 책, 503-504쪽.
[27] 이용설, 「4월혁명과 세브란스」, 『사상계』 83(1960년 6월호), 296쪽.
[28] 이기붕의 자택이 있던 자리에는 현재 4·19혁명기념도서관이 들어서 있다.
[29] 4월 19일 성균관대학교, 배문고등학교, 경성전기공업고등학교 학생들은 이기붕의 집 앞에서 시위를 전개하며 그의 사퇴를 촉구했다. 경찰은 박태건을 해당 시위대의 일원으로 간주하였

시점은 오후 9시였다.³⁰

이처럼 경찰은 단지 학생이라는 이유만으로 불법적으로 폭력을 가했다. 의과대학 4학년 박장엽 역시 총상을 입고 순화병원順化病院으로 후송되었다.³¹ 3학년 민진식閔震植(1962)도 경찰의 폭력을 피하지 못했다. 4월 19일 세브란스 학생시위대에 참여한 민진식은 시위 도중 중앙청 앞에서 경찰의 실탄 사격으로 쓰러진 학생들을 발견했다. 이에 그는 택시운전사의 도움을 받아 부상자를 병원으로 호송하고자 했다. 그러나 무장경찰은 택시를 향해 사격을 가해 운행을 정지시킨 후, 무기고 방화 혐의를 내걸어 그를 종로경찰서로 연행했다. 그곳에서 민진식은 약 2일간 전신이 출혈로 부을 정도로 심한 구타를 당했고, 4월 23일에 이르러 비로소 석방되었다.³²

최정규 열사의 희생

1960년 4월 19일 시위 도중 최정규崔正圭(1960 입학, 1965 명예의학사) 열사가 경찰의 사격으로 사망했다. 당시 최정규는 의과대학 본과 진입을 앞둔 예과 2학년의 신분이었다. 그는 무교동에 위치한 친구의 집에 가방과 실험복을 맡긴 후, 일반 학생복을 입고 선배들의 시위에 합류

던 것으로 추측된다. 민주화운동기념사업회연구소 편, 앞의 책, 129-130쪽.
30 「나는 이렇게 구타 당했다」, 『연세춘추』 1960년 5월 9일 3면.
31 「중앙청 근처서 농성을 시작」, 『동아일보』 1960년 5월 30일 조간 3면.
32 4월혁명청사편집위 편, 앞의 책, 504-505쪽.

했다.³³ 최정규가 시위대에 합류한 구체적 지점은 분명하지 않다. 다만 당시 의예과가 신촌캠퍼스에 소재한 점을 고려하면, 그는 신촌에서 출발한 연세대학교 본교 시위대의 일원으로 시내로 나아갔다가 시청 인근에서 자연스레 세브란스 시위대에 합류했던 것으로 보인다.

19일 중앙청 옆 경찰 무기고를 경비하던 경찰이 오후 5시 30분 비무장의 학생 시위대를 향해 일제 사격을 가했고, 이는 최정규의 운명을 결정했다.³⁴ 그는 중앙청 앞 경찰 무기창고 근처에서 오른쪽 손과 심장 근처에 총상을 입고 쓰러졌다.³⁵ 근처에 있던 연세대학교 학생들이 그의 총상을 목도했고, 곧 쓰러진 최정규를 발견하여 세브란스병원으로 급히 후송했다.³⁶ 도착과 함께 세브란스 허경발許景渤(1951) 교수가 수술을 집도했다. 하지만 하행대정맥과 간장의 관통이 치명상이 되어 결국 최정규는 절명하고 말았다.³⁷ 4월 혁명 과정에서 연세대학교 학생이 희생된 유일한 사례였다.³⁸

---

33 「자유탈환의 맨 앞장 선 이공대학 의예과 최정규군」, 『연세춘추』 1960년 5월 2일 3면.
34 「경찰사격」, 『동아일보』 1960년 4월 20일 석간 3면. 단, 「공적조서」에는 사망시간이 오후 3시로 기재되어 있다. 「4·19의거희생자공적조서」, 166쪽.
35 「4·19의거희생자공적조서」, 166쪽.
36 연세대학교 의사학과, 「재미 피부과학의 개척자, 제퍼슨의과대학 명예교수 고영재」, 『연세의사학』 22-1, 2019, 214쪽.
37 「민간인사망 94명 경관 3명」, 『동아일보』 1960년 4월 21일 호외 1면; 「서울지구사망자명단」, 『조선일보』 1960년 4월 21일 석간 2면; 「발표된 사망자의 명단」, 『동아일보』 1960년 4월 22일 조간 3면; 「사망 9명 추가 발표」, 『조선일보』 1960년 4월 23일 조간 3면; 「사망자 124명으로 증가」, 『동아일보』 1960년 4월 23일 석간 3면. 일부 기사에는 이름이 '최정유'로 오기되어 있다.
38 「공적조서」에는 사망지가 '서울의대부속병원'으로 기재되어 있다. 「4·19의거희생자공적조서」, 166쪽. 그러나 관련 인물들의 일관된 증언과 허경발 교수의 수술 집도 사실로 미루어보아 해당 기록은 착오로 추측된다.

최정규군 영결식
21일 홍제동서 화장으로 거행

4·19 학생데모 사건으로 인하여 경찰의 발사로 불행한 죽엄을 당한 본 대학교 이공대학 의예과 2년, 최정규군의 영결식이 지난 21일 시내 홍제동 화장터에서 거행되었고, 그의 유해는 곧 이어 화장장으로 행하였다.

그의 가족들과 친지 및 본 대학교 조의설 문과대학장, 이정환 상경대학장, 이길상 이공대학장, 신동욱 정법대학장과 조우현 학생처장및 이경우 동문이 영결식에 참석하여 진리, 자유를 울부짖다 희생 당한 그의 고결한 죽엄을 중심으로 애도하였다.

한편 본 대학교에서는 그를 조의하는 뜻으로 조위금 20만환을 전달하였다.

(고 최정규 군)

자료 3-6
최정규 열사의 영결식을 보도한 1960년 4월 27일 『연세춘추』 1면

    최정규는 1941년 2월 21일 서울에서 공무원 최병민崔丙旻의 2남 4녀 중 장남으로 태어났다.[39] 가족과 친구들은 한결같이 최정규를 얌전하면서도 착하고 정직한 사람으로 기억했다.[40] 학업에 대한 열정도 뛰어나 1959년 경기고등학교京畿高等學校를 졸업하고 연세대학교 이공대학 의예과에 입학할 정도였다.[41] 당대 세브란스 학생들의 일반적인

---

[39] 본적은 서울특별시 용산구 원효로 3가 69, 사망 당시 거주지 주소는 서울특별시 서대문구 충정로 2가 37이다. 「4·19의거희생자공적조서」, 166쪽. 단, 『연세춘추』는 부친의 성명을 일관되게 '최병문'으로 표기했다. 「민주수호를 재다짐, 고 최정규군 집을 탐방」, 『연세춘추』 1960년 4월 17일 3면 외 다수.

[40] 학민사 편집실 편, 『4·19의 민중사』, 학민사, 1984, 443쪽; 최문숙, 「내 동생 정규에게」, 『연세춘추』 1960년 5월 2일 3면; 박신일, 「내 친구 정규에게」, 『연세춘추』 1960년 5월 2일 3면.

[41] 「4292년도 신입생 명단」, 『연세춘추』 1959년 3월 10일 1면. 경기고등학교 졸업 기수로는 제 55회이다. 「추도음악회 개최」, 『연세춘추』 1961년 4월 10일 1면.

진로에 따른다면, 1961년에는 본과에 들어가 본격적으로 의학도의 길을 걸을 예정이었다. 그러나 4월 19일 중앙청 앞 경찰의 발포는 최정규의 삶을 송두리째 앗아갔다.

그의 영결식은 4월 21일 서울 홍제동의 화장터에서 거행되었다.[42] 영결식 직후 유해는 화장되었으며, 추후 국립4·19민주묘지 학생묘역에 안장되었다.[43] 위패는 다른 혁명 열사들과 함께 서울 신설동(新設洞)의 탑골승방에 안치되었다.[44]

그의 숭고한 희생을 기리는 추모와 애도의 움직임이 이어졌다. 4월 25일 연세대학교 정법대학 정치학회와 행정학회가 최정규의 유족에게 조의금을 전달했으며, 5월 4일에는 연세대학교 노천강당에서 최정규의 넋을 위로하는 추도예배가 전교생과 전 교직원이 참석한 가운데 엄숙한 분위기 속에서 거행되었다.[45] 『경향신문』도 1960년 5월 19일 조간 4면에 최정규를 비롯한 4월 혁명 '순국학도' 20인의 영정을 싣고 애도의 뜻을 전했다.[46]

이후 최정규는 연세대학교 내에서 4월 혁명을 상징하는 이름이

---

[42] 「최정규군 영결식」, 『연세춘추』 1960년 4월 27일 1면.

[43] 4·19 유족회, 『4·19 10주년 기념지』, 사단법인 4·19 유족회, 1971, 70-71쪽.

[44] 「혁명영령백일대제엄수」, 『경향신문』 1960년 7월 26일 석간 3면; 「민주수호를 재다짐, 고 최정규군 집을 탐방」, 『연세춘추』 1960년 4월 17일 3면. 탑골승방은 지금의 보문사(普門寺)를 가리킨다.

[45] 「정치·행정 두 학회서 최군에 조의, 김군을 위문」, 『연세춘추』 1960년 5월 2일 1면; 「4·19학생 의거의 희생자 고 최정규군 추도 예배 엄수」, 『연세춘추』 1960년 5월 9일 1면.

[46] 「천년을 울어주는 종(鐘)이 되어라, 그 이름을 선홍의 피로 쓰고 간 순국학도의 모습」, 『경향신문』 1960년 5월 19일 조간 4면.

되었다. 1961년 4월 18일 연세대학교 학생회는 노천강당에서 최정규의 추도식을 거행했다. 그를 향한 추도는 4월 혁명에 대한 기억, 더 나아가 그 정신의 계승과 분리되지 않았다.⁴⁷ 의예과 학생들도 개별적으로 최정규의 자택을 찾아 그와 함께했던 기억을 더듬었다.⁴⁸ 마침내 1965년 2월 명예의학사 학위가 수여되어 그는 영원한 세브란스인으로 남게 되었다.⁴⁹

자료 3-7 1960년 5월 9일 『연세춘추』에 실린 최정규 추모 삽화

최정규의 뜻은 장학회로 계승되었다. 1960년 6월 한 달 동안 그의 동기들은 캠퍼스 내에서 기금 모금운동을 전개했다. '최정규장학회'를 조직하여 그의 숭고한 희생을 기리기 위함이었다. 추진회 대표는 의예과 2학년 이승규李升圭(1964)였다.⁵⁰ 학내 구성원들은 의예과 학

---

47   「18일 추도식 고 최정규군의 1주기」, 『연세춘추』 1960년 4월 17일 1면; 「영령을 기념관에 봉헌키로」, 『연세춘추』 1960년 4월 24일 1면. 최정규의 경기고등학교 동창들은 『조선일보』의 후원을 받아 1961년 4월 15일 추도 음악회를 열었다. 「추도음악회 개최」, 『연세춘추』 1961년 4월 10일 1면.

48   「민주수호를 재다짐, 고 최정규군 집을 탐방」, 『연세춘추』 1960년 4월 17일 3면.

49   「1964년도 학위 수여식 성료」, 『연세춘추』 1965년 3월 1일 1면; 「4·19희생 고최정규군 명예의학사 학위수여」, 『연세춘추』 1965년 3월 1일 3면.

50   「고 최정규 장학회를 설정」, 『연세춘추』 1960년 5월 30일 1면.

생들의 운동에 적극적으로 호응했다. 5월 31일부터 6월 3일까지 백양로 입구에서만 5만 650환이 모금될 정도였다. 1960년 5월 3일 추도예배 당시 거두어진 헌금 15만 490환도 장학회 기금에 더해졌다. 연세대학교 어머니회도 헌금 대열에 합류했다.[51]

이에 의예과 학생들은 장학회의 규모를 기금 50만 환 수준으로 설정한 후, 13명의 대표를 선정하여 장학금운영세칙위원회를 구성했다.[52] 동문들의 적극적인 헌금과 회원 가입으로 목표를 무난히 달성하여, 1961년 1월 16일 의예과 2학년 학생들의 주도로 '최정규장학회'를 조직하고 회칙을 제정할 수 있었다. 회장은 의예과 2학년 이승규였으며, 고문은 고병간高秉幹(1925) 연세대학교 총장, 이길상李吉相 교수, 이영우 교수 및 최정규의 부친 최병문이었다. 회칙에 따르면, 장학금 급여 대상자는 '민주주의 및 자유를 위하여 공헌이 뛰어난 연세대학교 재학생' 혹은 '민주주의 및 자유 사상을 앙양하는 작품의 현상 모집에 응모하며 당선된 자'였다.[53]

마침내 최정규장학회는 1961년 2월 8일 약 200명의 의예과 학생들과 이공대학장, 의예과 과장, 최정규 열사의 친지 등이 참석한 가운데 연세대학교 본관 소강당에서 정식 발기회를 거행했다. 이 자리에서 장학회는 매년 수여 대상자를 선정하여 4월 19일에 장학금을 급여

---

51 「총액 29만 7천환 모금」, 『연세춘추』 1960년 7월 11일 1면. 경기고등학교 55회 졸업생들도 '고 최정규 기념 장학회'를 조직하려고 했던 것으로 보인다.
52 「4일간에 5만환 모금」, 『연세춘추』 1960년 6월 6일 1면.
53 「'정규 장학회' 발족」, 『연세춘추』 1961년 2월 6일 1면.

하기로 결정했다.⁵⁴ 1961년 10월 제1회 장학생을 선발하여 장학금 3만 환을 전달하였는데, 그 대상자는 이공대학 전기과 4학년 정충야, 정법대학 정치외교학과 4학년 김병철, 의과대학 의학과 4학년 민진식이었다. 선발 기준은 4·19 당시의 활동상, 4·19 이후의 사회봉사, 성품, 성적 등이었다.⁵⁵

자료 3-8 최정규장학생 선발 모집을 알리는 『연세춘추』 1963년 4월 8일 기사

이후 최정규장학회는 정기적으로 장학금 수여 활동을 전개했다. 1962년 4월에는 신학과 3학년 철식, 행정학과 4학년 임경호, 의학과 1학년 장일웅張一雄(1966)을 제2회 장학생으로 선발하였고, 이들은 같은 해 최정규 2주기 추도식에서 장학금을 수여받았다. 선발 기준은 민주주의적 사회봉사활동, 평소 소행, 성적 등으로, 제1회와 같았다.⁵⁶

1963년에는 우수 논문을 투고한 학생들을 장학생으로 선발하여 장학금을 지급했다. 1963년 3월 16일 최정규장학회는 제2회 정기총회를 열고 의학과 3학년 이호일李浩一(1965)과 최병일崔炳日(1965)을 각

---

54 「4·19에 장학금 급여」, 『연세춘추』 1961년 2월 13일 1면.
55 「정규 장학생 3명 선발」, 『연세춘추』 1961년 10월 9일 1면. 최정규장학회는 1961년에 한해 장학생을 10월에 선발했다. 원문의 '민운식'은 '민진식'의 오기로 추측된다.
56 「최정규장학생선발」, 『연세춘추』 1962년 4월 2일 1면; 「고 최정규 2주기 추도식」, 『연세춘추』 1962년 4월 16일 1면; 「고 최정규군 추도식 엄수」, 『연세춘추』 1962년 4월 23일 1면.

각 회장과 부회장으로 선임한 후, 장학생 선발 방식을 변경하는 안을 확정했다. 논문 주제는 '한국사에 있어서 4·19의 의의', '경제안정과 경제발전', '지성인의 사회참여'로, 국문과 3학년 김춘석, 상과 4학년 박일신·한기영, 정치외교학과 1학년 장윤호 등이 가작에 선정되어 장학금을 수여받았다.[57] 심사위원은 연세대학교 정법대학 교수 이극찬^{李克燦}, 상경대학 교수 최호진^{崔虎鎭}이었다.[58]

1964년 최정규장학회는 다시 기존의 방식으로 회귀하여 성적과 성품을 기준으로 장학생을 선발했다.[59] 이에 영문과 3학년 김기상, 상과 4학년 강형창, 외교학과 2학년 이상구 등이 장학생으로 선발되어 1964년 4·19기념식에서 장학금을 수여받았다.[60] 다만 이 해의 선발을 마지막으로 더이상의 움직임이 확인되지 않는 점으로 미루어보아, 최정규장학회는 1960년대 중반에 이르러 활동을 중단한 것으로 보인다.

기념 공간의 조성도 논의되었다. 연세대학교 내 각 단과대학의 대표 10명으로 구성된 학생회는 1960년 6월 8일 회의를 열고 '충혼탑 추진위원회' 결성에 합의했다. 충혼탑을 통해 기릴 영령은 1945년 8월 일제에 의해 희생된 연희전문학교 학생 안기창^{安基昌}, 이이제^{李二濟}와 한국전쟁 당시 희생자, 그리고 최정규였다. 계획에 따르면, 건립 설계

---

57 「최정규 장학생 선발」, 『연세춘추』 1963년 3월 25일 1면; 「최정규 장학생 선발」, 『연세춘추』 1963년 4월 8일 1면; 「4편의 가작을 선정」, 『연세춘추』 1963년 4월 29일 1면.
58 「장학생 현상 논문」, 『연세춘추』 1963년 4월 22일 1면.
59 「고 최정규 장학생 모집」, 『연세춘추』 1964년 4월 6일 1면.
60 「최정규 장학생 발표」, 『연세춘추』 1964년 4월 20일 1면.

자료 3-9   서울 강북구 수유리에 위치한 국립4·19민주묘지에 안장되어 있는 최정규 열사

는 조각가 겸 교수 김경승金景承이 맡을 예정이었다.[61]

그러나 충혼탑 건립 계획은 백지화되었다. 4월 혁명 이후 충혼탑 건립이 지나치게 세속화되어 그 의의가 퇴색되었다는 것이 사유였다. 대신 연세대학교 학생회는 1961년 6월 14일 단과대학 학생회장 회의를 열어 영령안치소 설치를 결정했다. 학생들의 접근성을 고려하여 공간은 도서관 내부에 마련하기로 했다.[62] 이후 영령안치소는 학교 측과의 협의를 거쳤던 것으로 보인다. 1주년 추도식에 참석한 이종성 학생처장이 대강당 3층 로비에 '조국을 위해 희생한 연세인을 위한 기념

---

61   「충혼탑 건립 추진」, 『연세춘추』 1960년 6월 13일 1면.
62   「영령 안치소 설치키로 결정」, 『연세춘추』 1961년 1월 23일 1면.

관'을 설치하고 최정규 열사를 안치할 계획을 밝혔기 때문이다.[63] 결과적으로 최정규 열사 추모 공간의 조성은 1961년 9월 21일 김경승이 제작한 최정규 동판상을 대강당 3층 로비에 설치하는 것으로 일단락되었다.[64]

---

[63] 「영령을 기념관에 봉헌키로」, 『연세춘추』 1961년 4월 24일 1면.
[64] 「고 최정규군 동판상 제막」, 『연세춘추』 1961년 9월 25일 1면.

3

4월 혁명 이후의 학생운동

학도호국단의 해체와 학생자치의 부활

이승만과 자유당은 4월 19일 오후를 기해 서울 일대에 계엄령을 선포하여 송요찬宋堯讚 육군참모총장을 사령관으로 하는 계엄군을 진주시켰다.[65] 시민들의 항거에도 불구하고 권력을 내놓지 않겠다는 의지의 표현이었다. 그러나 4월 25일 서울 시내 각 대학의 교수들이 거리에 나서 정권의 퇴진을 촉구하였고, 곧바로 다수의 군중이 대열에 합세했다. 계엄군조차 시위대를 해산할 엄두를 내지 못했다.[66] 결국 4월 26일 오전 10시 시민대표를 면담한 직후 이승만이 하야를 선언했다. 이로써 정부 수립 이래로 12년간 이어졌던 이승만의 장기집권이 종식

---

[65] 「서울·부산·대구·광주·대전에 비상계엄령 선포」, 『동아일보』 1960년 4월 20일 석간 1면.
[66] 민주화운동기념사업회연구소 편, 앞의 책, 129-132쪽.

자료 3-10   연세대학교 의과대학 학도호국단의 수습 활동

되었다.⁶⁷

　　독재정권이 무너지자 학생들은 사회 전반의 질서 회복에 주력했다. 정권 퇴진이라는 본래의 목표가 달성되었으므로 더이상의 혼란은 불필요하다는 데에 여론이 수렴된 결과였다.⁶⁸ 대신 학생들은 자신들의 공간, 즉 학원을 정화淨化하는 작업에 역량을 기울였다. 1950년대 학원은 관제조직 학도호국단의 통제로 말미암아 자율성이 크게 위축되어 있었다. 정권은 학도호국단을 도구로 삼아 학생들을 각종 궐기대회에 정치적으로 동원하였으며, 학생들의 일상까지 검열, 통제

67　위의 책, 145쪽.
68　「공명심 버리고 애국심으로 수습하라」, 『연세춘추』 1960년 5월 2일 1면; 「혼란된 질서 회복에 봉사」, 『연세춘추』 1960년 5월 2일 1면.

했다.[69]

　때에 따라서는 학도호국단이 학생들의 의사를 대변하는 조직으로 기능한 경우도 없지 않았다. 1960년 4월 19일 세브란스 학도호국단이 학생 총의를 수렴하여 집단적 행동을 이끌어낸 사례가 대표적이었다. 그러나 관제 학도호국단의 존재 그 자체가 학원 민주화에 배치된다는 점은 분명했다. 이에 학생들은 학도호국단을 자율적 학생자치기구로 재편함으로써 학원 민주화의 토대를 마련하고자 했다.

　연세대학교 역시 학도호국단 체제를 조속히 청산하는 작업에 착수했다. 1960년 4월 29일 시내 각 대학 학생처 과장 회의가 열리자, 연세대학교의 조우현 학생처장은 관제 학도호국단에서의 탈퇴를 건의하여 이를 관철시켰다.[70] 이승만 하야 이후의 수습을 담당한 허정許政 과도정부도 그러한 흐름에 역행하지 않았다. 결국 과도내각이 1960년 5월 3일 국무회의에서 해체를 의결함에 따라 이승만 하야 이후 약 일주일 만에 학도호국단 체제가 종식되었다.[71]

　학도호국단이 해체되자 학생들은 학생자치조직, 즉 학생회를 구축하는 작업에 돌입했다.[72] 세브란스 학생들의 생각도 같았다. 1960년 5월 20일 세브란스의 새로운 학생 자치체로 기능할 학생회가 출범하였으며, 학생회장으로는 의과대학 3학년 이성재李聖宰(1962)가 선출되

69　오제연, 「1960-1971년 대학 학생운동 연구」, 서울대학교 국사학과 박사학위논문, 2014, 29-35쪽.
70　「학호단서 탈퇴 결의」, 『연세춘추』 1960년 5월 2일 1면.
71　「학도호국단 드디어 해체」, 『연세춘추』 1960년 5월 9일 3면.
72　오제연, 앞의 글, 95-96쪽.

었다.[73] 6월에는 학생총회를 개최하여 학생회의 주요 간부를 인선하는 한편, 의과대학 총기독학생회SCA, Students Christian Association, 국제연합학생회UNSA, United Nations Student Association 등을 그 산하단체로 편입하여 학생자치활동을 단일화했다.[74] 이로써 세브란스 학생들이 자치활동을 전개할 기반이 마련되었다.[75]

실제로 세브란스 학생들은 그 스스로 능동적 주체가 되어 다양한 형태의 사회운동을 시도했다. 먼저 세브란스의 오랜 전통인 무의촌 진료활동이 더욱 활성화되었다. 세브란스 학생들은 여름방학을 맞아 1960년 8월 1일부터 대대적인 순회진료사업에 돌입, 충청남도 안면도, 강원도 고성군, 전라남도 해남군, 경상북도 영덕군, 충청남도 병곡군, 경기도 고양군 등 총 여섯 군데의 무의촌으로 내려갔다. 참여 학생만 총 39명에 이르렀다. 촌락민을 대상으로 예방 중심의 보건지식을 전파하는 것도 소홀히 하지 않았다.[76]

다른 한편으로 세브란스 학생들은 연세대학교 지역사회개발대에 참여했다. 전라남도 해남군에서 전개한 무의촌 의료봉사가 바로 그에 따른 활동의 일환이었다. 지역사회개발운동은 연세대학교 학생들이 자체적으로 계획한 농촌개발·계몽사업으로, 그 궁극적 목표는 최대

---

73 「회장에 이성재군」, 『연세춘추』 1960년 5월 30일 1면.
74 「의대학생회총회 개최」, 『연세춘추』 1960년 6월 6일 1면.
75 1961년에도 세브란스 학생들은 자체 경선을 통해 3학년 정희원(鄭熙元, 1963)을 신임 회장으로 선출했다. 「정희원(의3)군 당선」, 『연세춘추』 1961년 5월 8일 1면.
76 「의대서 무의촌 순회진료」, 『연세춘추』 1960년 8월 29일 1면; 이종욱, 「무의촌 해소가 급선무」, 『연세춘추』 1960년 8월 29일 3면.

5년의 기간을 두고 이상적 농촌 '연세의 마을'을 건설하는 것이었다.[77] 7월 5일 지역사회개발대가 발표한 세부계획에 따르면, 대상지역은 전라남도 함평군과 해남군이었다.[78]

의과대학 3학년 유시연柳時然(1962), 김인국金寅國(1962), 나규연羅珪淵(1962), 이준환李俊煥(1962), 이재성李在星(1962), 정갑은鄭甲殷(1962), 한남수韓南洙(1962), 한대용韓大用(1962) 등을 반원으로 하는 의료반은 해남군 계곡면에 배치되어 8월 4일부터 2주간 진료활동을 전개했다. 계곡면 성진국민학교에 간이병원을 설치하여 매일 300여 명의 환자를 치료하였으며, 방문진료와 질병예방강좌도 마다하지 않았다.[79] 요컨대 4월 혁명 이후 세브란스의 학생운동은 급격히 활기를 되찾고 있었다.

연세대학교 학원민주화운동

4월 혁명 이후 대학생들은 학도호국단 체제를 조속히 청산하여 학생운동이 존립할 공간을 창출했다. 그러나 학생들의 학원정화운동이 언제나 순조로웠던 것은 아니었다. 특히 '어용교수'의 퇴진과 학교행정의 민주화는 정치적으로 민감한 사안으로, 그 진전이 더디고 험난했다. 결과적으로 연세대학교에서는 어용교수 퇴진과 학교행정 민

---

77 오제연, 앞의 글, 102쪽.
78 「지역사회 개발대 계획 발표」, 『연세춘추』 1960년 7월 11일 1면.
79 「농촌계몽, 개발사업 활발」, 『연세춘추』 1960년 8월 15일 1면; 「해남 일대에 전개된 지역사회개발운동」, 『연세춘추』 1960년 8월 15일 3면.

주화를 둘러싼 대립이 조정되지 못함에 따라 두 차례의 파동이 발생했다.

먼저 어용교수 퇴진운동을 살펴보면, 학생들은 이승만정부와 밀착하여 학원을 정치에 종속시켰던 교수들이 혁명 이후에도 그대로 잔존한 데에 문제를 제기했다. 혁명의 의의를 계승하여 학원을 민주화하기 위해서는 구시대의 잔재가 청산되어야 한다는 것이 학생들의 주장이었다. 이승만정부 시절의 학원 통제에 문제의식을 지니고 있었던 교수들도 학생들의 목소리에 공감의 뜻을 표했다.

그런데 학내 구성원의 집단적 문제제기만으로는 어용교수 퇴진이라는 목표를 달성하는 데에 한계가 있을 수밖에 없었다. 학원 내의 인사권은 재단을 비롯한 학교 당국의 관할이었기 때문이다. 이에 어용교수퇴진운동은 '학원행정의 민주적 운영'이라는 문제의식을 경유하여 점차 학원민주화운동으로 발전해나갔다. 그 대상도 비단 어용교수 일부에 국한되지 않고 이사회를 포함한 학교 당국 전반으로 확장되었다.[80]

1960년 연세대학교 1·2차 파동은 바로 그러한 맥락에서 발생한 사건이었다. 당시 연세대학교에서는 백낙준이 이사장과 총장을 겸임하며 학교 운영을 도맡아왔다.[81] 그러나 1960년 5월에 이르러 연세대학교 학생들은 집단적으로 어용교수의 퇴진을 요구하는 동시에 학원행정의 민주화, 분권화를 요구하며 각 단과대학별로 결의문을 채택

80　오제연, 앞의 글, 96-97쪽.
81　민주화운동기념사업회 편, 앞의 책, 224쪽.

했다.[82] 단과대학 중심의 분권적 운영을 지향하던 교수들도 이에 동조하여 수업 거부를 단행했다.[83]

결국 연세대학교 이사회는 교수회, 학생회와 의견을 조율한 끝에 총장직과 이사장직의 겸임 금지, 총장추천물색위원회의 설치, 단과대학의 자주성 보장을 골자로 하는 수습안에 합의했다.[84] 참의원 의장에 선출된 백낙준의 공석에는 국어학자 최현배崔鉉培와 선교사 찰스 사우어Charles August Sauer가 각각 연세대학교의 총장 서리와 이사장으로 부임했다.[85] 이로써 1차 파동이 간신히 일단락되었다.

그러나 양자의 갈등은 2학기 개강 이후 재점화되었다. 이사회의 전격적 조치가 그 뇌관이었다. 1960년 8월 24일 사우어 이사장은 연희전문학교 창립자 원두우元杜尤, Horace Grant Underwood의 손자인 원일한元一漢, Horace Grant Underwood Jr.을 총장에 임명했다.[86] 이틀 후인 8월 26일에는 적극적으로 학원행정의 민주화를 촉구한 문과대학의 박두진朴斗鎭, 장덕순張德順, 정법대학의 장경학張庚鶴 등 교수 세 명을 해직했다.[87] 사실상 학교행정의 개편을 거부하겠다는 의지의 표현이었다.

이로 말미암아 1차 파동 이후 수습되었던 학원 내 여론이 재차 격

---

82 「각 단과대학 학생총회」, 『연세춘추』 1960년 5월 23일 1면.
83 「궤도에 오른 학원 민주화」, 『연세춘추』 1960년 5월 23일 1면.
84 「이사·교수회간에 완전 합의」, 『연세춘추』 1960년 6월 20일 1면.
85 「학교기구개편위원회 초안, 일괄 표결로 수정없이 통과」, 『연세춘추』 1960년 6월 6일 1면; 「이사장에 사우어 박사 선출」, 『연세춘추』 1960년 6월 6일 1면.
86 「총장서리에 원일한교수 임명」, 『연세춘추』 1960년 8월 29일 1면.
87 민주화운동기념사업회 편, 앞의 책, 225쪽.

화되기 시작했다. 게다가 사우어 이사장의 조치는 당대 한국 사회 내에서 급격히 고조되고 있던 민족주의와 결부되어 더욱 문제시되었다. 4월 혁명 이후 학생들은 민족주의를 자신들의 사상적 자양분으로 수용하고 있었다. 그 연장선상에서 정치적으로는 다양한 형태의 통일론이 제기되었으며, 경제적으로는 외세의 영향력에서 자유로운 자립경제 건설이 최대 과제로 부상했다. 이러한 분위기 속에서 외국인 이사장의 독단으로 또 다른 외국인이 총장에 임명되자, 연세대학교의 학원민주화운동은 곧 '외세의 침투에 대한 민족적 저항'의 성격을 함의하며 더욱 격화되었다.[88]

이에 연세대학교 학생들은 1960년 9월 15일부터 동맹휴학에 돌입하는 한편 '학원민주화투쟁위원회'를 조직하여 행동의 통일을 모색했다. 학원민주화투쟁위원회를 통해 수렴된 학생들의 요구사항은 원일한 총장 서리 사퇴, 한국인 총장 선임, 이사진 개편, 어용교수 퇴진, 해임교수 복직 등이었다.[89] 급기야 9월 19일에는 재학생 1,500명이 가두로 진출하여 학교 당국의 처사를 규탄하는 시위를 전개했다.[90] 문과대학 교수들도 사표를 제출하고 철야농성을 불사하는 등 학생들의 투쟁을 지원했다.[91]

88　오제연, 앞의 글, 98-99쪽.
89　「창립이래 최대 위기에 봉착」, 『연세춘추』 1960년 9월 19일 1면.
90　「분규 마침내 사회로 파급」, 『연세춘추』 1960년 9월 26일 1면.
91　「철야농성투쟁전개」, 『연세춘추』 1960년 9월 19일 1면; 「교수단 농성 의연 계속」, 『연세춘추』 1960년 9월 26일 1면.

투쟁 초기 세브란스 학생들은 동맹휴학에 가담하지 않았다.[92] 그러나 9월 20일 학생회 총회를 계기로 세브란스 학생들은 노선을 전환하여 투쟁 대열에 합류했다. 21일 학생들은 학원민주화투쟁위원회와의 행동 통일을 골자로 하는 성명서를 발표했으며, 24일에는 재차 총회를 열고 이사회를 향해 수업 거부를 비롯한 극한 투쟁을 경고했다.[93] 9월 20일 채택된 '연세대학교 의과대학 학생총회' 명의의 결의문 전문은 다음과 같다.

결의문
1. 학생과 교수의 불신을 받는 원 총장서리는 총책임을 느끼고 즉시 사퇴하고, 유능한 총장을 조속히 선출하라.
1. 권력/금력에 아부 굴종하고 반민주적인 모든 불의한 자를 규탄한다. 사이비교육자, 학교운영자는 물러가라. 현 이사진의 개편을 요구한다.
1. 교수의 신분보장을 확고히 하고 학교기구개편안을 즉각 실시하라.
1. "공산당 배후" 운운의 망언을 유포한 사우어 이사장은 책임 있는 해명과 공개사과를 하라.
우리 의과대학 학생 전원은 진리와 자유를 수호하며 이상의 요구조건이 조속히 관철 안 될 경우 어떠한 극한투쟁도 불사한다.

1960년 9월 21일 연세대학교 의과대학 학생총회

---

[92] 「창립이래 최대 위기에 봉착」, 『연세춘추』 1960년 9월 19일 1면.
[93] 「의과대학도 맹휴기세」, 『연세춘추』 1960년 9월 26일 1면.

세브란스 학생들의 수업거부운동은 약 5일 정도 지속되었던 것으로 보인다. 9월 26일 다시 학생총회를 소집하여 향후 투쟁 방안을 표결한 결과에 따라 27일 수업에 정상적으로 복귀하였기 때문이다.[94] 그러나 이는 의과대학 학생회 차원의 집단적 움직임을 자제한 것에 지나지 않았다. 이미 상당수의 세브란스 학생들은 개인 단위로 움직이며 학원민주화운동에 적극 가담하고 있었다.

이는 1960년 11월 16일의 사건을 통해 분명히 드러났다. 11월 15일 연세대학교 당국은 학원민주화운동을 주도한 학생 3인을 퇴학 처분했다. 이에 그 다음날인 11월 16일 오전 10시 약 2,000명의 연세대학교 학생들이 노천극장에서 임시학생총회를 열고 사우어 이사장과 원일한 총장 서리를 규탄하는 결의문을 채택했다. 더 나아가 학생들은 책임 있는 조치를 촉구하기 위해 원일한의 자택으로 몰려갔다. 그러나 원 총장 서리는 자리를 비운 상태였다.

원 총장 서리의 모습이 보이지 않자 격분한 일부 학생들은 그의 자택에 침입하여 기물을 부수었다. 경찰이 투입되었지만, 학생들을 저지하기에는 역부족이었다. 오히려 1,500여 명의 학생들이 경찰을 뚫고 주한미국대사관으로 나아가 원일한과 사우어의 자국 소환을 촉구하였고, 그중 일부는 다시 사우어 이사장의 자택에 난입하여 기물을 파손했다. 이로 인해 총 155명의 학생이 경찰에 연행되어 그중 133명이 구속되었다.[95]

---

94 「의과대학 정상수업」, 『연세춘추』 1960년 10월 3일 1면.
95 「대학사상 초유의 불상사 발생」, 『연세춘추』 1960년 11월 21일 1면; 「열띤 젊음의 분노, 민주

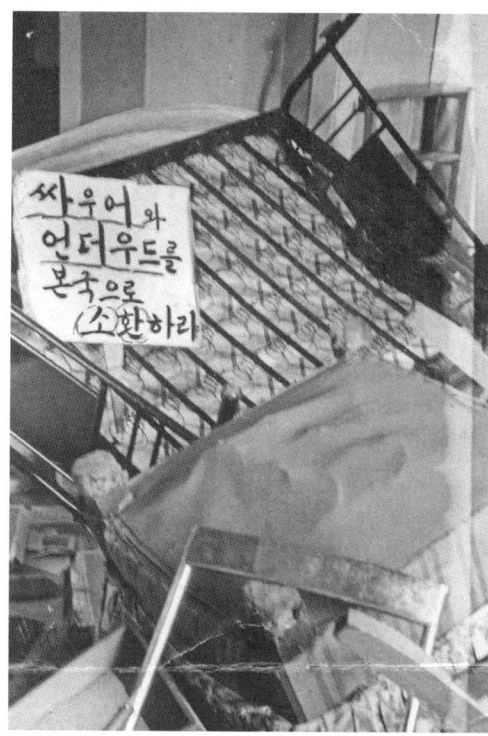

자료 3-11
사우어 이사장과 원일한 총장 서리를 규탄하는 팻말

자료 3-12 사우어 이사장 자택을 향해 행진하는 연세대학교 학생들

세브란스 학생들도 이날 다른 연세대학교 학생들과 더불어 행동을 같이했다. 『연세춘추』에서 확인한 바에 따르면, 의예과 1학년 김명호金明鎬(1966), 최수길崔秀吉(1966), 이희영李喜永(1965), 채희달蔡熙達(1959 입학), 최무길崔武吉(1966) 등 총 6명의 세브란스 학생들이 원일한 총장 서리와 사우어 이사장의 자택에 침입해 기물을 파손한 혐의로 경찰에 연행되었다.[96] 그중 채희달은 1960년 12월 12일 정식 기소되어 같은 달 24일 서울지방법원에서 소년부송치를 선고받았다.[97] 채희달을 제외한 나머지 세브란스 학생들은 곧바로 석방되었다. 그들과 행동을 함께한 대다수의 연세대학교 학생들도 마찬가지였다.

연세대학교 이사회는 학생들의 요구를 수용하여 당시 경북대학교 총장으로 재임하던 고병간을 새 총장으로 선임했다. 4월 혁명 이후 전개된 학원민주화투쟁, 그리고 그 배후의 '민주주의'와 '민족자주'를 향한 열망이 그 정당성을 인정받았기에 가능한 결과였다. 그러한 맥락에서 4월 혁명과 연세대학교 학원민주화투쟁에서 나타난 세브란스 학생들의 실천도 나름의 역사적 의의를 지닐 수 있었다.

경찰의 방맹이」, 『연세춘추』 1960년 11월 21일 3면.

[96] 「구속된 학생들의 실태」, 『연세춘추』 1960년 11월 21일 3면; 「27일 밤 현재 수감 학생명단」, 『연세춘추』 1960년 11월 28일 3면.

[97] 「학생 10명 기소처분」, 『연세춘추』 1960년 12월 19일 1면; 「칠명에 선고유예」, 『경향신문』 1960년 12월 24일 석간 3면; 「분규사건 완전 종결」, 『연세춘추』 1960년 12월 19일 1면.

최정규 추도식과 연세대 학생운동

연세대학교 의과대학생 최정규는 1960년 4월 19일 중앙청 앞에서 민주주의를 외치다 스러졌다. 이에 '최정규'라는 이름 석 자는 곧 4월 혁명의 결의와 의지를 체현한 상징이 되었고, 자연스레 그의 희생을 향한 연세대학교 학생들의 기억과 추도의 움직임이 이어졌다. 그러나 그의 이름이 함의하는 메시지가 언제나 같은 수준에서 환기되었던 것은 아니었다. 시대의 변화에 따라, 그리고 학생운동의 부침에 따라 최정규의 존재는 망각과 부활을 반복했기 때문이다. 바꾸어 말하면, '최정규 추도식'은 그 자체로 연세대학교 학생운동의 역사와 같은 길을 걸어왔다.

4월 혁명 이후 연세대학교 학생 사회는 추도회를 거행하고 장학금을 신설하는 등 다양한 방식으로 최정규의 희생을 기억하고 그 뜻을 계승했다. 이는 1960년대 중반에도 크게 달라지지 않았다. 1966년 연세대학교는 4·19 6주년 기념예배와 더불어 '고 최정규 추도회'를 거행했다.[98] 한일협정반대운동의 여진이 아직 남아있던 시점임을 고려하면, 최정규라는 이름이 함의하는 정신이 학생들에게 준 무언의 울림은 결코 작지 않았을 것이다.

그러나 그 다음해인 1967년 『연세춘추』에 실린 한 기사는 1966년의 그것과는 완전히 상반되는 상황을 전하고 있다. 해당 기사에 따르면, 4·19의 교훈은 '망각의 피안'으로 사라져가고 있었다. 최정규를 추모하는 그 어떤 행사도 열리지 않았으며, 그의 무덤 앞에는 꽃다발 하나 놓이지 않았다. 이에 연세대학교 총학생회와 학내 서클 한국문제연구회

---

[98] 「4·19 기념식 거행」, 『연세춘추』 1966년 4월 18일 1면.

자료 3-13 연세대학교 의과대학 1965년도 졸업앨범에 실린 최정규기념장학회 회칙과 추모시

는 조촐하게나마 헌화식을 거행하고 최정규의 유지 계승을 다짐했다.[99] 1960년대 후반에 이르러 4월 혁명의 기억이 점차 희미해지면서 최정규의 이름 역시 조금씩 학생들에게서 멀어져가고 있었으며, 그럼에도 불구하고 학생사회 일각에서는 여전히 그의 뜻을 기리고 있었다.

이후 연세대학교 총학생회는 정기적으로 국립4·19민주묘지 소재 최정규의 묘소를 참배하며 그에 대한 기억을 이어나갔다.[100] 그러나 1980년에 이르러 4·19기념제와 최정규 분향소가 '부활'한 사실로 미루어

---

99 「4·19 일곱돐 학생대표, 고 최정규군 묘소 헌화」, 『연세춘추』 1967년 4월 24일 3면.
100 「고 최정규군 묘소에 헌화」, 『연세춘추』 1968년 4월 22일 1면; 「4·19맞아 최군묘소 참배」, 『연세춘추』 1969년 4월 21일 1면.

보아, 1970년대에는 그를 향한 최소한의 추도마저 완전히 중단되었던 것 같다.[101] 그의 이름, 더 나아가 4월 혁명이 함의하는 '민주주의를 향한 외침'은 박정희정부의 입장에서 분명 부담스러운 것이었다. 선배 최정규의 존재는 1974년 긴급조치 제1호 위반 사건으로 옥고를 치른 학생에게도 깊은 울림을 준 바 있었다.[102]

짧았던 '서울의 봄'이 가고 유신의 빈자리에 또 하나의 군사 정권이 들어서자 최정규를 향한 기억은 더욱 강렬해졌다. 1980년을 시작으로 매년 4월 혁명을 기념하는 행사가 거행될 때마다 최정규 분향소도 함께 설치되어 그의 넋을 기리는 공간으로 작동했다.[103] 그러한 움직임에 호응하여 1984년 『연세춘추』는 최정규의 희생을 재소개하는 기사를 실었으며, 1985년 의과대학 학생회는 4·19를 주제로 시화전, 사진전을 개최했다.[104]

이처럼 최정규의 존재가 1980년대 연세대학교 내에 널리 환기된 결과, 적지 않은 수의 학생들이 직접 묘소를 찾아가 그의 정신을 되새겼다. 과거 총학생회와 일부 서클의 간부들만이 그의 묘소를 찾았던 것과 분명히 대비되는 모습이었다.[105] 최정규 분향소가 학생들의 집단적 움직임을 추동하는 장으로 작동한 사례도 더러 있었다. 1983년 4월 19일

---

101 「4·19 스무돌 기념제 오는 17일부터」, 『연세춘추』 1980년 4월 14일 1면.

102 「문병수 구술」(구술일시: 2019년 4월 11일, 면담자: 신규환).

103 「4·19 스무돌 기념제 오는 17일부터」, 『연세춘추』 1980년 4월 14일 1면; 「4·19 스물두돌 기리는 행사가져」, 『연세춘추』 1982년 4월 12일 1면; 「4월혁명 스물 세돌을 기리는 기념강연회와 기념예배 열려」, 『연세춘추』 1983년 4월 18일 7면; 「4월혁명 기리는 기념행사 오늘부터」, 『연세춘추』 1985년 4월 15일 1면.

104 최인철, 「교수와 학생이 하나가 되었던 4·19」, 『연세춘추』 1984년 4월 9일 7면; 「4월혁명 기리는 기념행사 오늘부터」, 『연세춘추』 1985년 4월 15일 1면.

105 「4월혁명 스물 세돌을 기리는 기념강연회와 기념예배 열려」, 『연세춘추』 1983년 4월 18일 7면.

자료 3-14 최정규를 소개하는 1984년 4월 9일 『연세춘추』 기사

과 21일 연세대학교 학생 1,500명은 구속학생 석방, 졸업정원제 폐지 등을 요구하며 교내 도처에서 시위를 전개했다. 공교롭게도 최정규 분향소 참배 직후에 벌어진 일이었다. 이처럼 민주주의를 외치다 스러진 선배의 존재는 직간접적으로 후배들의 투쟁에 영향을 미쳤다.[106]

아쉽게도 1980년대에 강렬했던 최정규에 대한 추모는 더이상 현재진행형이 아니다. 1995년 『연세춘추』의 한 기사는 4·19의 '실종'을 언급하고 있었다.[107] 현재 연세대학교의 그 어떤 조직, 단체도 최정규 추도식을 거행하고 있지 않다.[108] 그의 희생을 기념하는 의미에서 제작된 동판상도 어느새 자취를 감추었다. 물론 그간의 사회적 변화와 그에 따른 새로운 시대적 분위기를 감안할 필요는 있다. 그러나 최정규가 영원한 세브란스의 동창이듯이, 그의 삶이 우리 시대에 던지는 메시지 역시 시대를 초월하는 보편적 의의와 가치를 담고 있다. 우리가 최정규를 기억해야 할 당위성은 그것만으로도 여전히 충분하다.

---

106 「19일·21일 1천5백여 명 시위」, 『연세춘추』 1983년 5월 9일 7면.
107 강경란, 「사라져버린 4·19」, 『연세춘추』 1995년 5월 1일 1면.
108 박형우·여인석, 『최정규 명예동창 관련 자료집』, 연세대학교 의과대학 의사학과, 2003.

4부

1960년대 세브란스의 학생운동

1

한일협정반대운동과 세브란스

한일협정의 추진 배경 및 경과

1961년 5월 16일 박정희朴正熙, 김종필金鍾泌 등을 위시한 군 일부 세력이 쿠데타를 일으켜 장면내각을 무너뜨렸다. 이로써 한국 사회는 약 2년 7개월에 걸친 군정통치기에 돌입하여, 군부의 집단지도기구인 국가재건최고회의國家再建最高會議가 입법, 행정, 사법의 전권을 행사했다. 1963년 제5대 대통령 선거와 제6대 국회의원 총선거를 거쳐 수립된 제3공화국 박정희정부 역시 기본적으로는 그 연장선에 있었다.

군부는 선거를 통해 통치의 정당성을 확보하는 데 성공했다. 하지만 쿠데타를 일으켜 헌정질서를 파괴하고 정권을 장악한 행위는 여전히 정치적 약점으로 남아있었다. 이에 군부는 취약한 집권 정당성을 보완하기 위해 다방면에 걸쳐 노력을 경주하였고, 그중에서도 특히 경제 분야에서 가시적인 성과를 거두고자 전력을 기울였다.

이는 경제기획원經濟企劃院의 출범과 '경제개발계획'의 조속한 입안으로 구체화되었다. 1961년 7월 군부는 경제기획원을 창설하여 경제 정책 전반을 총괄하는 역할을 부여했다. 이에 부응하여 경제기획원이 내놓은 결과물이 1962년 1월 발표된 제1차 경제개발5개년계획이었다. 국가 주도의 경제개발, '수입대체산업화'를 통한 자립경제 건설, 경제 전반의 균형발전 등이 그 핵심 골자로, 공통적으로 한국 사회 내에 이미 보편화된 논의였다.[1]

그러나 제1차 경제개발5개년계획은 미국의 반대에 직면했다. 미국은 수입대체산업화와 균형성장의 '비현실성'을 지적했다. 미국의 자체적 평가에 따르면, 한국이 경제성장을 이룩하는 길은 노동집약적 경공업을 근간으로 하는 '수출지향산업화'에 놓여있었다. 이에 미국은 군부의 경제정책에 적극적으로 개입하여 제1차 경제개발계획의 전면적인 수정, 즉 방향 전환을 압박했다.[2]

세부 각론의 차원에서는 개발자금의 조달이 쟁점으로 떠올랐다. 군부는 국내 자본의 동원에 주안점을 두어 집권 이후 약 1년 동안 금리 인상, 증권시장 활성화, 통화개혁 등의 조치를 연이어 단행했다. 하지만 국내 자본의 열악한 실태로 말미암아 일련의 정책들은 소기의 목표를 달성하지 못하고 실패했다.[3] 처음부터 내자 동원을 비판적으로 바라보았던 미국은 이를 기회로 삼아 외국 자본의 활용을 권고했다.

그런데 수출지향산업화와 외자 활용은 동아시아 지역통합전략의

---

1 박태균, 앞의 책, 315-323쪽.
2 위의 책, 330-339쪽.
3 위의 책, 324-326쪽.

맥락에서 연속성을 지닌 주문이었다. 1950년대 이래로 미국은 한국이 경공업에 주력하여 자국과 일본의 하위 파트너로 기능해야 동아시아 경제분업체제가 효율적으로 작동할 것으로 생각했다. 1950년대 경제성장을 달성한 일본이 동아시아 지역경제에 대한 기여도를 높여야 자국의 경제적 부담이 완화될 것이라는 계산도 함께 깔려있었다.[4]

이는 군부가 한일국교정상화를 '현실적'인 방안으로 고려하는 직접적 계기가 되었다. 미국의 지역전략에 호응하여 한미관계를 개선하는 동시에 일본으로부터 경제개발에 필요한 자금과 기술을 조달하는 일거양득의 조치였기 때문이다. 하지만 여기에는 가장 중요하면서도 본질적인 문제가 남아있었다. 협상 상대방인 일본이 바로 과거 식민지 지배의 당사자라는 사실이었다.

당대 한일 갈등의 중심에는 평화선平和線, 청구권請求權 등을 비롯하여 일본의 식민 지배에서 파생된 현안이 놓여있었다. 곧 대일對日 외교 정상화는 식민 지배의 문제를 정면으로 마주하지 않고서는 해결될 수 없는 성질의 사안이었다. 한국 사회의 보편적 여론도 그와 다르지 않았다. 일본과의 수교를 지나치게 늦출 수는 없지만, 식민 지배에 대한 사과와 배상이 선행되어야 한다는 것이 일반적 견해였다.[5]

1950년대 이승만정부도 그와 비슷한 태도를 견지했다. 물론 이승만의 반일운동은 그의 정치적 입지를 강화하는 정치적 도구에 가까

---

4 위의 책, 262-263쪽.
5 박진희, 「제1공화국의 對日政策과 韓日會談 연구」, 이화여자대학교 사학과 박사학위논문, 2005, 15-16쪽.

웠다.[6] 게다가 이승만으로서는 한국의 이권을 양보해가면서 대일국교 정상화를 강행할 이유가 없었다. 그는 일본이 지닌 자본과 기술을 한국에 도입할 의사가 전혀 없었기 때문이다.[7] 반면 박정희정부는 조속히 그리고 최대한으로 개발자금을 마련하는 데에 주력했을 뿐, 다른 사안에 관해서는 양보를 거듭했다.

실제 1962년 말 중앙정보부장 김종필과 오히라 마사요시大平正芳 외무장관의 비밀회담에서 합의한 내용은 박정희정부의 지향점을 노골적으로 드러냈다. 한국 측은 일본으로부터 무상원조 3억 달러, 유상원조 3억 달러, 민간차관 1억 달러를 확보하는 성과를 거두었다. 그러나 그 명목이 불분명했다. 한국 측은 이를 청구권의 결과물로 해석하여 식민 지배에 대한 보상 혹은 배상으로 간주한 반면, 일본 측은 '독립축하금'으로 그 의미를 제한했다. 이후 체결된 한일어업협정 역시 한국 측의 평화선 양보로 귀결되었다.[8]

당대 한국 사회의 일반적 대일 인식을 고려하면, 박정희정부가 내놓은 협상 결과물은 더욱 문제적이었다. 일본의 식민지 지배는 비단 '과거'의 사안이 아니었다. 당대 한국 사회의 지식인과 학생은 일본 자본의 도입을 경제 예속의 발판으로 인식하며 그것을 '현재'의 문제로 사고했다. 그렇기 때문에 박정희정부가 양보를 거듭하며 원조 확

---

6   서중석, 「이승만의 반일운동과 한·일 양국인의 연대」, 『이승만의 정치 이데올로기』, 역사비평사, 2008, 430-434쪽.
7   박진희, 앞의 글, 198쪽.
8   민주화운동기념사업회 편, 앞의 책, 402-403쪽.

보에 집착할수록 그 '매판적買辦的' 성격을 강하게 의심했다. 특히 집권 초기 박정희정부가 자신들의 이데올로기로 '민족적 민주주의'를 내세웠기 때문에 그 역풍은 더욱 거셌다.[9] 마침내 1964년 3월 박정희정부가 한일국교정상화 계획을 공표하며 그 구체적 윤곽이 드러나자 학생들은 한일회담을 더이상 좌시하지 않았다.

한일협정반대운동의 고조

연세대학교 학생들은 1964년 3월 24일 '대일굴욕외교반대시위'로 한일회담반대운동의 첫발을 내딛었다. 이날 연세대학교 총학생회는 재야인사 장준하張俊河, 함석헌咸錫憲을 연사로 초빙해 대강당에서 시국강연회를 개최하였는데, 오후 4시에 이르러 분위기가 격앙되어 곧바로 가두시위를 전개하는 것으로 학생들의 총의가 수렴되었다. 이에 3,000여 명의 학생들이 교문을 나서 신촌으로 진출했고, 정권은 무장 경찰을 투입해 폭력적으로 행진을 저지했다. 그 과정에서 학생 17명이 부상을 입고 78명이 경찰에 연행되었다.[10]

그 다음날인 25일에도 시위가 이어졌다. 이날 정법대학 소속 법학회, 행정학회, 정치학회가 '대일굴욕외교반대 성토대회'를 열어 정권의 처사를 규탄하자, 4,000여 명의 학생들이 그에 호응했다. 대회 직후 학생들은 세종로와 종로를 거쳐 남대문까지 나아갔는데, 이는

9 　오제연, 앞의 글, 198-202쪽.
10 　「굴욕외교에 분노한 지성」, 『연세춘추』 1964년 3월 30일 1면.

4월 혁명 이후 최대 규모의 학생 시위였다.[11] 이날 연세대학교 학생들이 채택한 구호, 결의문, 선언문은 아래와 같다.[12]

구호

1. 매국적인 한일회담을 즉시 중단하라.

1. 삼천만의 생명선인 평화선을 사수하라.

1. 제2의 이완용을 즉시 소환하라.

1. 악덕재벌 타도하고 민족자본 이룩하자.

1. 4·19는 주시한다 위정자여 각성하라.

결의문

갈갈이 찢겨 죽어만 가는 우리 동포에게 우리 학생들이 이제 또 다시 한번 줄 것은 오직 힘찬 결의의 과감한 행동이다. 우리에게는 3·1정신을 이어받은 4·19의 젊은 혼이 알알이 살아있다.

총칼의 울타리속에 동포를 몰아넣은 현정부는 또 부족하여 36년의 굴욕적인 소와 말의 생활에서 흘린 애국 선혈, 삼천만의 선혈과 통곡이 채 가시기도 전에 만신창이된 이 나라 이 민족을 이제 또 다시 누구에게 넘기려는가?

굴욕과 반 예속의 역사를 또 한번 되풀이하지 않기 위하여 우리는 현 한일회담의 조기타결이나 우리 자신의 힘을 보여주지 않는 매국적 회담을 결사

---

11 「25일 평화적 시위」, 『연세춘추』 1964년 3월 30일 1면.
12 『연세춘추』 1964년 3월 30일 1면.

반대한다.

이에 우리 연세 5천 건아는 감연히 학창을 터져나와 전 민족에게 우리의 힘찬 결의를 엄숙히 고한다.

1. 국민의사 무시한 매국적인 한일회담이 중단될 때까지 우리는 투쟁을 계속한다.
1. 삼천만의 생명선인 평화선을 일보도 양보할 수 없다.
1. 악덕 재벌을 타도하고 민족자본을 육성하라.
1. 양식인의 의사를 비인도적인 무력으로 짓밟지 말라.
1. 감금된 궐기학생은 즉시 석방하라.
1. 4·19 정신에 위배되는 모든 정치적 망동을 삼가라.

연세대학교 학생 일동

선언문

국가는 백년대계요 민족은 인격체다. 민중은 역사의 바탕이요 대학은 민족 양심의 최후보루이다.

우리 연세대학교는 아래사항이 관철될 때까지 서명운동과 더불어 범학생운동, 대대적 국민운동을 전개시킬 것을 엄숙히 선언한다.

1. 민족긍지를 상실한 대일 굴욕외교를 즉시 중단하라.
1. 백만 어민의 생명선이요 국방의 절대선인 평화선을 그 알량한 청구권과 바꾸기 전에 한일관계의 근본적 해결책을 강구하여 국민앞에 명시하라.
1. 4·19이념과 민족 자립경제의 반역적 망국재벌을 처단하고 그 재산을 국가에 환수하여 민족자본화하라.

1964년 3월 24일 연세대학교 학생총회

자료 4-1 1964년 3월 1일 교문을 나서는 연세대학교 시위대

학생들의 집단적 반발에 당황한 정부는 연달아 수습책을 제시했다. 1964년 3월 27일 협상 책임자 김종필을 국내로 소환하였으며, 4월 1일에는 이른바 '김종필-오히라 메모'를 공개했다.[13] 그에 앞서 3월 30일에는 박정희 대통령이 직접 안성혁安聖爀 연세대학교 총학생회장을 비롯한 서울 시내 대학생 대표 11명을 면담했다. 그러나 이미 조율된 내용을 토대로 한일회담을 계속 강행하겠다는 의지는 변함이 없었다.

갈등의 핵심 요인이 그대로 온존한 이상, 반대운동도 더욱 고조될 수밖에 없었다. 학생들은 다방면으로 운동의 영역을 확대했다. 일

---

13 민주화운동기념사업회 편, 앞의 책, 410-411쪽.

상적 차원에서는 '일제상품불매운동', '왜색일소운동'을 전개했다. 일본 자본주의의 침투에 위기의식을 느낀 결과였다.[14] 동시에 총학생회와 각종 '이념서클'들은 주변 대학들과 연계하여 대규모 시위를 준비했다.[15] 결정적 국면이 도래했을 때 과감히 실력을 행사하여 본래의 목표를 관철시킨다는 계산이었다.

> **성명서**[16]
> 우리는 현 정부가 군정에서 비롯한 정보정치로서 민족분열을 자초하고 여론정치를 표방한 정부가 전 국민과 애국학생의 기구를 무참히 짓밟을 수 있는가에 다시 한 번 놀라지 않을 수 없다.
> 이제 우리는 한일회담에 관한 우리의 다음의 주장들이 또 다시 공허한 담화문 따위의 미봉적 수습책으로 짓밟을 때는 전 대학생들과 힘을 같이 하여 우리의 의로운 주장이 관철될 때까지 투쟁할 것을 성명한다.
>
> 1964년 4월 2일 연세대학교 총학생회

학생들이 기다려온 결정적 국면은 1964년 5월에 찾아왔다. 1964년 5월 11일 박정희는 '지일파知日派' 정일권丁一權을 국무총리 겸 외무부장관에 임명했다. 한일회담을 조속히 마무리하기 위한 조치였다. 학생들은 1964년 5월 20일 서울대학교 문리대에 집결하여 '민

---

14 「민족정기 앙양운동 전개」, 『연세춘추』 1964년 3월 30일 1면.
15 오제연, 앞의 글, 217-226쪽.
16 「〈성명서〉」, 『연세춘추』 1964년 4월 6일 1면.

족적 민주주의' 장례식을 거행하는 것으로 대응했다.[17] 정권의 핵심 이데올로기를 원천 부정하여 그 통치 정당성까지 부인한 행위였다. 자연스레 운동의 목표도 한일회담 저지에서 박정희 하야로 격상되었다.

그에 비례하여 투쟁도 절정으로 치달았다. 5월 25일 서울 시내 34개 대학 학생회장들이 모여 '난국타개대책회의'를 열고 정권에 5월 30일 자정을 시한으로 하는 최후통첩을 통보했다.[18] 학생들의 요구사항, 즉 한일회담 중단이 관철되지 않으면 실력행사에 돌입하겠다는 것이 그 내용이었다. 그러나 박정희정부는 퇴진할 의사도, 한일회담을 중단할 뜻도 없었다.

최후통첩이 거부되자 6월 2일 학생들은 대규모 실력행사에 돌입했다. 전국 각지에서 학생시위가 이어졌다.[19] 6월 3일 투쟁은 최고조에 이르렀다. 이른바 '6·3항쟁'이었다. 1만 명 이상의 학생들이 서울 시내로 진출하여 청와대를 포위하고 박정희정부의 퇴진을 요구했다. 연세대학교 학생들도 다른 대학 학생들과 보조를 같이하며 아현동과 충정로를 거쳐 광화문으로 나아가 대열을 형성했다.[20]

박정희정부는 최후의 수단으로 대응했다. 6월 3일 오후 9시 50분

---

[17] 「'민족적민주주의' 장례식을 강행 "군정의 기만정치 규탄"」, 『경향신문』 1960년 5월 20일 1면; 「'민족적민주주의 장례식' 강행 1500학생 관 메고 데모」, 『동아일보』 1960년 5월 20일 1면.

[18] 「지성의 외침 통고 30일 기한부로」, 『경향신문』 1964년 5월 29일 3면; 6·3동지회, 『6·3학생운동사』, 역사비평사, 2001, 474-477쪽.

[19] 「대학가에 열풍재연 현정권하야 등 외쳐」, 『경향신문』 1964년 6월 2일 7면; 「대학생들 대규모 데모」, 『동아일보』 1964년 6월 2일 1면.

[20] 「학생데모 점차 확대」, 『경향신문』 1964년 6월 3일 1면, 「학생데모 확대일로」, 『동아일보』 1964년 6월 3일 1면.

자료 4-2 한일회담을 풍자한 1965년 무악축전 가장행렬

서울 시내에 비상계엄이 선포되었고, 곧바로 수도경비사령부 소속 계엄군이 투입되어 시위대를 강제해산했다.[21] 그와 동시에 계엄사령부는 포고문 1호를 하달하여 6월 4일부로 서울 시내 모든 학교에 무기한 휴교를 지시했다.[22] 이로써 1964년의 한일회담반대운동은 정권의 혹독한 탄압에 직면하며 급속히 위축되었다.

물리력으로 학생들의 저항을 잠재운 박정희정부는 한일국교정상화를 마무리하는 작업에 착수했다. 1965년 2월 15일 양국은 기본조약 전문에 합의하였고, 곧이어 시이나 에쓰사부로椎名悅三郎 일본 외무장

---

21 「서울에 비상계엄선포」, 『경향신문』 1964년 6월 4일 1면; 「서울에 비상계엄선포」, 『동아일보』 1964년 6월 4일 1면.
22 「계엄사포고 제1호(1964.6.3.)」.

관이 방한하여 2월 19일 가조인을 완료했다. 4월 3일에는 어업, 청구권, 재일한인의 법적 지위에 관한 협정이 일괄 타결되었다. 이제 남은 절차는 기본조약 정식 조인과 국회 비준뿐이었다.

학생들도 한일회담반대운동의 마지막 불꽃을 태울 준비가 되어 있었다. 4월 12일 서울 시내 주요 학교마다 한일협정 성토대회가 열려 투쟁 분위기가 고조되었다. 연세대학교에서도 1,500여 명의 학생이 모인 가운데 '한일회담가조인반대성토대회'를 열고 선언문과 결의문을 채택한 후, 대규모 가두시위를 전개했다.[23] 그 다음날 역시 서울 시내 대학생 4,000여 명이 도심으로 진출해 협정 체결 중단을 촉구했다. 정권은 4월 16일 재차 휴교령을 하달하여 저항을 분쇄하고자 했다.[24]

하지만 1965년 6월 22일 한일협정 정식 조인을 전후하여 투쟁이 재개되었다. 6월 21일 연세대학교 학생들이 '한일회담전면반대성토대회'를 개최한 후 데모에 돌입하였고, 그 과정에서 학생 66명이 연행되었다. 22일 임시 휴강 조치가 내려졌음에도 불구하고 500여 명의 학생들이 다시 시위를 전개했다.[25] 게다가 6월 20일에는 '연세대학교 단식투쟁위원회'가 조직되었는데, 그에 속한 40여 명의 학생들은 '굴욕적 한일관계의 전면 거부'를 요구하며 28일까지 단식을 이어갔다.[26]

---

23 「거리로 뛰쳐나간 지성」, 『연세춘추』 1965년 4월 19일 1면.
24 「시내 대학 거의 휴교」, 『동아일보』 1965년 4월 17일 1면.
25 「캠퍼스 뒤흔든 '한일협정' 조인」, 『연세춘추』 1965년 6월 28일 1면.
26 「7일간 단식, 26일 해체」, 『연세춘추』 1965년 6월 28일 1면.

성명서[27]

정부가 국민의 피 끓는 여론을 외면한 채 조인에서 비준으로 강행하려는 매국적 행위에 광분하는 차제에, 우리는 다음과 같이 성명하는 바입니다.

첫째, 우리의 투쟁을 더욱 국민 간에 승화시키고 민족주체를 확립하는 정신적 기반을 정립하기 위하여,

둘째, 강의가 불가능하다고 조기방학과 조기시험을 날조하여 대학사회를 균열시키고 대학의 양심을 저버리는 대학행정인의 파렴치를 방지하기 위하여,

셋째, 대학을 탄압하는 정권의 농간으로 교권이 유린되고 민주주의 수호와 구국의 최후 보루인 지성의 집결체인 대학의 존엄성이 우매한 권력의 탄압 하에 비토되는 이 위기에, 대학의 권위와 멸렬되는 학문의 자유를 수호하는 학인의 사명과,

넷째, 국운을 우려하는 국민의 의무를 병행하기 위하여,

다섯째, 국난에 대한 국회의 권능과 책임을 통감하도록 하기 위하여,

여섯째, 항구적이고 강력한 투쟁의 공고한 기반을 정립하기 위하여,

이제부터 단식장에 흩어진 거적을 걷우고, 우리의 옷깃을 여미어 우리의 결행을 다음의 충정문에 천명하는 바입니다.

　　　결코 우리의 목적은 반대를 위한 반대가 아니라, 국민이 불신하는 집권층을 각성시키어 국민이 원하는 바를 존중하게 하기 위함이었음을 재삼 결의하는 바입니다.

연세대학교 단식투쟁위원회 1965년 6월 26일

27　「집권층 각성을 촉구」, 『연세춘추』 1965년 6월 28일 1면.

1965년 8월에 이르러 한일회담반대운동은 최종 국면에 진입했다. 7월 12일 정부는 국회에 '한일협정비준동의안'을 제출하였고, 8월 14일 집권여당 민주공화당民主共和黨은 국회본회의를 열어 단독으로 의안을 처리했다.[28] 박정희정부가 의욕적으로 밀어붙인 한일국교정상화가 모든 절차를 완료한 순간이었다. 이제는 한국 사회 내부의 저항과 그에 따른 후폭풍을 종식시키는 과정만이 남아있었다.

결의문[29]
1. 비민주적인 일당국회하에서 통과된 한일협정비준의 완전무효화를 위해 총력을 기울여 투쟁한다.
2. 공화당은 매국, 위헌의 책임을 지고 일당국회를 즉시 해산하고 국민의 신임을 물어라.
3. 야당은 이 이상 말로만 국민을 기만하지 말고 행동에 나서서 즉시 무효화 운동에 앞장서라.
4. 민족 정기를 망각한 일체의 경거망동을 규탄, 분쇄한다.
5. 정부는 평화적인 시위를 탄압말고 국민의 소리에 귀를 기울이라.
위와 같은 우리의 결의가 관철될 때까지 무기한 계속 투쟁한다.

그 주요 타깃은 학원이었다. 비준안이 국회를 통과했음에도 불구하고 연세대학교 학생들은 투쟁을 이어가고 있었다. 요구사항이 '비

---

28 「대한민국과일본국간의조약과제협정및그부속문서의비준에관한동의안」.
29 「〈결의문〉」,『연세춘추』1965년 8월 23일 1면.

준 거부'에서 '비준 무효화'로 바뀌었을 뿐이었다. 8월 21일 총학생회 주관하에 대규모 성토대회를 열어 선언문, 결의문을 채택하고 결의를 다졌으며, 8월 23, 24일 양일에는 다시 한 번 가두시위를 전개했다.[30]

정권도 최후의 수단을 다시 꺼내들었다. 박정희는 8월 26일 서울시 일원에 위수령을 발동하여 군을 진주시켰다.[31] 학생시위를 강제로 해산하는 과정에서 무장 군인 200여 명이 연세대학교 캠퍼스에 난입하는 사태까지 발생했다.[32] 결국 8월 28일 시위 주도 학생들에 대한 대대적 검거 조치와 9월 4일 무기휴업령을 마지막으로 연세대학교 학생들의 한일회담반대운동은 사실상 종식되었다.[33]

세브란스의 한일협정반대운동과 '일본상품 불매운동'

현재 남아있는 사료상으로는 1964년 연세대학교 한일협정반대운동에 세브란스 학생들이 참여한 사실이 뚜렷하게 드러나지 않는다. 그러나 1964년 연세대학교에서 전개한 운동이 전교적全校的 차원에서 진행된 것이었음을 고려하면, 더 나아가 후술할 1965년의 투쟁을 염두에 두

---

30 「성토·데모설에 대학가 또 긴장」, 『연세춘추』 1965년 8월 23일 1면; 「잇닿은 데모 성토」, 『연세춘추』 1965년 9월 6일 1면.

31 「정국, 8.25사태로 긴장」, 『경향신문』 1965년 8월 26일 1면; 「서울일원 '선포 없는 계엄상태'」, 『동아일보』 1965년 8월 26일 1면.

32 「무장군인 연세대에도 난입」, 『동아일보』 1965년 8월 26일 1면; 「잇닿은 데모 성토」, 『연세춘추』 1965년 9월 6일 1면.

33 「고대·연대에 무기휴업령」, 『경향신문』 1965년 9월 4일 1면; 「고대·연대에 무기휴업령」, 『동아일보』 1965년 9월 4일 1면; 「사학 최악의 날…」, 『동아일보』 1965년 9월 4일 7면; 「잇닿은 데모 성토」, 『연세춘추』 1965년 9월 6일 1면.

면, 세브란스 학생들이 교내외의 한일회담반대운동을 외면했을 가능성은 낮다. 과거 1960년 연세대학교 학원민주화운동에서 그러하였듯이, 집단적 행동을 자제하며 개인 단위로 투쟁에 합류했던 것으로 추측된다.

세브란스 학생들의 집단적 움직임은 1965년 6월에 이르러 수면 위로 부상했다. 6월 21일 연세대학교 학생들이 '한일회담반대 성토대회'를 열고 정부를 규탄한 후 교문 밖으로 진출하여 경찰과 충돌하였을 때, 세브란스 학생 200여 명이 대열에 합류했다. 과거 4월 혁명 당시의 선배들처럼 흰 가운을 입은 모습이었다.[34] 세브란스 학생들은 성토대회 이전 시점에 이미 학생회를 중심으로 총의를 수렴해둔 터였다.[35]

이후 세브란스 학생들은 자체적 차원의 한일협정반대운동을 본격화하였는데, 그중에서도 특히 '일본상품 불매운동'에 주력했다. 정권의 '굴욕적' 한일협정 강행을 일본의 문화적·경제적 침략을 조장하는 행위로 인식하였기 때문이다. 이에 6월 28일 270여 명의 학생들이 의대 강당에서 '한일협정비준반대 성토대회'를 열었다. 이 자리에서 학생들은 일본의 침투에 맞서기 위해서는 범국민적인 불매운동이 필요하다는 데에 여론을 모으고 그 결의를 담은 선언문을 발표했다. 그뿐만 아니라 4학년생을 제외한 221명의 학생이 흰 가운을 입은 채

---

[34] 「캠퍼스 뒤흔든 「한일협정」 조인」, 『연세춘추』 1965년 6월 28일 1면.
[35] 민주화운동기념사업회 오픈아카이브, 「김영수 구술」(구술일시: 2012년 10월 5일, 면담자: 신동호).

201호 실험실에서 무기한 단식에 돌입했다.³⁶

단식투쟁은 7월 1일에 이르러 종료되었다. 그러나 세브란스 학생들의 일제상품 불매운동은 중단되지 않았다. 그저 운동의 방식이 바뀌었을 뿐이었다. 단식을 끝낸 직후 230여 명의 세브란스 학생들은 자체적으로 수집한 일제 물건들을 의대 현관 앞에서 소각하여 재차 결의를 다졌다. 참석자들은 "일제상품 사지 말자"라는 문구가 적힌 표찰을 가슴에 달고 다 함께 진혼사를 낭독했다.

오호 통재라, 일본상품 및 외래 사치품이여, 네가 먼저 이 땅에 와서 화형당함을 곡하노라.

화형식 직후 세브란스 학생들은 다시 투쟁 방식에 관한 논의를 이어갔다. 그 결과 7월 5일부터 거리에 나서 '일제상품 보이콧 서명 운동'을 진행하는 것으로 여론이 수렴되었다. 일부 학생들은 결정 당일부터 교문 밖으로 나아가 '일제상품 불매동맹 100만인 서명운동'을 전개했으며, 박대선朴大善 연세대학교 총장과 5명의 교수도 현장을 찾아와 서명에 동참했다.³⁷

본격적인 서명운동은 7월 5일부터 시작되었다. 운동의 정식 명칭

---

36 「일제상품 보이콧」, 『동아일보』 1965년 6월 29일 7면; 「실험실서 단식」, 『경향신문』 1965년 6월 29일 3면.

37 「6백여 명 계속 전국 8개대학서 단식」, 『경향신문』 1965년 6월 30일 7면; 「비준반대 계속 단식 여러 대학」, 『동아일보』 1965년 6월 30일 3면; 「데모·단식·화형식」, 『경향신문』 1965년 7월 1일 3면; 「상명여고생들 '데모'」, 『동아일보』 1965년 7월 1일 7면.

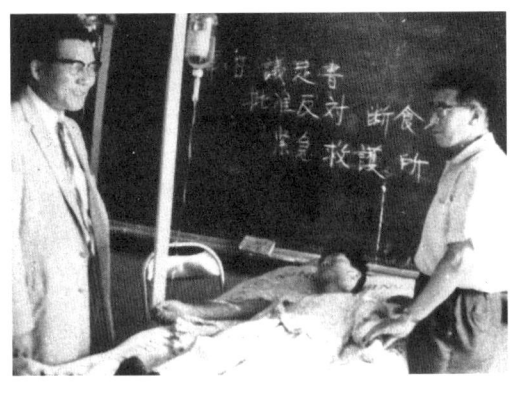

자료 4-3
한일협정 추진
반대를 외치며
무기한 단식 중인
세브란스 학생들
(1965년 6월
28일 – 7월 1일)

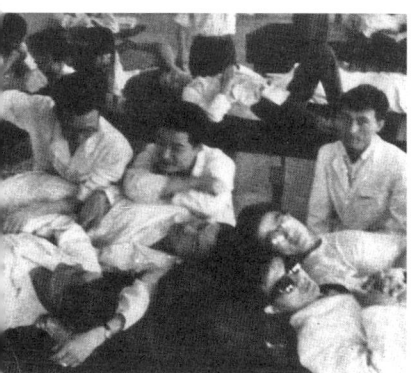

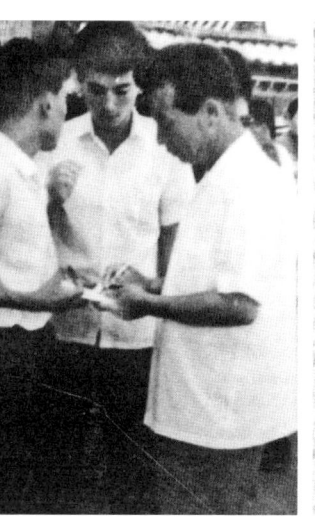
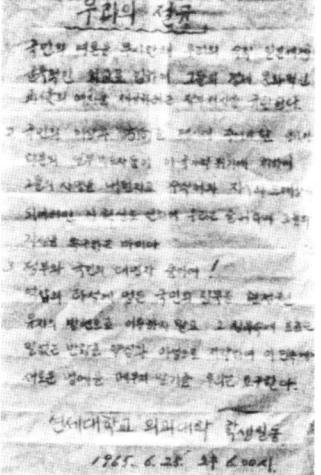

자료 4-4
일제 상품을 소각하며
불매운동을 전개 중인
세브란스 학생들
(1965년 7월 1일)

1. 한일협정반대운동과 세브란스

은 '일제상품 및 외래사치품 불매 100만인 서명운동'이었다. 세브란스 학생들은 완장을 달고 학교, 관공서, 버스, 시내 등을 순회하며 일반 시민들에게 서명을 요청하였으며, 서명한 시민의 가슴에 "일제상품 사지 말자"가 문구로 적힌 표찰을 달아주었다.[38] 7월 7일 정오 기준 서명에 동참한 인원은 총 2만 8,000여 명에 달했다.[39] 전격적인 조기방학에도 불구하고 학생들은 각자의 고향으로 내려가 서명운동을 이어나갔다.[40]

다른 한편으로 의과대학 학생회는 서울 시내 주요 대학의 연합전선 형성을 조율하는 역할을 수행했다. 1965년 7월 13일 연세대, 고려대, 동국대, 서울대, 숙명여대, 이화여대 등 6개 대학의 학생대표들은 '한일협정비준반대 전국대학연합체'를 결성하고 7월 15일에 '비준반대 제1차 공동궐기대회'를 개최하기로 결정했다. 결정사항을 토대로 발표된 결의문은 다음과 같다.

공동선언문[41]

정부는 민족을 파멸과 예속에의 길로 몰고 갈 매국적 한일협정에 기어이 도장을 찍고 51회 임시국회에서 공화당 거수기를 동원하여 그 비준동의안의 통과를 강행하려 하고 있다.

    우리는 한 번도 한일국교정상화를 반대한 일은 없다. 참된 이웃으로

---

[38] 「가두서명나서 연세대의대생들 일상품불매운동」, 『경향신문』 1965년 7월 5일 7면; 「백만인 서명」, 『동아일보』 1965년 7월 5일 3면.
[39] 「7일 정오 3만 육박 연세대생 서명운동」, 『경향신문』 1965년 7월 7일 7면.
[40] 민주화운동기념사업회 오픈아카이브, 「김영수 구술」(2012.10.5.).
[41] 6·3동지회, 앞의 책, 491-492쪽.

의 일본과 국교가 정상화되길 원하기 때문에 호혜평등의 전제적 대원칙이 무시된 협정을 극력 반대해온 것이다. 그러나 국민의 열화와 같은 반대를 폭력으로 탄압하고 일방적 기만선전으로 국민을 우롱하여 정부는 이제 다시 또 민족의 전위세력인 학도들의 반대의사를 분산봉쇄하기 위하여 조기방학을 단행함으로써 우리의 정당한 수업의 권리를 박탈하며, 애국학도들의 마땅한 사회참여권을 짓밟아 젊은이의 정의감을 유린하고 있다.

그러나 반외세·반독재의 빛나는 투쟁을 담당해온 우리는 이 이상 욕된 역사의 연장을 방관할 수 없음을 자각하고 그 어떤 간고한 수법, 극악한 탄압도 이를 분쇄하면서 매국협정의 비준을 저지하려 한다. 이제 우리 각 대학은 다시 용기를 정비하고 조직을 연결하여 공동 투쟁전선으로 보조를 같이 함으로써 보다 강력하고 보다 슬기로운 민족적 위기극복을 위한 학생운동을 전개할 것이다. 정치방학이라는 잔인한 여건에 구애됨이 없이 혹은 각 대학별로, 혹은 공동으로 투쟁할 것이며, 제1차 공동궐기대회를 오는 15일 오전 11시 대성빌딩 강당에서 개최한다. 전 학우는 물론, 전 국민의 열렬한 지원이 있을 줄 믿는다.

한일협정비준반대 각 대학연합체 1965년 7월 13일

여기서 '한일협정비준반대 전국대학연합체'의 결성을 논의한 회의가 연세대학교 의과대학 학생회의실에서 학생회장 김영수金榮水(1967)의 주재하에 진행된 사실이 주목을 요한다. 장소와 주재자를 통해 해당 조직의 결성 과정에서 의과대학 학생회가 수행한 역할을 가늠할 수 있기 때문이다. 실제로 타 대학 학생회장들은 직접 의과대학 학생회를 찾아와 공동 투쟁을 제의했다. 언론을 통해 세브란스 학생들의 가열찬 투쟁 소식을 이미 접한 터였다.[42]

이미 김영수는 선도적으로 각 대학의 공동 전선 결성을 주창한 바 있었다. 여름방학으로 한일회담반대운동이 소강상태를 맞이하자 그 돌파구를 제시한 것이었다. 이에 김영수를 비롯한 주요 대학 학생 대표들은 순조로운 분위기 속에서 협의를 진행하여 한일협정비준반대 전국대학연합체를 출범시킬 수 있었다.[43] 이처럼 세브란스 학생들은 교내외를 아우르며 한일회담반대운동에 능동적으로 참여하고 있었다.

---

[42] 민주화운동기념사업회 오픈아카이브, 「김영수 구술」(2012.10.5.).
[43] 6·3동지회, 앞의 책, 21쪽; 358쪽.

2
반독재민주화운동과 세브란스

1967년 총선과 1969년 3선개헌

1967년 5월 3일 제6대 대통령 선거가 치러졌다. 이 선거에서 민주공화당의 박정희 후보는 신민당新民黨의 윤보선尹潽善 후보를 여유 있게 꺾고 재선에 성공했다.[44] 이로써 박정희와 민주공화당은 다시 4년의 집권 기간을 확보한 셈이었다. 그러나 이는 박정희에게 허용된 마지막 임기이기도 했다. 1963년 그 스스로 개정한 헌법이 대통령 4년 중임제를 규정하고 있었기 때문이다.

하지만 박정희는 야당은 물론, 여당의 그 누구에게도 권력을 양보할 의사가 없었다. 그 증거가 바로 1967년 6월 8일 치러진 제7대 국회의원 총선거였다. 박정희정부는 총선의 목표를 개헌선, 즉 전체 의

---

[44] 중앙선거관리위원회 선거통계시스템 「제6대 대통령선거」 항목.

석의 2/3 이상 확보로 설정했다.[45] 직접적인 언급은 없었지만, 향후 개헌을 염두에 둔 것이 아니라면 굳이 개헌선 확보에 집착할 이유가 없었다. 개헌의 목적이 대통령 연임 제한 조항 수정을 통한 집권 연장에 있다는 사실도 명백했다.

개헌선 확보를 향한 정권의 강박은 결국 부정선거로 귀결되었다. 비록 1960년 3·15부정선거에 버금가는 수준은 아니었지만, 전국 도처에서 부정선거 사례가 속출했다. 대부분 중앙정보부, 경찰, 민주공화당에 의한 것으로, 관권선거, 금권선거, 대리투표, 무더기표 등 다양한 형태의 선거 부정이 자행되었다. 이른바 '6·8부정선거'였다. 그 결과 신민당이 45석을 차지하는 데 머무른 반면, 민주공화당은 129석을 확보했다.[46] 당시 국회 전체 의석이 175석임을 감안하면, '개헌선 확보'라는 본래의 목표가 달성된 것이었다.

그러나 그 대가는 가볍지 않았다. 부정선거에 대한 규탄의 움직임이 이어졌기 때문이다. 부정선거로 큰 타격을 입은 신민당이 먼저 나섰다. 신민당은 6·8총선을 '사상 최악의 부정선거'로 단정하고, 법적·정치적 수단을 총동원하여 투쟁할 것을 결의했다.[47] 1967년 11월 29일 국회에 등원할 때까지 신민당은 약 5개월에 걸쳐 총선 전면 재실시를 요구하였으며, 이를 관철시키기 위해 선거무효소송 제기, 단식

---

[45] 민주화운동기념사업회, 앞의 책, 494쪽.
[46] 위의 책, 495-497쪽.
[47] 「사상최악의 부정선거」, 『동아일보』 1967년 6월 9일 1면.

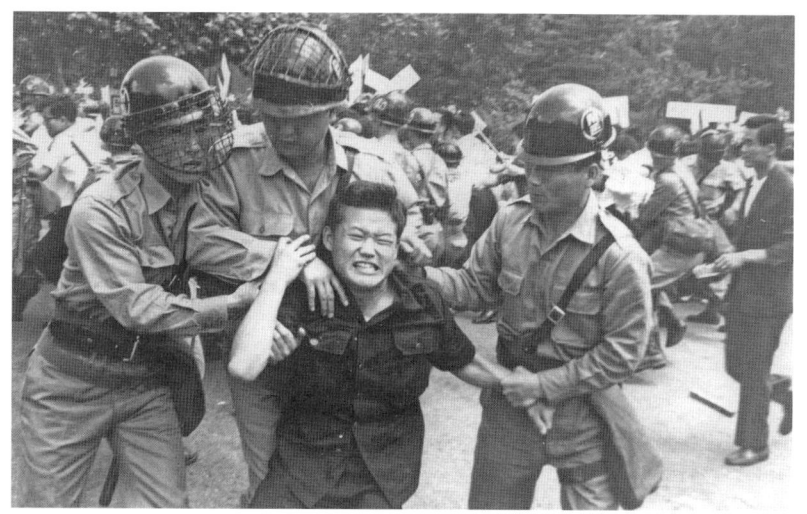

자료 4-5 1967년 6월 13일의 6·8부정선거 규탄 시위

투쟁, 국회 개원 거부 등 다양한 형태의 투쟁을 전개했다.[48]

한일회담반대운동 국면에서 큰 타격을 받고 한동안 소극적 자세를 견지하던 대학생들도 다시 투쟁의 대열을 구축했다. 6월 9일 연세대학교 한국문제연구회가 성토대회를 개최하고 총선 무효를 선언한 것을 시발점으로 하여 6월 12일까지 서울 시내 주요 대학에서 부정선거에 항의하는 시위가 이어졌다. 정권은 6월 13일부터 17일까지 각 대학에 임시휴교령을 내리는 것으로 대응했다.[49]

그러나 휴교령은 학생들을 자극할 뿐이었다. 특히 세브란스 학생들은 휴교령을 계기로 하여 집단적 저항을 본격화했다. 6월 14일 연

---

48 민주화운동기념사업회, 앞의 책, 497-498쪽; 505-507쪽.
49 「11개 대학교 임시휴업」, 『동아일보』 1967년 6월 14일 3면.

세대학교에 휴교령이 내려지자 세브란스 학생 150여 명이 집단 단식에 돌입하였으며, 6월 17일 단식을 종료한 직후에는 세브란스병원 앞에서 '6·8악성종양절제화형식'을 거행했다. 이 자리에서 학생들은 '6·8투표함', '부정근대화' 등의 플래카드를 불태웠다. '6·8투표함'에서 '폭력', '금력', '대리투표', '무더기표' 등의 포스터를 차례로 꺼내어 소각하는 퍼포먼스도 이어졌다. 그 후 세브란스 학생들은 총선 무효와 휴교 조처 해제를 주장하는 내용을 담은 결의문과 대통령, 정부, 여당을 향해 사태 수습을 촉구하는 메시지를 채택했다.[50]

정권은 수습책을 제시했다. 6월 16일 박정희는 수원, 평택 등 일부 지역에 한해 부정선거를 시인하고 해당 지구 당선자를 민주공화당에서 제명했다.[51] 8월 1일에는 기자회견을 통해 행정부의 책임자로서 선거 파행에 대한 유감 의사를 표했다. 그러나 '총체적 부정선거' 혐의는 부인하였으며, 오히려 그 일부 책임을 야당에 돌렸다.[52] 선거 결과를 뒤집거나 재선거를 실시할 의사도 없었다. 오히려 1967년 7월 8일 중앙정보부의 '기획'하에 '동백림東伯林사건'을 발표하여 학원가를 냉각시켰다.[53] 결국 1967년 11월 29일 신민당이 '6·8선거부정조사특별위원회 설치'를 조건으로 전격 등원함에 따라 부정선거규탄운동은 사실

---

50 「연세대단식 사흘 다섯명이나 졸도」, 『동아일보』 1967년 6월 17일 7면; 「3일 단식끝내 연세의대생 150명」, 『경향신문』 1967년 6월 17일 3면; 「6·8 부정선거 규탄을 강행」, 『연세춘추』 1967년 7월 3일 1면.
51 「6개 지역 당선자도 제명」, 『동아일보』 1967년 6월 16일 1면.
52 「6·8총선 전면부정 아니다」, 『동아일보』 1967년 8월 1일 1면.
53 이정민, 「동백림사건과 한독관계」, 성균관대학교 사학과 박사학위논문, 2019, 30-34쪽.

상 종료되었다.[54]

이후 전열을 재정비한 박정희정부는 1968년 본격적으로 3선개헌 준비 공작에 착수했다. 먼저 당내 사전 정지 작업이 진행되었다. 당시 공화당 내의 최대 계파는 이른바 '김종필계'로, 이들은 정권의 2인자 김종필을 박정희의 후계자로 옹립하는 계획을 추진하고 있었다. 박정희의 3선 연임이 이들의 계획에 정면으로 배치되는 이상, 박정희로서는 먼저 당내 김종필계를 제압할 필요가 있었다.

이에 중앙정보부는 1968년 5월 '국민복지회 사건'을 일으켰다. 김종필의 측근 김용태金龍泰, 최영두崔永斗, 송상남宋相南 등이 '국민복지회'를 중심으로 김종필 옹립을 계획했다는 것이 그 주된 내용이었다. 근거로는 고문에 의한 '자백'이 제시되었다. 결국 이들은 민주공화당에서 제명되었다. 여기에 1969년 '4·8항명사건'으로 재차 측근들이 타격을 입자, 수장 김종필은 결국 박정희의 3선 연임에 동의했다.[55] 이로써 3선개헌을 둘러싼 공화당 내의 갈등은 '공작'에 의해 폭력적으로 종결되었다.

다음 공작 대상은 신민당이었다. 앞서 서술한 바와 같이 민주공화당은 1967년 총선을 통해 단독으로 개헌선을 확보한 상태였다. 그러나 예기치 못한 '이탈표', '반란표'의 발생 가능성을 차단하고 더 나아가 여당 단독 강행에 따른 부정적 인상을 최소화하기 위해서는 일

---

54 「전군회담 공동성명 및 의정서 전문」, 『동아일보』 1967년 11월 20일 3면; 「신민당의원 등원」, 『경향신문』 1967년 11월 29일 1면.
55 민주화운동기념사업회, 앞의 책, 518쪽.

부 야당의원들을 끌어들일 필요가 있었다. 이에 정권은 김형욱金炯旭의 중앙정보부를 중심으로 공작을 전개한 끝에 성낙현成樂絃, 조흥만曺興萬, 연주흠延周欽 등 일부 신민당 의원들을 포섭하는 데 성공했다.

1969년 9월 6일 신민당은 소속 의원들을 자체적으로 제명한 후 그 다음날 정당을 해산하여 포섭된 의원들의 의원직을 박탈했다. 동시에 국회 본회의장을 점거하여 물리적으로 개헌안 통과를 저지하고자 했다. 그러나 민주공화당은 1969년 9월 9일 단독으로 개헌안을 발의하였고, 14일 국회 제3별관에서 '날치기'로 안건을 통과시켰다. 1969년 10월 17일 정부 차원의 압도적 지원하에 치러진 국민투표는 개헌안을 65.1%의 찬성률로 추인했다.

3선개헌은 내용적 측면에서도 문제의 소지를 내포했다. 대통령 3선 금지 조항은 제1공화국 시기 발췌개헌, 사사오입개헌 등 연이은 파행적 개헌으로 이승만이 집권을 연장한 경험에서 비롯된 것으로, 그 부정적 결과가 여전히 사람들의 뇌리 속에 남아있었다. 박정희 스스로도 그러한 문제의식에 입각해 대통령 4년 중임 조항에 동의할 정도였다.[56] 따라서 3선개헌이 가시화될수록 한국 사회는 박정희의 장기집권 의도를 의심하지 않을 수 없었고, 이후 역사는 그러한 의심이 타당한 것이었음을 증명했다. 자신이 동의한 헌법을 스스로 개정한 행위라는 측면에서 '자가당착'의 성격도 없지 않았다.

절차적 측면에서도 파행의 연속이었다. 중앙정보부는 여야를 가

---

[56] 「다시 군복입을 생각 없다」, 『동아일보』 1962년 7월 20일 1면.

리지 않고 다수의 의원들을 연행하여 고문하거나 매수하였으며, 민주공화당은 비밀리에 국회 제3별관에 몰려가 개헌안을 강행 처리했다. 공통적으로 대의민주주의의 본질과 형식을 파괴하는 행위였다. 사회 전반적으로 3선개헌의 절차적 정당성에 대한 비판이 고조되지 않을 수 없었다. 비록 개헌 저지에는 실패하였으나 1969년은 사회 각계각층의 3선개헌반대운동으로 점철되었다.

세브란스의 3선개헌반대운동과 단식농성투쟁

3선개헌이 가시화된 1969년 6월 이래로 대학생들은 지속적으로 개헌반대시위를 전개했다. 그중 연세대학교의 3선개헌반대운동은 크게 두 국면을 중심으로 활발히 추진되었다. 첫 번째 국면은 1969년 6월 말에서 7월 초에 이르는 기간으로, 이 시기 연세대학교 학생들은 수차례의 성토대회를 통해 학내 여론을 수렴하여 집단적 대응에 돌입했다. 그 시발점은 6월 20일의 '개헌반대 성토대회'였다. 이날 정법대학을 중심으로 학생 600여 명이 모여 개헌 중단을 촉구하는 결의문을 채택, 연세대학교 3선개헌반대운동의 포문을 열었다.[57]

이후 7월 7일에 이르기까지 연세대학교 학생들은 연일 성토대회를 개최하고 가두시위를 전개했다. 특히 6월 30일과 7월 1일에는 2,000여 명의 학생들이 기말고사를 거부하고 가두로 진출해 경찰과

---

57 「개헌반대 성토대회」, 『연세춘추』 1969년 6월 23일 1면.

충돌하였고, 그 과정에서 학생 40여 명이 부상을 입었다.[58] 투쟁이 고조되자 결국 7월 7일을 기해 연세대학교에 임시휴교 조치가 내려졌고, 곧이어 조기방학이 단행되었다.[59] 이로 인해 연세대학교의 3선개헌반대운동 역시 잠깐의 휴지기를 갖게 되었다.

선언문(1969.7.1.)[60]
우리의 의로운 투쟁 위에 뿌려진 열과 성의를, 이 나라의 뜻있는 지성들은 결코 외면하지 않을 것이라는 것을 엄숙히 선언한다. 오늘의 이 투쟁의 역사성과 조국의 이 지성의 이 결의를 다짐하는 자리 위에 엄숙한 마음과 진지한 각오로 임한다. 조국의 젊은이로서 모든 의무를 다할 것을 다짐한다. 최고의 지성적이고 민주적인 행동으로 투쟁할 것을 선언한다.

8월 말 신학기를 맞이하며 운동은 두 번째 국면에 진입했다. 바로 민주공화당의 개헌안 발의가 임박한 시점이었다. 원내 상황을 예의주시하고 있던 연세대학교 학생들은 개강을 기해 집단행동을 준비하였고, 마침내 9월 3일부터 8일까지 약 일주일 동안 가두시위를 전개했다.[61] 정권은 9월 9일 개헌안을 발의하는 동시에 무기휴강을 지시하

---

58 「개헌반대 시위로 시험연기」, 『연세춘추』 1969년 8월 4일 1면; 「대학가의 열풍 10일」, 『연세춘추』 1969년 8월 4일 3면.
59 「조기방학 모두 29개교」, 『경향신문』 1969년 7월 8일 3면.
60 「대학가의 열풍 10일」, 『연세춘추』 1969년 8월 4일 3면.
61 「개헌반대 시위 재개」, 『연세춘추』 1969년 9월 8일 1면; 「이백 연세대생 경찰과 투석전」, 『동아일보』 1969년 9월 8일 3면.

자료 4-6   1969년 7월 경찰과 대치 중인 연세대학교 시위대

여 학생들의 저항을 잠재우고자 하였으며, 개헌안 통과 이후에는 개악된 국민투표법을 근거로 신고된 '연설회' 외의 모든 집회와 시위를 불법화했다.[62]

그러나 이상의 조치들만으로는 연세대학교 학생들의 3선개헌반대운동을 완전히 종식시킬 수 없었다. 특히 세브란스 학생들은 정권의 탄압에 굴하지 않고 전열을 유지하며 투쟁을 선도했다. 세브란스 학생들은 비교적 이른 시기부터 적극적 투쟁을 준비하였던 것으로 보인다. 1969년 7월 1일 연세대학교 노천극장에서 대규모 성토대회가 열렸을 때, 의과대학 학생들도 대거 참여하여 함께 '호헌투쟁 제3선언

---

[62] 「문닫는 대학 늘어」, 『동아일보』 1969년 9월 9일 7면; 「국민투표법(1969년 9월 18일 폐지제정)」 제29조. 해당 조항의 전문은 다음과 같다. "국민투표에 관한 운동 중 옥외집회에 의한 운동은 이 법에 규정된 연설회 이외의 방법으로 할 수 없다."

문'을 채택하고 경찰과 대치하였기 때문이다.[63]

이어서 7월 4일에는 단식농성이 개시되었다. 이날 세브란스 학생 150여 명은 '제6차 시국선언대회' 직후 연세대학교 강당 입구와 복도에 연좌하여 결의문과 선언문을 낭독하였으며, 그와 함께 곧바로 72시간 시한부 단식농성에 돌입했다. 결의문과 선언문에 담긴 구호는 "음성적인 3선개헌 공작 반대", "역사의 흐름을 상기하라", "조국의 번영을 위해 뜨거운 눈물로 충고하노라", "내일의 이 나라 주인공이 마음놓고 학문에 매진하게 하라", "젊은 지성을 노하게 하지 말라", "개헌조작 중단하고 건설에 매진하자", "방첩활동 강화하고 학원사찰 중단하라", "박대통령의 단안을 촉구한다" 등이었다.[64] 단식은 장장 60시간 동안 이어졌다.[65]

개헌안이 통과된 후에도 세브란스 학생들은 대오를 유지하며 투쟁을 이끌었다. 9월 15일 오전 세브란스 학생 250여 명은 간호대학 학생 200여 명과 더불어 '3선개헌안 변칙통과 규탄대회'를 열고 선언문을 채택했다. 그 내용은 "우리의 조국 앞에 암흑이 도래했다. 입이 있으나 말을 못하고 귀가 있으나 들을 수 없고 눈이 있으나 보지 못하는 불구 국민이 되고 있다" 등이었다. 이후 학생들은 흰 가운을 입고 가

---

[63] 「대학가의 열풍 10일」, 『연세춘추』 1969년 8월 4일 3면.
[64] 「학생데모 1주째 단식농성도」, 『동아일보』 1969년 7월 4일 3면; 「개헌반대 시위로 시험연기」, 『연세춘추』 1969년 8월 4일 1면; 「대학가의 열풍 10일」, 『연세춘추』 1969년 8월 4일 3면; 「백여 연세대학생 이틀째 단식 개헌반대」, 『동아일보』 1969년 7월 5일 7면.
[65] 「단식 연세대생 오늘 농성 해산」, 『경향신문』 1969년 7월 7일 7면; 「연세대 단식 끝내」, 『동아일보』 1969년 7월 7일 3면.

자료 4-7 1969년 세브란스 학생들의 3선개헌반대투쟁

2. 반독재민주화운동과 세브란스

두로 진출하였다가 학교로 귀교했다.⁶⁶

9월 16일 투쟁은 절정에 이르렀다. 이날 오전 6시 경찰은 의과대학 학생회장 3학년 이상준李相峻(1971)을 연행했다. 자택 근처에서 시위를 주동한 혐의였다. 비보를 접한 세브란스 학생 200여 명은 곧바로 '3선개헌안 변칙통과 무효화 성토대회'를 열고 그의 석방을 요구했다. 경찰은 요구를 거부하였고, 이에 세브란스 학생들은 가두로 나아갔다. 17명이 하나의 조를 이루어 교문을 나섰는데, 모두 흰 가운을 입은 모습이었다.

경찰은 학생들의 행진마저 저지했다. 하지만 세브란스 학생들은 경찰의 폭력에 굴하지 않고 그 자리에서 연좌농성에 돌입했다. 마침내 오후 1시 30분 홍영재洪永宰(1971)를 비롯한 164명의 세브란스 학생 전원은 경찰에 자진 연행되는 길을 선택했다.⁶⁷ 그것은 온몸으로 3선개헌에 대한 반대를 표현한 실천적 행위였으며, 더 나아가 발전을 거듭해온 1960년대 세브란스의 학생운동이 도달한 극적인 종착점이었다.

---

66 「빗속에 데모」, 『동아일보』 1969년 9월 15일 8면.
67 「이백 연세대생 '변칙개헌' 성토 164명 연행」, 『동아일보』 1969년 9월 16일 4면.

『세브란스』 세브란스 학생회 교지

일반적으로 대학은 학문, 진리, 자유 등의 가치를 담지한 공간으로 인식된다. 해방 이후 본격적으로 등장한 한국의 대학들도 그로부터 예외가 아니다. 그러나 한국 사회의 대학이 함의해온 여러 표상 중 단연 으뜸은 바로 '자유'이다. 오랜 기간에 걸쳐 사회적으로 자유가 억압, 위축된 것으로 말미암아 캠퍼스에서 향유되는 자유의 가치가 더욱 빛을 발하였기 때문이다. 한국 사회의 학생들은 캠퍼스에 들어서며 비로소 진정한 의미의 자유를 경험할 수 있었다.

'학원의 자유'라는 표어 또한 그로부터 발원한다. 해당 단어가 담지하는 내용을 구체적으로 특정하기란 어렵다. 하지만 그것이 비판적 진리 추구와 민주적 학생 자치를 두 축으로 삼았던 사실은 비교적 분명하며, 이는 한국 사회의 대학생들이 비판적 지식인으로서 사회적 책무를 수행하는 직접적 배경으로 작동했다. 학생운동 역시 학원의 자유 위에서 비판과 자치가 유기적으로 결합할 때 그 싹을 틔울 수 있었다.

이 지점에서 우리는 교지校誌의 역할에 주목할 필요가 있다. 교지는 전적으로 학생들의 자발적인 기획과 편집을 거쳐 생산된 결과물로, 그 자체로 건강한 학생 자치의 존재를 상징한다. 또한 교지는 학술 연구, 학생 자치 동향, 학생 문학, 사회 비판 등 다양한 종류의 글들로 구성되어, 내용적 측면에서도 학생들의 학술적·인격적 성장에 기여함은 물론 그 결과물을 재차 학생사회 내에 환기하는 역할까지 수행한다. 요컨대 교지의 존재는 학원의 자유를 가늠하는 하나의 척도가 될 수 있다.

그러한 맥락에서 연세대학교 의과대학 학생회 교지 『세브란스』를 살펴보는 작업도 나름의 의의를 지닌다. 직간접적으로 세브란스 학생운동의 역사에 대한 이해를 제고할 수 있기 때문이다. 이에 현재 입수 가능한 권호를 토대로 『세브란스』의 구성을 간략히 살펴봄으로써 부분적으로나마 그 특징과 의의를 확인하고자 한다. 분석 대상으로 삼은 권호는 제5호(1962년호), 제6호(1963년호), 제7호(1964년호), 제10호(1967년호), 제11호(1968년호), 제12호(1969년호), 제13호(1970년호), 제14호(1973년호), 제20호(1979년호), 제21호(1980년호), 제22호(1982년호), 제23호(1982년호), 제24호(1983년호), 제25호(1984년호), 제26호(1985년호), 제27호(1986년호), 제28호(1987·1988년 통합본), 제29호(1989년호) 등이다.[68]

먼저 개요를 살펴보면, 『세브란스』는 1950년대 창간 이래로 1980년대까지 연 1회 발간을 원칙으로 간행된 '연세대학교 의과대학 학생회' 명의의 교지이다. 자료상의 한계로 인하여 창간 시점을 구체적으로 특정할 수는 없다. 다만 1960년 제4호가 오랜 공백 끝에 속간된 사실을 고려하면, 『세브란스』는 한국전쟁 이후의 어느 시점에 창간되었을 가능성이 높다.[69] 일반적으로 『세브란스』는 겨울방학을 전후한 시점에 출판되었으며, 각 호의 분량은 대략 200-300쪽 내외였다. 현재 제37호(1999년호)가 발간된 사실까지 확인 가능하다.

『세브란스』에 실린 글들은 편의상 특집기획, 학생논문, 교수논문, 학생문학, 학생동향 등으로 분류될 수 있다. 순서대로 살펴보면, 특집기

---

[68] 제5호(1962년호), 제6호(1963년호), 제7호(1964년호), 제10호(1967년호), 제11호(1968년호)는 국회도서관에서, 제22호(1982년호), 제25호(1984년호), 제26호(1986년호)는 연세대학교 학술정보원에서, 제23호(1982년호), 제24호(1983년호), 제28호(1987년호), 제29호(1989년호)는 국립중앙도서관에서 확인했다. 또한 연세대학교 의과대학 동은의학박물관은 제12호(1969년호), 제13호(1970년호), 제14호(1973년호), 제20호(1979년호), 제21호(1980년호), 제23호(1982년호), 제24호(1983년호), 제25호(1984년호), 제26호(1985년호), 제27호(1986년호), 제28호(1987년호), 제29호(1989년호), 제30호(1990년호), 제31호(1991년호), 제32호(1992년호), 제33호(1994년호), 제34호(1995년호), 제35호(1996년호), 제36호(1998년호), 제37호(1999년호)를 소장하고 있다.

[69] 「동인지 '세브란스' 간속」, 『연세춘추』 1960년 2월 15일 1면.

획은 『세브란스』 편집실에서 선정한 주제에 맞추어 세브란스 학생들이 투고한 글로 구성된 코너이다. 예를 들어 『세브란스』 25호(1984년호)의 특집 주제는 각각 '한 세기를 맞이하며'와 '의료와 소외'로, 전자에는 편집실의 「일제하 한국민족독립운동」과 「역사 속의 세브란스」가, 후자에는 김종현金宗鉉(1988)의 「해방후 5·16까지의 한국 노동운동사」, 성진모成鎭模(1987)의 「70년대 노동운동사」, 이진우李溱祐(1988)의 「농촌현실과 농촌의료의 문제점」, 원종욱元鍾旭(1987)의 「산업재해의 문제점」 등이 특집기사로 게재되었다.

편집실이 직접 주제를 마련한 데에서 드러나듯이, 특집기획은 『세브란스』를 통해 세브란스 학생들이 전달하고자 한 사회적 메시지가 가장 분명하게 드러나는 코너이다. 특히 1980년대에 간행된 『세브란스』에서 그러한 경향이 더욱 짙게 나타난다. 대표적으로 제26호(1985년호)는 '남·북분단과 통일'을 주제로 내걸어 분단의 배경과 향후 통일 방향에 대한 논의를 담았으며, 제29호(1989년호)는 '80년대 현대사'를 대주제로 하여 5·18민주화운동, 1980년대 학생운동을 비롯한 당대 변혁운동을 조명했다. 그에 담긴 의도를 짐작하는 것은 그리 어렵지 않다.

그다음으로 배치된 코너는 학술논문이다. 편집실은 하나의 권호에 최소 3-4편에서 최대 10편의 논문을 게재했다. 대부분 세브란스 재학생과 교수들이 자신들의 최신 연구성과를 제출한 것으로, 그 학술적 의의가 결코 가볍지 않았을 것으로 추측된다. 이는 『세브란스』가 학술지로서의 성격도 일부 지니고 있었음을 방증한다.

다른 한편으로 『세브란스』에 게재된 학생논문은 방중 무의촌 봉사활동의 학술적 의의를 뒷받침하는 근거가 된다. 예를 들어 『세브란스』 26호(1985년호)에 게재된 문준식文駿植(1988), 홍성범洪性範(1988)의 논문은 강원도 평창군 대상리를 지역적 대상으로 삼고 있다. 그런데 이곳은 1985년 7월 28일부터 8월 2일까지 의대, 간호대 연합팀 54명이 의료봉

표 4-1 『세브란스』 26호(1985년호) 게재 논문 목록

분류	저자	제목
학생 논문	김영진(金暎辰, 1987), 박진한(朴鎭韓, 1986)	보길도에서의 횟병에 대한 연구
	심강섭(沈剛燮, 1986)	농촌국민학교아동의 우울증에 관한 역학조사
	정상혁(丁相赫, 1987)	나병 및 나환자에 대한 사회적 인식과 태도에 대한 조사
	문준식(文駿植, 1988), 홍성범(洪性範, 1988)	한국 강원도 평창군 대상리 대하리 일부 주민에 대한 집단구충효과
	김태윤(金兌潤, 1987), 최진혁(崔辰赫, 1988)	전남 완도군 보길도에 있어서 폐흡충 감염에 관한 역학적 조사연구
	유내춘(柳來春, 1988)	Low density lipoprotein receptor activity in red blood cells of normal and Patients with type II b diabetes mellitus
	이영식(李英植, 1986)	Effects of Calcium Channel Blockers and Insulin on the Platelet Function in Patients with Diabetes Mellitus
	이영식, 유내춘	Glycosylation and Plasma Lipoproteins in Diabetic Patients
	박용문(朴溶文, 1987), 이성기(李成基, 1987), 이승우(李昇雨, 1987), 이용찬(李容讚, 1987)	흰쥐 장관운동에서 α_2 수용체의 역할에 관한 연구
교수 논문	김채원(金采元, 1948)	우리나라 정신질환자 관리와 그 전망
	백상창(白尙昌, 1958)	한국인의 정신구조와 정신역동
	이만홍(李萬弘, 1972)	우리나라 정신질환에 대한 지역사회 정신의학의 도입

사활동을 전개한 지역이었다.[70] 바꾸어 말하면, 『세브란스』는 학술적 측면에서 방중 무의촌 봉사활동과 유기적으로 연결되어 있었다.

학생문학과 학생동향은 학생들의 자유로운 자치활동에 더욱 초점을 맞춘 글들을 포괄한다. 세브란스 학생들은 시, 수필, 감상문 등 다양

한 형식의 문학을 『세브란스』에 투고했다. 그 주제와 형식이 다양하기에 일괄적으로 그 성격과 특징을 규정하기는 어려우나, 공통적으로 당대 세브란스 학생들이 일상 속에서 느낀 바를 진솔하게 드러낸 글이라는 점에는 이견의 여지가 없다.

그중에는 방중 무의촌 진료 봉사에서의 경험을 담백하게 표현한 글도 적지 않다. 의료인으로서의 인격적 성장, 한국 농촌 의료의 실태 등 세브란스 학생들은 무의촌

자료 4-8 『세브란스』 13호(1970년호) 표지

에서 농민들을 진료하며 느낀 바를 후기後記의 형태로 풀어내었다.[71] 무의촌봉사 자체에 대해 냉철한 평가를 내린 글도 더러 있었다.[72] 무의촌봉사의 오랜 전통이 『세브란스』라는 장 속에서 학생들의 폭넓은 경험 공유와 비판적 계승을 거치며 더욱 확장되는 양상을 확인할 수 있는 것이다.

마지막으로 학생동향은 학생회, 서클연합회, 세란문학회, 사진반, 종교반 등 세브란스 내 각종 학생자치조직의 최근 현황을 소개하는 글로

---

70 「여름철 봉사활동 오는 25일부터」, 『연세춘추』 1985년 6월 3일 7면.
71 「무의촌에 다녀와서」, 『세브란스』 5, 1962; 「하기 무의촌 순회진료」, 『세브란스』 5, 1962; 「하기 방학 무의촌 진료의 모습」, 『세브란스』 7, 1964; 「진료봉사보고」, 『세브란스』 10, 1967; 유욱(柳旭1983), 「봉사, 진료, 그리고 농촌-동계 무의촌 진료를 마치고」, 『세브란스』 22, 1982; 정인(鄭仁1983), 「학생과 의사의 차이-무의촌 진료를 다녀와서」, 『세브란스』 22, 1982.
72 「무의촌진료의 문제점」, 『세브란스』 11, 1968.

구성되었다. 주로 각 자치조직의 대표자들이 글을 투고하였는데, 그해의 주요 활동을 소개하고 그 과정에서 느낀 바를 소박하면서도 진솔하게 설명한 내용이 주를 이루었다. 세브란스 학생들의 일체감과 소속감을 강화하는 측면에서 나름의 역할을 담당했을 것으로 생각된다.

5부

1970년대 세브란스의 학생운동

1

유신 전후의 반독재
민주화운동과 세브란스

유신 이전 학생운동과 1971년 위수령

1960년대 한일회담반대운동과 3선개헌반대운동을 거치며 대학생들은 자신들의 역량을 입증했다. 가장 날카롭게 정권을 비판하며 치열한 투쟁을 전개한 주체가 바로 그들이었기 때문이다. 이에 박정희정부는 대학생들의 정치적 성장에 위협을 느끼기 시작했다. 결과적 측면만 놓고 본다면, 정권은 한일국교정상화를 관철하고 3선개헌을 완수하는 등 본래 목적한 바를 달성하는 데 성공했다. 그러나 그 과정은 계엄령, 위수령, 휴교령 등으로 점철된 것이었다. 정권 차원에서 학생운동을 효과적으로 제어할 수단을 모색할 필요가 있었다.

정권이 택한 수단은 '대학의 병영화兵營化'를 통한 학원 통제의 강화였다. 문교부는 1968년 교련을 대학 필수과목으로 지정한 바 있었다. 그러나 정권은 그에 만족하지 않고 1971년 교련의 대폭 강화를 기도했다.[1] 1970년 12월 문교부가 최종 확정하여 1971년 1학기 시행을 공언한 안에 따르면, 대학생들은 재학 기간 4년에 걸쳐 일반교육 315시간, 집체교육 396시간 등 도합 711시간의 교련을 이수해야 했다.² 총 수업시간의 약 20%를 온전히 교련에 할당한 셈이었다. 교련을 담당할 교관으로 현역 장교 400명을 선발하여 대학 내에 상주시키는 계획도 함께 추진되었다.³

교련 강화는 대학생과 정권의 관계를 더욱 악화시키는 기폭제가 되었다. 대학생들은 1971년 신학기 개강을 기점으로 대규모 교련반대 운동을 전개했다. 학생들은 교련의 비중이 지나치게 과도하여 정상적인 학업 수행을 방해한다는 점, 안보 강화의 측면에서 대학생 교련은 실익이 없다는 점, 그리고 현역 교관의 학내 상주로 학원의 자율성이 침해된다는 점 등을 문제삼았다.⁴

그중에서도 특히 학생들이 주목한 지점은 학원의 자유였다. 대학생들은 교련 강화에 담긴 저의가 바로 학원 통제에 있다고 의심하며 정권이 무리하게 교련을 확대하는 이유를 추궁했고, 그 연장선에서 운동의 의미를 '교련 반대'에서 '학원 자유 수호'로 끌어올렸다. 1971년 4월 19일 연세대학교 총학생회는 4·19 11주년 기념사를 통해 교련 강화를 "민족양식의 최후보루를 말살하는 말초적 정책"으로 규정하며

---

1   이기훈, 「1970년대 학생 반유신 운동」, 안병욱 편, 『유신과 반유신』, 민주화운동기념사업회, 2005, 463-464쪽.
2   「문교장관 관장 대학교련방안 확정」, 『동아일보』 1970년 12월 15일 7면.
3   「교관 540명 전국 대학 배치」, 『경향신문』 1970년 12월 21일 7면.
4   민주화운동기념사업회, 앞의 책, 549-550쪽.

학원 자유 수호를 위한 총궐기를 촉구했다.[5]

세브란스 학생들의 생각도 다르지 않았다. 1971년 4월 20일 오전 11시 연세대학교 의과대학 및 치과대학 학생들은 에비슨동상 앞에 집결하여 대오를 조직한 후, 오후 1시 가두로 나아가 교련 반대 시위를 전개했다. "학원자유 보장하라", "교련강화 결사반대", "학원병영화로 민주주의 말살말라" 등의 구호를 외친 사실에서 분명히 드러나듯이, 세브란스 학생들은 교련 강화를 학원 병영화의 첫 단추로 간주했다.[6]

이는 교련 강화에 담긴 박정희정부의 의도를 정확히 간파한 것이었다. 1971년은 정치적으로 매우 중요한 해였다. 4월 2일에는 제7대 대통령 선거가, 5월 25일에는 제8대 국회의원 총선거가 예정되어 있었기 때문이다. 박정희로서는 두 선거에서 압승을 거두어 정권을 재창출하는 동시에 그 이후의 집권 연장을 위한 토대도 마련할 필요가 있었다. 교련으로 상징되는 학원 병영화는 바로 그러한 정치적 맥락 속에서 학생들의 비판적 움직임을 봉쇄할 목적으로 기획된 것이었다.

그러나 대학생들은 1971년 대선과 총선 국면에서 더욱 능동적으로 나름의 역할을 수행했다. 이전 선거에서 방관적 자세를 견지했던 것과 달리, 대학생들은 자체적으로 선거참관단을 결성하여 전국 각지에서 선거참관운동을 전개했다.[7] 그러한 노력에 힘입어 1971년 치러

---

5 「'민주대행진 침묵시위'」, 『연세춘추』 1971년 4월 26일 1면.
6 「8개대생 또 데모」, 『동아일보』 1971년 4월 20일 7면; 「연세대 기동경찰과 충돌」, 『동아일보』 1971년 4월 20일 7면; 「연대 의대·치대생들 농성」, 『경향신문』 1971년 4월 20일 7면; 「'민주대행진 침묵시위'」, 『연세춘추』 1971년 4월 26일 1면.
7 홍석률, 「1971년의 선거와 민주화운동 세력의 대응」, 『역사비평』 98, 2012, 129–132쪽.

자료 5-1 1971년 10월 16일 연세대학교에 주둔한 위수군

진 두 차례의 선거는 박정희와 민주공화당을 향한 심판의 장으로 변모했다. 박정희는 천신만고 끝에 근소한 차이로 김대중을 꺾었다.[8] 하지만 그것은 관권의 노골적 개입과 선거 부정에 힘입은 결과였다.[9] 게다가 민주공화당은 정권 차원의 전폭적 지원에도 불구하고 신민당에 호헌선을 허용했다.[10]

박정희는 더이상 정상적인 방식의 집권 연장을 기대할 수 없는 상황에 봉착했고, 끝내 그는 '유신維新'으로 나아가는 길을 선택했다.

---

8 박정희와 김대중의 득표율은 각각 53.19%, 45.25%였다. 중앙선거관리위원회 선거통계시스템 개표현황 「제7대 대통령선거」 항목.
9 홍석률, 앞의 글, 132-135쪽.
10 위의 글, 136쪽.

1971년 하반기는 바로 그 길을 정지하는 작업으로 점철되었다. 10월 15일 박정희는 위수령과 '학원질서확립을 위한 특별명령지시'를 발동하여 서울 시내 주요 대학에 무장 군인을 투입했으며, 곧이어 10월 18일 각 대학의 시위 주동 학생 170여 명을 일거에 제적시켰다.[11] 연세대학교에서도 공수부대 600여 명이 진주하여 총학생회 간부 15명을 연행하고 데모 주동 학생 15명을 제적하는 사태가 발생했다.[12] 이로써 학생운동 진영은 그 핵심 기반과 역량을 일거에 상실하고 말았다.

저항 진영을 무력화시키며 자신감을 얻은 박정희는 12월 6일 이른바 '안보 위기'를 빌미로 '국가비상사태'를 선포했다.[13] 사회 전반에 위기의식을 조장하여 자신의 권위주의적 통치를 정당화하는 동시에 '비상대권'을 요구하기 위한 수순이었다. 실제로 12월 27일 민주공화당은 「국가보위에관한특별조치법」을 통과시켜 이를 뒷받침했다. 국가비상사태 선포가 합리화되었음은 물론, 대통령은 자의적으로 집회, 언론, 출판의 자유를 규제할 권한과 근거를 확보했다.[14]

---

11 「서울 일원 위수령 발동」, 『조선일보』 1971년 10월 16일 1면; 「23개대 170명으로 제적학생 늘어」, 『경향신문』 1971년 10월 20일 7면.
12 「10·15사태 주요일지」, 『연세춘추』 1971년 11월 15일 3면.
13 「국가비상사태 선언」, 『조선일보』 1971년 12월 7일 1면.
14 「'보위법안' 전격 통과」, 『조선일보』 1971년 12월 28일 1면.

자료 5-2 위수령 발동으로 한산한 연세대학교의 모습

「국가보위에관한특별조치법」[15]

제7조 비상사태하에서 공공의 안녕질서를 유지하기 위하여 필요한 경우 대통령은 옥외집회 및 시위를 규제 또는 금지하기 위하여 특별한 조치를 할 수 있다.

제8조 비상사태하에서 대통령은 아래 사항에 관한 언론 및 출판을 규제하기 위하여 특별한 조치를 할 수 있다.

   1. 국가안위에 관한 사항

   2. 국론을 분열시킬 위험이 있는 사항

   3. 사회질서의 혼란을 조장할 위험이 있는 사항

---

15 「국가보위에관한특별조치법」(1971.12.27. 제정).

위수령 선포 당일 연세대학교 의과대학 학생회는 긴급회의를 열어 향후 대응방안을 논의했다. 세브란스 학생들은 이 자리에서 한뜻으로 정권의 폭압을 규탄했던 것으로 보인다. 항의의 뜻에서 학생회 해체를 결의하였기 때문이다. 학생들은 학원의 자유가 말살된 이상 학생회의 존재 의의 자체가 사라졌다는 데에 인식을 같이했다. 16일 오전 의과대학 학생회는 자진 해체를 공고하는 성명서를 게재했다.[16]

더 나아가 학생들은 일괄 자퇴를 결의하고 이를 실천으로 옮겼다. 16일 의대생 1~3학년과 치과대생을 포함한 약 210명은 학교 당국의 만류에도 불구하고 자퇴원서를 제출했다. 결과적으로 이날의 집단 자퇴는 학교 당국이 반려했던 것 같다.[17] 그러나 그 수용 여부와 별개로, 세브란스 학생들이 박정희정부의 폭주를 비판적으로 인식하고 있다는 사실은 분명히 드러났다. 이는 유신 체제에 대한 세브란스 학생들의 치열한 저항을 예고하는 것이었다.

10월 유신과 1973년 반유신민주화운동

1972년 10월 17일 오후 7시 박정희는 전격적으로 '대통령특별선언'을 발표했다. 국회 해산, 정당 및 정치활동의 금지, 국무회의에 의한 새 헌법 발의와 국민투표에 의한 확정 등 충격적인 내용으로 점철된 선

---

[16] 「연세대의대 학생회해체 결의」, 『동아일보』 1971년 10월 16일 7면; 「의대 집단 자퇴서 오리무중」, 『연세춘추』 1971년 11월 22일 1면.

[17] 「의대 집단 자퇴서 오리무중」, 『연세춘추』 1971년 11월 22일 1면.

언이었다.[18] 게다가 정권은 그 다음날인 10월 18일 계엄령을 포고하여 일체의 집회, 시위를 금지하고 언론, 출판, 방송의 사전 검열을 규정했다.[19] 무력으로 헌정 질서를 유린하고 그에 대한 비판마저 금지한 이른바 '유신 쿠데타'였다.

쿠데타를 통해 박정희가 기도한 바는 명확했다. 바로 초법적 영구 집권이었다. 국무회의의 발의를 거쳐 국민투표로 확정된 '유신헌법'은 대통령의 연임 제한 조항을 삭제하였으며, 임기를 6년으로 대폭 확대했다. 기존의 직선제 규정도 통일주체국민회의에 의한 간선제로 대체되었다.[20] 유신체제하에서 치러진 두 차례의 대통령 선거에서 드러나듯이, 오직 박정희를 종신 대통령으로 추대하기 위해 기획된 조항들이었다.[21]

민주주의와 삼권분립의 원칙에 위배되는 조항도 적지 않았다. 유신헌법은 대통령에게 국회해산권, 전체 국회의원 3분의 1에 대한 추천권, 법관임면권, 긴급조치권 등을 부여하여 입법부와 사법부를 사실상 압도할 수 있도록 했다.[22] 그중에서도 특히 문제가 되었던 것은

---

[18] 「헌법기능 비상국무회의서 수행」, 『동아일보』 1972년 10월 18일 1면.
[19] 「계엄포고 제1호」(1972.10.18.).
[20] 「대한민국헌법」(1972.12.27. 전부개정) 제39조; 제47조.
[21] 1972년 12월 23일 치러진 제8대 대통령 선거에서 박정희는 단일 후보로 출마하여 전체 2,359표 중 기권 2표를 제외한 2,357표를 획득했다. 마찬가지로 1978년 7월 6일 치러진 제9대 대통령 선거에서도 박정희는 단일 후보로서 전체 2,581표 중 기권 3표, 무효 1표를 제외한 2,577표를 획득했다. 중앙선거관리위원회 선거통계시스템 개표현황 「제6대 대통령선거」, 「제7대 대통령선거」 항목.
[22] 「대한민국헌법」(1972.12.27. 전부 개정) 제40조; 제59조; 제103조.

바로 긴급조치권이었다. 대통령은 긴급조치권에 근거해 자의적으로 국민의 자유와 권리를 제약할 수 있었으며, 그 결과물은 사법적 판단의 대상이 되지 않았다. 이는 반(反)유신민주화운동에 대한 신속하면서도 엄혹한 탄압을 염두에 둔 것으로, 이후의 역사가 증명한 바와 같이 긴급조치권은 유신체제를 호위하는 첨병으로 기능했다.

> **유신헌법 제53조**[23]
>
> ① 대통령은 천재·지변 또는 중대한 재정·경제상의 위기에 처하거나, 국가의 안전보장 또는 공공의 안녕질서가 중대한 위협을 받거나 받을 우려가 있어, 신속한 조치를 할 필요가 있다고 판단할 때에는 내정·외교·국방·경제·재정·사법등 국정전반에 걸쳐 필요한 긴급조치를 할 수 있다.
>
> ② 대통령은 제1항의 경우에 필요하다고 인정할 때에는 이 헌법에 규정되어 있는 국민의 자유와 권리를 잠정적으로 정지하는 긴급조치를 할 수 있고, 정부나 법원의 권한에 관하여 긴급조치를 할 수 있다.
>
> ③ 제1항과 제2항의 긴급조치를 한 때에는 대통령은 지체없이 국회에 통고하여야 한다.
>
> ④ 제1항과 제2항의 긴급조치는 사법적 심사의 대상이 되지 아니한다.

유신체제의 첫 1년은 박정희의 뜻대로 흘러갔다. 정권의 압도적

---

[23] 「대한민국헌법」(1972.12.27. 전부개정) 제53조.

공세로 말미암아 저항운동은 극도로 위축되었다. 1973년 상반기까지 일체의 반反유신운동이 모습을 드러내지 못할 정도였다.[24] 하지만 이는 더욱 거대한 저항을 위한 막간의 휴지기에 지나지 않았다. 1973년 하반기에 이르러 민주화운동의 불꽃이 다시 점화되었고, 이는 유신체제 전반에 걸쳐 맹렬히 타올랐다.

그 중심에는 대학생들이 있었다. 1973년 10월 2일 서울대학교 문리대 학생들의 기습적인 학내 시위를 시발점으로 전국 각지의 대학에서 유신체제를 규탄하는 목소리가 이어졌다.[25] 연세대학교에서는 11월 14일 총학생회가 선언문을 발표하고 동맹휴학을 결의하였으며, 16일에는 정법대학 학생 300여 명이 교내 시위를 전개했다. 학생들의 요구는 학원 사찰 금지, 학원 자율 보장 등이었다.[26]

선언문[27]

추운 한국의 가을은 또다시 찾아왔다. 시련과 탄압 속에서 가물거리던 지성의 젊은 불길은 이제 그 맥을 다하려하고 있다. 그동안 우리 8천 연세인들은 연세의식의 수호를 위해 묵묵한 주시 속에 모든 사태를 무거운 침묵으로 견디어 나왔다.

그러나 보라!

---

[24] 민주화운동기념사업회 편, 『한국민주화운동사』 2, 2009, 98쪽.
[25] 위의 책, 103-108쪽.
[26] 「학원 자율화 결의문 채택」, 『연세춘추』 1973년 11월 26일 1면.
[27] 「선언문」, 『연세춘추』 1973년 11월 26일 1면.

순수하고 결백한 지성의 양심을 외치던 젊은 울림은 무참히도, 너무도 가련하게 짓밟히었다.

조국의 앞날을 위해 내뱉는 정의의 소리들이 무슨 잘못이 있더냐? 젊은 이성의 표출이 그렇게도 두려웠드냐?

역사는 언제나 옳고 그름을 판단한다.

현재 우리의 양심이, 이성이 타의에 의해 저지당하고 있을망정 이나라 이민족의 표상인 대학의 양심과 정의와 진리를 앞세운 상아탑의 햇불은 우리의 진정한 자유와 대학의 민주적인 자유화를 위해 분연히, 면면히 타오를 것이다.

이에 총학생회는 8천 연세인의 중지를 모아 아래사항을 굳건히 결의한다.

一. 국가백년대계를 위해 이 나라 이 민족의 핵심인 대학에 대한 완전 자율화를 보장하고, 학원사찰을 비롯한 모든 간섭행위를 즉각 중지하라.

一. 구속중인 우리 동료들을 즉각 석방하라.

一. 이상의 사항들이 관철될 때까지 전 연세인들은 강의를 비롯한 모든 행사의 시작에 앞서 그 단체의 리더에 의해, 조국의 앞날을 위해 기도회를 갖는다.

一. 17일까지에도 당국의 성의있는 답변이 없거나 새로운 형태의 더 큰 탄압이 가해질 때 17일을 기해 8천 연세인들은 동맹휴학에 들어간다.

1973년 11월 14일 연세대학교 총학생회

세브란스 학생들은 각각의 학생회를 중심으로 독자적 움직임을 전개했다. 그 기점은 의과대학 학생회와 치과대학 학생회의 교내 합동집회였다.²⁸ 11월 15일 오후 3시 30분 양 학생회는 소속 학생 대부분이 참여한 가운데 집회를 열고 구속 학생 석방, 학원 사찰 중지, 민주체제의 확립 등을 요구하는 내용의 선언문을 발표했다. 이로써 세브란스 학생들이 유신 반대의 기치하에 행동을 통일하여 집단적 투쟁으로 나아갈 기반이 마련되었다.

세브란스 학생들은 단결을 유지하며 끊임없이 유신반대운동을 전개했다. 합동집회 당일 학생들은 기한부 동맹휴학 돌입을 결의하며 11월 19일부터 25일에 이르는 약 일주일을 그 기간으로 설정했다. 그 다음날인 16일에는 의과대학 학생 300여 명이 강당에 집결하여 별도의 성토대회를 개최했다. 이 자리에서 의대생들은 결의문을 채택하고 학원 자율화, 구속 학생 석방, 민주체제 확립 등을 요구하는 구호를 외쳤다.²⁹

11월 26일에는 의과대학과 치과대학 학생들이 별도의 규탄 집회를 열었다. 당시 연세대학교 학생들은 반유신민주화운동을 무마하기 위해 정권이 학교 당국에 휴교 혹은 조기방학을 압박하는 상황을 우려하고 있었다.³⁰ 이에 의대생들과 치대생들은 각각 대강당과 언더우드 동상 앞에 집결하여 '외부 압력에 의한 휴교'에 대한 반대 의사를

---

28 당시 의과대학 학생회장은 이종원(李鍾遠, 1975)이었다. 「의과대 학생회장에 이종원군 당선」, 『연세춘추』 1973년 2월 19일 1면.
29 「학원 자율화 결의문 채택」, 『연세춘추』 1973년 11월 26일 1면.
30 실제 1973년 11월 30일 연세대를 비롯한 수도권 주요 대학은 조기방학을 단행했다. 「연·고·동·숙·수도여대 조기방학 실시」, 『경향신문』 1973년 11월 30일 7면.

공개적으로 표명했다.³¹

행동의 날은 11월 29일이었다. 이날 연세대학교 학생 2,000여 명은 일제히 수업을 거부하고 오전 10시 20분 교문을 나섰다. 가두로 나아가 '자유민주체제'의 확립을 요구하기 위함이었다. 의대생 및 치대생 200여 명도 독자적으로 대오를 결성해 그에 합류했다. 세브란스 학생들이 외친 구호는 "국민의 기본권을 확보하라" 등이었다. 비록 기동 경찰의 저지로 시위는 길게 이어지지 못했지만, 학생들의 결의는 당대 한국 사회를 강타했다.³²

학생들이 선도적으로 투쟁의 장을 열자 종교인, 언론인, 문학인 등을 비롯한 재야在野 인사들도 그에 합류했다. 특히 장준하, 백기완白基玩, 함석헌, 법정法頂, 김재준金在俊, 김수환金壽煥, 천관우千寬宇 등은 유신체제를 공개적으로 그리고 전면적으로 부정하는 운동을 추진해 나갔다. 바로 '개헌청원백만인서명운동'이었다. 1973년 12월 24일 헌법개정청원운동본부 출범을 시작으로 전국 각지에서 서명운동이 전개되자 폭발적 호응이 이어졌다. 위로는 제1야당 신민당으로부터 아래로는 일반 시민에 이르기까지, 각계각층의 사람들이 운동에 동참했다.³³ 유신체제의 반민주적 성격이 정파, 지역, 계층을 초월한 하나의 대오를 만들어낸 셈이었다.

---

31 「연세대 치대생 120명 시위」, 『동아일보』 1973년 11월 26일 7면; 「연세의대생 400명 성토」, 『동아일보』 1973년 11월 27일 7면.
32 「연대생 2천명 경찰과 투석전」, 『동아일보』 1973년 11월 29일 7면.
33 민주화운동기념사업회 편, 앞의 책, 119-122쪽.

2

긴급조치와
학생운동의 저항

1974년 대통령 긴급조치 제1호와 의대생 구속사건

1974년 1월 8일 박정희는 '대통령 긴급조치 제1호'(이하 긴급조치 제1호)를 선포했다.[34] 긴급조치 제1호의 제1조와 제2조는 유신헌법을 비판하거나 그 개정을 요구하는 일체의 언행을 금지했다. 해당 행위를 타인에게 권유하거나 알리는 것 역시 탄압의 대상이었다. 개헌청원백만인서명운동을 직접적으로 염두에 둔 조치이자 동시에 국가권력을 자의적으로 행사하여 시민의 참정권과 정치적 자유를 침해한 반민주주의적 행위였다.[35]

긴급조치 제1호에 따른 처벌 절차와 수위도 반민주적 성격을 강

---

[34] 「대통령 긴급조치 선포」, 『조선일보』 1974년 1월 9일 1면.
[35] 헌법재판소, 「구 헌법 제53조 등 위헌소원」(2013. 3. 21.).

하게 내포했다. 긴급조치 제1호 제5조는 영장 없는 체포와 구속을 가능케 하였으며, 제6조는 비상군법회의로 하여금 조치 위반자에게 최대 15년의 징역과 자격정지 처분을 내릴 것을 권고했다.[36] 개헌청원백만인서명운동을 비롯하여 어떠한 형태의 반유신운동도 결코 용납하지 않겠다는 의지를 드러낸 것이었다.

대통령 긴급조치 제1호[37]

1. 대한민국 헌법을 부정, 반대, 왜곡 또는 비방하는 일체의 행위를 금한다.
2. 대한민국 헌법의 개정 또는 폐지를 주장, 발의, 제안, 또는 청원하는 일체의 행위를 금한다.
3. 유언비어를 날조, 유포하는 일체의 행위를 금한다.
4. 전 1, 2, 3호에서 금한 행위를 권유, 선동, 선전하거나, 방송, 보도, 출판 기타 방법으로 이를 타인에게 알리는 일체의 언동을 금한다.
5. 이 조치에 위반한 자와 이 조치를 비방한 자는 법관의 영장없이 체포, 구속, 압수, 수색하며 15년 이하의 징역에 처한다. 이 경우에는 15년 이하의 자격정지를 병과할 수 있다.
6. 이 조치에 위반한 자와 이 조치를 비방한 자는 비상군법회의에서 심판, 처단한다.

---

36 비상군법회의의 설치와 구성은 같은 날 선포된 '긴급조치 제2호'로 규정했다. 「대통령긴급조치 제2호」(1974.1.8. 제정).
37 「대통령긴급조치 제1호」(1974.1.8. 제정).

긴급조치 제1호가 겨눈 첫 번째 대상은 재야인사 장준하, 백기완이었다. 해당 조치가 처음부터 개헌청원백만인서명운동을 탄압하기 위해 기획된 결과물인 이상, 이는 예정된 수순이었다. 그런데 그들과 더불어 비상군법회의에 회부된 학생들이 있었다. 바로 고영하高永夏(1971 입학, 2020 명예졸업), 황규천黃圭泉(1983), 이상철李相哲(1983), 문병수文秉洙(1983), 김석경金錫京(1983), 서준규徐準揆(1977), 김향金鄕(1970 입학) 등 세브란스 1학년생 7명이었다. 1974년 1월 22일 경찰은 이들을 연세대학교 의과대학 캠퍼스에서 체포하여 서대문형무소로 연행했다.[38] 학생들의 혐의는 긴급조치 제1호 위반이었다.

관련자들의 진술과 후술한 판결문을 토대로 1974년 1월 22일의 사건을 재구성하면 그 개요는 다음과 같다. 1974년 1월 21일 고영하, 이상철, 서준규, 김향 등은 1학년 교실에서 만나 시국에 관한 이야기를 나누었고, 그 와중에 자연스레 유신헌법과 긴급조치 제1호에 대해서도 의견을 교환했다. 이에 고영하가 먼저 유신헌법에 반대하는 취지의 행동을 제안하였고, 다른 이들이 그에 찬동했다.

다음날인 1월 22일 오전 9시 50분경 고영하 등은 의과대학 1학년 강의실 243호에 들어가 그곳에 있던 약 100여 명의 학생들을 대상으로 회의를 제안했다. 회의의 주제는 '유신헌법 및 긴급조치 철회'였다. 그를 비롯한 강의실의 전 학생들이 애국가 제창과 순국선열에 대한 묵념을 마친 후 개회하였으며, 이상철 등은 개회 선언을 전후하여 미리 준

---

38 「고영하 구술」(구술일시: 2019년 5월 20일, 면담자: 신규환).

VIOLATORS OF EMERGENCY MEASURE #1
(For opposing the Yushin Constitution, Penalty up to 15 years.)

	Name	Occupation	Date of Trial and Sentence	1st Appeal and Sentence	2nd Appeal and Sentence
1	Jung, Bong Min	Unemployed	3-8, 12 yrs.	4-19, 7 yrs.	---
2	Jung, Dong Whoon	DUP Member	3-16, 15 yrs.	4-17, 15 yrs.	refused
3	Kim, Jang Ki	DUP Member	3-16, 15 yrs.	4-17, 12 yrs.	refused
4	Kim, Seung Bok	DUP Member	3-16, 15 yrs.	4-17, 12 yrs.	refused
5	Yoo, Kap Jong	Formal Statesman	3-16, 12 yrs.	4-17, 10 yrs.	refused
6	Kwon, Kae Bok	DUP Member	3-16, 12 yrs.	4-17, 10 yrs.	refused
7	Kim, Choon Kil	NDP Member	3-16, 5 yrs.	4-19, 5 yrs.	---
8	Oh, Bong Kyun	Unemployed	3-16, 3 yrs.	4-19, 3 yrs.	---
9	Kim Dae Soo	Unemployed	3-16, 3 yrs.	4-19, 2 yrs.	---
10	Park, Sang Hee	Student (H. Sem.)	3-28, 10 yrs.	4-29, 7 yrs.	7-26, 7 yrs.
11	Park, Joo Hwan	Student (H. Sen.)	3-28, 3 yrs.	4-29, 3 yrs.	7-26, 3 yrs.
12	Kim, Yong Sang	Unemployed	3-28, 3 yrs.	4-29, 3 yrs.	7-26, 3 yrs.
13	Lee, Mi Kyung	Office Worker	3-28, 3-5 yrs. (suspended)		released
14	Cha, Ok Sung	Office Worker	3-28, 3-5 yrs. (suspended)		released
15	Kim, Mae Ja	Student (Ewha)	3-28, 3-5 yrs. (suspended)		released
16	Jang, Jun Ha	DUP Politician	1-31, 15 yrs.	2-1, 15 yrs.	8-20, 15 yrs.
17	Baik, Ki Wan		1-31, 15 yrs.	2-1, 15 yrs.	8-20, 12 yrs.
18	Kim, Kyung Nak	Minister (Meth.)	2-6, 15 yrs.	3-6, 15 yrs.	8-20, 15 yrs.
19	Lee, Hae Hak	Evangelist (Presb.)	2-6, 15 yrs.	3-6, 15 yrs.	8-20, 15 yrs.
20	Kim, Jin Hong	Evangelist (Presb.)	2-6, 15 yrs.	3-6, 15 yrs.	8-20, 15 yrs.
21	Lee, Kyu Sang	Evangelist (Presb.)	2-6, 15 yrs.	3-6, 15 yrs.	8-20, 15 yrs.
22	Park, Yoon Soo	Evangelist (Presb.)	2-6, 10 yrs.	3-6, 10 yrs.	8-20, 10 yrs.
23	In, Myung Jin	Minister (Presb.)	2-6, 10 yrs.	3-6, 10 yrs.	8-20, 10 yrs.
24	Kwon, Ho Kyung	Minister (Presb.)	3-28, 15 yrs.	4-29, 17 yrs.	7-26, 17 yrs.
25	Kim, Dong Hwan	Evangelist (Meth.)	3-28, 15 yrs.	4-29, 15 yrs.	7-26, 15 yrs.
26	Yoon, Suk Kyu	Lecturer	3-28, 10 yrs.	4-19, 7 yrs.	---
27	Ko, Young Ha	Student (Yonsei)	2-2, 10 yrs.	3-2, 7 yrs.	7-16, 7 yrs.
28	Lee, Sang Chul	Student (Yonsei)	2-2, 7 yrs.	3-2, 5 yrs.	7-16, 5 yrs.
29	Kim, Suk Kyung	Student (Yonsei)	2-2, 7 yrs.	3-2, 5 yrs.	7-16, 5 yrs.
30	Hoon, Buyng Soo	Student (Yonsei)	2-2, 7 yrs.	3-2, 5 yrs.	7-16, 5 yrs.
31	Suh, Joon Kyu	Student (Yonsei)	2-2, 5 yrs.	3-2, 3-5 yrs. suspended	
32	Hwang, Kyu Chun	Student (Yonsei)	2-2, 10 yrs.	3-2, 7 yrs.	7-16, 7 yrs.
33	Kim, Kyung	Student (Yonsei)	2-2, 5 yrs.	3-2, 3-5 yrs. suspended	
34	Kim, Yong Soo	Student (SNU, Med.)	2-27, 10 yrs.	3-2, 7 yrs.	3-29, 5 yrs.
35	Kim, Koo Sang	Student (SNU)	2-27, 10 yrs.	3-2, 7 yrs.	3-29, 5 yrs.
36	Lee, Keun Who	Student (SNU)	2-27, 10 yrs.	3-2, 7 yrs.	3-29, 7 yrs.

VIOLATORS OF EMERGENCY MEASURE #4
(For student opposition to government policies, Penalty up to death.)

	Name	Occupation	Date of Trial and Sentence	1st Appeal and Sentence	2nd Appeal and Sentence
37	Yoon, Han Bong	Student (ChunNam)	7-10, 15 yrs.	7-13, 15 yrs.	9-7, 15 yrs.
38	Lee, Kang	Graduate (ChunNam)	7-10, 15 yrs.	7-13, 15 yrs.	refused
39	Kim, Jung Kil	Ex-student (ChunN)	7-10, 15 yrs.	7-13, 15 yrs.	refused
40	Jun, Young Chun	Student (ChunNam)	7-10, 15 yrs.	8-8, 7 yrs.	9-25, 5 yrs.
41	Park, Jin	Student (ChunNam)	7-10, 15 yrs.	8-8, 7 yrs.	9-25, 5 yrs.
	(Released on Dec. 5th for health reasons)				
42	Sung, Chan Sung	Student (ChunNam)	7-10, 15 yrs.	8-8, 3 yrs.	9-25, 3-5 yrs. suspended
43	Kim, Sang Yoon	Student (ChunNam)	8-13, 15 yrs.	9-25, 12 yrs.	
44	Park, Hyung Sun	Student (chunNam)	8-13, 12 yrs.	9-25, 10 yrs.	
45	Yoon, Kang Ok	Student (ChunNam)	8-13, 12 yrs.	9-25, 10 yrs.	
46	Ha, Tae Soo	Student (ChunNam)	9-13, 12 yrs.	9-25, 10 yrs.	
47	Yoo, Sun Kyu	Student (ChunNam)	9-13, 12 yrs.	9-25, 10yrs.	

자료 5-3 긴급조치 1호 위반자 명단. 가운데에서 세브란스 학생 7명을 확인할 수 있다.

자료 5-4 긴급조치 제1호를 위반한 혐의로 재판받는 피고들

비한 선언문과 투표용지를 배포했다. 성명서의 요지는 유신헌법과 긴급조치 제1호의 철회, 언론과 집회의 자유 보장 등이었다.

회의에 참여한 의대생들은 유신헌법과 긴급조치 제1호의 철회를 위한 실력행사 돌입 여부를 무기명 투표에 부쳤고, 이때 황규천, 문병수, 김석경 등이 개표를 전후하여 공개 발언으로 고영하 등의 제안을 지지했다.[39] 개표 결과는 찬성 58표, 반대 29표, 기권 7표였다.[40] 다수의 의대생들이 유신헌법과 긴급조치 제1호를 부당한 것으로 인식하고 있다는 사실이 드러난 셈이었다. 이와 함께 세브란스 학생들은 성명

---

39 「문병수 구술」(구술일시: 2019년 4월 11일, 면담자: 신규환).
40 개표 결과 자체는 현장에서 공개되지 않았던 것으로 보인다. 「문병수 구술」(구술일시: 2019년 4월 11일, 면담자: 신규환).

서 발표와 가두시위 등을 염두에 두며 자신들의 뜻을 사회에 전할 구체적 방안을 논의했다.

유신체제는 민주주의와 자유를 향한 최소한의 외침도 용납하지 않았다. 1월 22일 오후 경찰은 의과대학 건물을 포위하여 회의에 참여한 학생 전원을 연행했다.[41] 얼마 지나지 않아 경찰은 대다수의 학생들을 석방하였으나,[42] 회의를 주도한 고영하, 이상철, 서준규, 김향과 공개적으로 이들을 지지한 황규천, 문병수, 김석경은 연행 이틀 후인 24일 긴급조치 제1호를 위반한 혐의로 정식 구속되었다.[43] 수사 당국은 학생들에게 수면 방해, 폭행 등의 고문을 가하며 이미 정해진 답변을 강요했다.[44]

1974년 2월 2일 비상보통군법회의는 해당 혐의를 인정하여 고영하, 황규천에게 징역 10년형을, 이상철, 문병수, 김석경에게 징역 7년형을, 서준규, 김향에게 징역 5년형을 선고했다.[45] 사건으로부터 채 열흘이 되지 않은 시점에 1심 선고가 내려진 사실에서 드러나듯이, 사법적 절차는 요식행위에 불과했다. 군법회의는 짜여진 각본을 충실히 답습했을 뿐이었다.[46] 1심 재판장은 육군 중장 박현식朴賢植, 심판관은

---

41 「문병수 구술」(구술일시: 2019년 4월 11일, 면담자: 신규환).
42 「고영하 구술」(구술일시: 2019년 5월 20일, 면담자: 신규환).
43 「군재 검찰부 긴급조치 1호 위반 혐의로 목사 등 넷 석방, 연대생 7명 구속」, 『동아일보』 1974년 1월 26일 1면.
44 「문병수 구술」(구술일시: 2019년 4월 11일, 면담자: 신규환).
45 「비상군재, 본교 의대생 7명에 최고 징역 10년 선고」, 『연세춘추』 1974년 2월 25일 1면.
46 변호인들은 검찰의 공소장과 군법회의의 판결문이 내용상 완전히 동일하였다고 주장했다. 민청학련운동계승사업회, 『비상보통군법회의 판결문집』, 학민사, 1994, 3쪽.

육군 소장 이희성李熺性, 서울형사지법 부장판사 권종근權宗根, 부산지검 부장검사 김진석金珍奭이었으며, 법무사는 육군 중령 신복현申福鉉, 검사는 서울지검 영등포지청검사 이규명李揆明이었다. 재판부의 판결 주문은 다음과 같았다.[47]

주문

피고인 고영하, 동 황규천을 각 징역 10년에, 동 이상철, 동 문병수 동 김석경을 각 징역 7년에, 동 서준규, 동 김향을 각 징역 5년에 각 처한다. 이 판결 선고전 구금일수 중 9일을 피고인들에 대한 위 각 징역형에 산입한다.

  압수된 선언문 초안 1매(증 제1호), 선언문 원문 1매(증 제2호), 투표지 8매(증 제3호), 유신헌법 및 1·8조치 반대취지문 50조각(증 제4호)은 이를 각 몰수한다.

이유

피고인들은 모두 연세대학교 의과대학 본과 1학년에 재학중인 자들인 바, 우리나라는 급변하는 국제정세와 북한 공산집단이 휴전협정을 공공연히 위반하는 도발행위를 감행하는 등 안팎으로 맞고 있는 미증유의 급박한 위기 속에 민족의 생존권을 수호하고 안정과 번영 및 평화통일이라는 국가지상목표를 달성하기 위해서 어느 때보다도 국력의 배양과 조직화가 절대적으로 요청되고 있는 현 시점에서 10월 유신에 의해 주권자인 전 국민의 총

---

47 위의 책, 1297-1302쪽.

의로 확정된 유신헌법 질서를 뒤집어 엎고 유신체제를 전복하려고 기도, 사회질서의 혼란과 동요, 국민총화의 저해와 분열 등 조국의 안전을 위태롭게 하는 일부 무책임한 인사들의 분별없는 행동으로 부득이 1974년 1월 8일 헌법이 정하는 바에 따라 국가안보와 공공의 안녕질서를 유지하고 국헌을 수호하기 위하여 대통령 긴급조치를 선포하기에 이르런 것인 바, 이 긴급조치에 위반하는 행위를 하여서는 안된다는 점을 충분히 지실하고 있음에도 불구하고

1. 피고인 고영하, 동 이상철, 동 서준구, 동 김향은 1974년 1월 21일 위 대학 1학년 교실 앞에서 각 상면하여, 피고인 고영하가 유신헌법 및 대통령 긴급조치 제1호에 대한 불만을 토로하면서 이를 반대하는 집회와 시위 등의 실력행사를 감행하자고 제안하자 다른 피고인들은 각 이를 받아들임으로써 상호 공모하여, 동월 22일 오전 9시 50분경, 성명미상 학생 약 100여 명이 모여있던 위 대학 본과 1학년 243호 강의실에 들어가서 피고인 고영하가 먼저 교단에 올라가 유신헌법 및 긴급조치 철회를 위한 회의를 하자고 선언한 다음 애국가를 선청하여 학생들로 하여금 애국가를 따라부르게 하고 순국선열에 대한 묵념을 약 30초가량 한 후 동 피고인이 동월 21일 20시경 서울 서대문구 대현동 56-84 소재 동인의 하숙방에서 이미 작성하여 소지하고 있던 선언문인

"국민의 최소한의 권리인 개헌청원서명운동이 지식인, 언론인, 종교, 학생 단체에서 온 국민의 성원 속에 파급되어 가자 긴급조치와 비상군법회의라는 최후의 수단으로 커다란 과오를 범하고 있다. 1·8 긴급조치로 억누르며 가증스럽게도 빛좋은 개살구 같은 미봉책으로 국민을 회유하고 있다.

一. 1·8 긴급조치를 즉각 철회하라.

一. 유신헌법을 철회하라.

一. 언론집회의 자유를 보장하라.

조국의 내일을 위한 제도적 보장에 우리는 무한한 투쟁을 불사한 것을 맹세한다."

라는 요지의 글을 낭독하고 다시 이를 부연설명하는 발언을 한 다음 위 3개항을 선창하면서 학생들에게 복창시키고, 상 피고인 황규천의 동 선언문에 대한 찬성발언을 들은 다음 실력행사 여부를 투표로 결정하는 상 피고인 문병수의 발언을 받아들여 무기명 투표를 실시함에 즈음하여 피고인들은 모두 찬성투표를 한 후, 피고인 고영하가 투표결과 찬성 58, 반대 29, 기권 7로서 유신헌법 및 긴급조치 철회를 위한 실력행사에 돌입하기로 결정되었다고 선언한데 이어서 피고인 이상철이 등단하여 동 고영하의 주장에 찬성발언을 하면서 실력행사에 들어갈 것을 주장하고,

2. 피고인 황규천은 전시 1항 기재일시 장소에서 상 피고인 고영하의 발언이 끝나자 교단에 등단하여 동월 21일 19시경 서울 마포구 동교동 소재 고모부 김동찬 집에서 작성하려 미리 가지고 온 유신헌법 및 긴급조치 반대 취지문인 "정부는 북괴의 도발우려가 없음에도 불구하고 긴급조치를 선포, 긴박감을 조성하고 있다"는 요지의 글을 낭독한 후, 실력행사 여부를 정하는 위 투표에서 찬성투표를 하고,

3. 피고인 문병수는 전시 1항 기재일시 장소에서 상 피고인 황규천의 발언이 끝난 후 자리에서 일어서서 상 피고인 고영하의 주장에 찬성한다는 취지의 발언을 한 후 실력행사 여부를 투표로 결정하자고 제의하여, 그 투표에서 찬성투표를 하고

4. 피고인 김석경은 전시 1항 기재일시 장소에서 실력행사 여부를 결정하

는 위 투표에서 찬성투표를 한 후, 상 피고인 이상철의 발언에 이어 상 피고인 고영하의 발언에 찬성한다는 취지의 발언을 함으로써

피고인들은 각 대한민국 헌법을 반대하고, 이를 선동하는 동시 대통령 긴급조치 제1호를 비방한 것이다.

증거를 살피건대, 피고인들의 판시 각 소위는,

1. 피고인들이 이 법정에서 한 판시 사실에 부합되는 각 진술 부분.
1. 검찰관 및 사법경찰관 사무취급 작성의 피고인들에 대한 각 피의자 신문조서 중 판시 사실에 부합되는 각 진술 기재부분.
1. 검찰관 작성의 참고인 임창섭에 대한 진술조서 및 사법경찰관 사무취급 작성의 참고인 김춘규, 유재덕, 정진호 등에 대한 각 진술조서 중 판시 사실에 부합되는 각 진술 기재부분.
1. 이창섭, 임창섭, 박윤곤, 장동산, 박태영, 곽인회, 정진호, 최동인, 박성만, 최성규, 유재덕, 김달수가 작성한 각 자필 진술서 중 판시 사실에 부합되는 각 진술 기재부분.
1. 압수된 선언문 초안 1매(증 제1호), 선언문 원문 1매(증 제2호), 투표지 용매 8매(증 제3호), 유신헌법 및 1.8조치 반대취지문 50조각(증 제4호)의 각 현존 사실.

등을 조합하면 모두 그 증명이 충분하다.

법률에 비추건대, 피고인들의 판시 각 소위 중,

(가) 대한민국 헌법을 반대한 점은 대통령 긴급조치 제1호의 5.1에,

(나) 헌법반대를 선동한 점은 동 조치의 5.4에

(다) 동 조치를 비방한 점은 동 조치의 5에 각 해당하고

그 중 피고인 고영하, 동 이상철, 동 서준규, 동 김향은 공동하여 위 각 죄

를 범하였으므로 각 형법 제30조에 해당하는 바, 피고인들의 위 수죄는 1개의 행위가 수 개의 죄에 해당하는 이른바 상상적 경합범의 경우이므로 형법 제40조, 제50조에 따라 죄질이 가장 중한 위(가)의 대한민국 헌법을 반대한 죄에 정한 형으로 각 처단하기로 하고 그 소정 형기 범위 안에서 피고인 고형하, 동 황규천을 각 징역 10년에, 동 이상철, 동 문병수, 동 김석경을 각 징역 7년에, 동 서준구, 동 김향을 각 징역 5년에 처하고 형법 제57조에 의하여 이 판결 선고전 구금 일수 중 9일을 피고인들에 대한 위 각 징역형에 산입하고, 압수된 선언문 초안 1매(증 제1호), 선언문 원문 1매(증 제2호), 투표지 용매 8매(증 제3호), 유신헌법 및 1.8조치 반대취지문 50조각(증 제4호)는 피고인들이 판시 각 범행에 제공한 물건으로서 범인 이외의 자의 소유에 속하지 아니하므로 형법 제48조 제1항 제1호에 의하여 이를 각 몰수하는 것이다.

이상의 이유로 주문과 같이 판결한다.

1974년 2월 2일

비상보통군법회의

2심 비상고등군법회의와 3심 대법원의 판결도 크게 다르지 않았다.[48] 1974년 3월 2일 비상고등군법회의는 긴급조치 제1호를 위반한 혐의를 그대로 인정했다. 다만 형량이 일부 감형되어 고영하, 황규천은 징역 7년형을, 이상철, 문병수, 김석경은 징역 5년형을 선고받

---

48 변호인들의 기억에 따르면, 1심의 판결문과 2심, 3심의 그것 사이에는 별다른 차이가 없었다. 위의 책, 3쪽.

았으며, 서준규, 김향은 징역 3년에 집행유예 5년을 선고받아 석방되었다.[49]

1974년 7월 16일 대법원은 비상고등군법회의의 선고를 최종 판결로 확정했다.[50] 2심의 재판관은 이세호李世鎬, 윤성민尹誠敏, 차규헌車圭憲, 문영극文永克, 박정근朴貞根, 정태균鄭泰均, 이진우李珍雨, 3심의 재판관은 이일규李一珪, 주재황朱宰璜, 김영세金英世, 이병호李丙浩였다.[51] 실형이 확정된 5인의 세브란스 학생들은 안양교도소, 영등포교도소 등에 수감되었다. 가족을 제외한 그 누구도 이들을 면회하지 못했다.[52]

구속학생 복권운동

긴급조치 제1호 위반 혐의로 실형을 선고받은 5명의 세브란스 학생들은 1975년 2월 15일 다른 긴급조치 위반자들과 함께 구속집행정지로 석방되었다.[53] 석방된 세브란스 학생들은 학업을 다시 이어나가고자

---

49 「긴급조치위반 구속교수와 학생 항소심 선고 공판 완결」, 『연세춘추』 1974년 10월 28일 1면.
50 「구속학생 14명 형확정」, 『연세춘추』 1974년 12월 2일 1면.
51 진실·화해를위한과거사정리위원회 편, 「2006년 하반기 조사 보고서」, 2006, 297쪽.
52 「고영하 구술」(구술일시: 2019년 5월 20일, 면담자: 신규환).; 「구속학생 면회 거절 당해」, 『연세춘추』 1974년 12월 2일 1면.
53 「국민에게 감사합니다」, 『경향신문』 1976년 2월 17일 7면. 이들을 포함하여 석방된 연세대학교 학생은 총 14명이었다. 「구속 교수, 학생 모두 석방」, 『연세춘추』 1975년 3월 3일 1면. 세브란스 학생 7명을 포함하여 긴급조치 제1호 위반 혐의로 구속된 연세대학교 학생은 총 17명이다. 관련 명단은 「항소심 선고 공판 완결」, 『연세춘추』 1974년 10월 28일 1면에서 확인할 수 있다.

했다.[54] 학교 당국도 그 뜻을 존중하여 이들을 구제할 방침이었다.[55] 『연세춘추』와 교수평의회 역시 그에 동조했다.[56] 그러한 학내 여론을 반영하여 연세대학교 교무위원회는 1975년 3월 13일 석방된 학생 전원의 복교를 결의했다.[57]

그러나 정권은 이들을 또 다른 시련의 길로 내몰았다. 구제 방침이 결정되자 문교부는 곧바로 박대선 총장 앞으로 계고장戒告狀을 보내 복교 철회를 요구했다.[58] 석방된 학생들의 정상적인 학업 이행을 결코 용납할 수 없다는 의사의 표현이었다. 이에 반발한 총학생회가 14일과 15일 양일에 걸쳐 비상학생총회를 열고 '비상사태'를 선포함에 따라 사태는 일촉즉발의 상태로 치달았다.[59]

세브란스 학생들도 분주히 움직였다. 1975년 3월 14일 의과대학 학생회는 의대 휴게실에서 '석방 학생 간담회'를 열고 석방된 학생들을 환영하는 한편 향후 대책을 논의했다. 그 결과 석방 학생들의 완전 복학을 관철할 때까지 노력을 경주하는 방향으로 의견이 수렴되었다. 목표를 달성하기 위한 구체적 방안으로는 독자적 차원의 투쟁과 총학생회와의 연대투쟁 병행이 제시되었다.[60]

---

54 「고영하 구술」(구술일시: 2019년 5월 20일, 면담자: 신규환).
55 「석방 교수, 학생 구제 방침」, 『연세춘추』 1975년 3월 3일 1면.
56 「석방 학생들의 조속한 복적」, 『연세춘추』 1975년 3월 10일 1면; 「석방 교수, 학생 구제 건의」, 『연세춘추』 1975년 3월 10일 1면.
57 「석방자 구제하기로 최종 결정」, 『연세춘추』 1975년 3월 17일 1면.
58 「문교부 계고장 보내 구제 방침 취소를 요구」, 『연세춘추』 1975년 3월 17일 1면.
59 「총단 비상학생 총회 개최」, 『연세춘추』 1975년 3월 17일 1면.
60 「석방학생간담회」, 『연세춘추』 1975년 3월 17일 7면.

정권의 의지는 확고했다. 3월 18일 문교부는 2차 계고장을 보내 복교 철회는 물론 박대선 총장의 해임까지 요구했다.[61] 연세대학교 구성원들의 결의도 굳건했다. 총학생회는 문교부장관을 향해 경고장을 보내는 것으로 응수하였으며, 3월 31일 박대선 총장은 고영하, 이상철, 문병수, 황규천, 김석경의 복교를 최종 허가했다.[62] 긴급조치 제1호 위반으로 제적된 대학생이 정상적으로 복교 처리된 유일한 사례였다.[63]

불행히도 석방된 세브란스 학생들이 맞이한 '봄'은 채 두 달을 넘기지 못했다. 정권은 지속적으로 총장 사퇴와 복교 취소를 압박하는 등 강공을 이어나갔다. 학생들은 실력행사를 불사하며 거세게 반발했다.[64] 그러나 한 대학의 구성원들이 지닌 힘만으로는 유신체제를 상대로 저항을 이어가는 데 한계가 있을 수밖에 없었다. 결국 4월 10일 박대선 총장은 사임을 택했고, 학교 당국은 시위 주도 학생 21명을 제적했다.[65] 학교는 4월 4일부터 47일간의 장기 휴강에 돌입했으며,[66] 복교된 세브란스 학생 5인도 다시 제적되었다. 제적 사유는 '장기결석'이었다. 이들은 '요시찰인'으로 분류되어 일상생활까지 항구적 감시 상

---

61 「문교부 2차 계고장 발송」, 『연세춘추』 1975년 3월 24일 1면.
62 「총단, 문교장관에 경고장」, 『연세춘추』 1975년 3월 24일 1면; 「박대선 총장 사임서 수리」, 『연세춘추』 1975년 4월 14일 1면.
63 「고영하 구술」(구술일시: 2019년 5월 20일, 면담자: 신규환).
64 「8천 연세인 분노 폭발」, 『연세춘추』 1975년 4월 14일 1면.
65 「박대선 총장 사임서 수리」, 『연세춘추』 1975년 4월 14일 1면; 「데모 주동 학생 21명 제적」, 『연세춘추』 1975년 4월 14일 1면.
66 「본 대학교 자진 휴강」, 『연세춘추』 1975년 4월 14일 1면.

태에 놓였다.[67]

'겨울'이 찾아옴에 따라 복학의 길은 더욱 요원해졌다. 1975년 5월 13일 박정희는 긴급조치 제9호를 선포하여 헌법을 부정, 반대, 왜곡, 비방하는 행위는 물론 그것의 개정이나 폐지를 주장, 청원하는 행위까지 일절 금지했다. 해당 조치를 위반할 경우, 영장 없이 체포되어 1년 이상의 유기징역에 처해지는 상황을 감내해야 했다.[68] 바야흐로 일체의 정치적 자유가 사라진 '겨울 공화국'의 시대가 찾아온 것이었다. 세브란스의 학생운동은 침묵 속에서 '봄'의 도래를 기다려야 했다. 긴급조치 제1호 위반 사건에 관여한 세브란스 학생들도 '서울의 봄'이 찾아온 1980년 1월 22일에 이르러 비로소 복교할 수 있었다.[69]

---

[67] 「고영하 구술」(구술일시: 2019년 5월 20일, 면담자: 신규환); 「문병수 구술」(구술일시: 2019년 4월 11일, 면담자: 신규환).

[68] 「대통령긴급조치 제9호」(1975.5.13. 제정).

[69] 「긴급조치 위반 교수, 학생 학교로 다시 불러들여」, 『연세춘추』 1980년 1월 7일 1면.

세브란스 학생축제, 세란제

대학 축제는 기획부터 성행에 이르는 전 과정에 걸쳐 학생들을 결집시킴으로써 일종의 소속감을 부여한다. 또한 축제 속에서 향유하는 '일탈'과 '해방'의 경험은 학생들의 삶에 활기를 불어넣는다.[70] 따라서 학생 축제는 당대 대학생들의 역동성을 응축한 집결체로서의 위상을 지니게 된다. 바꾸어 말하면, 학생축제에 대한 이해 없이 학생운동을 온전히 파악하는 데에는 일정한 한계가 뒤따른다.

세브란스 역시 이로부터 예외가 아니다. 세브란스 학생들은 오랜 기간에 걸쳐 '세란제'의 전통을 주조, 축적해왔으며, 그 유산은 지금까지 계승되고 있다. 이에 세란제는 세브란스 학생들이 주체적·자율적 존재로 성장해나간 과정을 방증하는 하나의 근거가 되며, 그로부터 세란제의 역사와 특징을 간략하게나마 개괄할 필요성이 제기된다.

세브란스의 연례 연극행사 '분극의 밤Stunt Night'이 1925년에 시작되었다고 명확하게 전해지는 것과 달리, 첫 '세란제'가 개최된 시점은 아직 명확하지 않다.[71] 다만 당대 다른 대학의 사례를 고려하면, 세란제 역시 4월 혁명 이후 대학 학생운동이 활발해지면서 본격적으로 자리를 잡았을 가능성이 높다.[72] 실제로 1961년 10월 세브란스 학생들은 자체 행사로 '의대의 밤'을 기획하였는데, '분극의 밤', '문학과 음악의 향연' 등을 비롯한 구성상의 공통점, 그리고 축제가 열린 시점(10월)을 미루어보아, 이를 세란제의 전신으로 간주하여도 무방하다.[73]

---

70 오제연, 「1960년대 한국 대학축제의 정치풍자와 학생운동」, 『사림』 55, 2016, 368-369쪽.
71 「'의대의 밤' 준비에 분망」, 『연세춘추』 1961년 10월 16일 1면.
72 오제연, 앞의 글(2016), 369쪽.
73 「'의대의 밤' 준비에 분망」, 『연세춘추』 1961년 10월 16일 1면.

1966년에는 공식 명칭으로 '세브란스 축제'를 내건 최초의 학생 행사가 열렸다.[74] 이 해 세브란스 학생들은 10월 10일부터 29일까지 약 20여 일에 걸쳐 음악회, 운동회, 학술심포지움, 분극의 밤, 사진전, 시화전 등의 행사를 차례로 거행하였으며, 그와 함께 제1회 '카니발'도 성황리에 개최했다.[75] 이때 정립된 기본틀이 지금까지 큰 변동 없이 유지되고 있음을 고려하면, 1966년의 축제는 실질적 의미의 첫 세란제로서 각별한 의의를 지닌다.

이후 세란제는 학술제, 예술제, 체육제, 분극의 밤, 카니발 등으로 구성된 형식을 유지하며 세브란스 학생들의 연례 축제로 정착했다. 특히 의과대학 학생회는 세란제를 준비하고 거행하는 주체로서 각고의 노력을 기울였다. 때로는 그 범위가 확장되어 간호대, 치과대와 함께 세란제를 준비한 경우도 있었다. 예를 들어 1969년 세란제는 의과대와 간호대의 합동행사로 치러졌으며, 1970년 세란제 역시 의·치·간 3개 단과대학의 공동기획으로 준비되었다.[76]

일체의 학생운동이 금지된 유신체제하에서도 세란제는 명맥을 이어나갔다.[77] 유신체제가 세란제와 같은 학생축제를 어떠한 시선으로 바라보고 있었는지 그 실상을 확인하기는 어렵다. 다만 유신정권이라 하더

---

[74] 단, 1980년대 세브란스 학생들은 1885년 광혜원 설립을 세란제의 기점으로 간주했다. 예를 들어, 1985년 개최된 학생축제는 '제100회 세란제'로 일컬어졌다. 「창립 1백주년 세란축전」, 『연세춘추』 1985년 9월 16일 1면.

[75] 「세브란스 축제 폐막」, 『연세춘추』 1966년 10월 31일 1면.

[76] 「10일부터 세브란스 축제」, 『연세춘추』 1969년 11월 10일 1면; 「세브란스 축제 막올려」, 『연세춘추』 1970년 10월 19일 1면.

[77] 「'세브란스 축제' 개막」, 『연세춘추』 1973년 10월 29일 1면; 「창립 90주년 무악 축전 개막」, 『연세춘추』 1975년 10월 27일 1면; 「세브란스 축제 개최」, 『연세춘추』 1976년 10월 11일 1면; 「각 단과대학 축제 준비 한창」, 『연세춘추』 1977년 10월 17일 1면.

표 5-1   1970년 세란제 개요

행사	일시	장소	비고
사진전	10월 19-25일	삼풍상가 3층 새한화랑	주제: 인턴의 24시간
시화전	10월 19-25일	의대 로비	
문학 강연회	10월 20일	강당	강연자: 최인훈, 김현승
분극의 밤	10월 21-23일	의대 강당	1학년: 어떤 취침 시간 2학년: 거리의 가수 3학년: 미운 오리 새끼
음악회	10월 26일	의대 강당	세브란스 합창단 발표
체육대회	10월 27일		
카니발	10월 28일	의대 강당, 학생회관	

표 5-2   1985년 세란제 개요

행사	일시	장소	비고
개막제	9월 16일	의대 강당	
영화상영	9월 17일	의대 2층 1학년 교실	상영 영화: 낮은 데로 임하소서
모의재판	9월 17일	의대 강당	주제: 의과대학 학내 분위기와 의료문제
민속제, 체육제	9월 18일	치대 앞 운동장	
분극의 밤	9월 19-20일	의대 강당	1학년: 전쟁터에 산책 2학년: 영원한 합창 3학년: 일어나라 알버트
학술제	9월 21일	의대 지하 2학년 교실	
놀이마당	9월 21일	의대 종합관, 노천극장	

라도, 노골적으로 정치적 성격을 드러내지 않는 한, 학생축제까지 제지할 명분은 없었을 가능성이 높다. 오히려 학생축제와 같은 최소한의 일탈과 해방마저 봉쇄한다면, 유신체제에 대한 학생들의 반감이 더욱 고조될 개연성도 적지 않았다.

1980년대 전두환정부 역시 비슷한 기조를 유지하였던 것으로 보인다. 큰 변동 없이 세란제의 전통이 지속적으로 유지되었기 때문이다.[78] 그러나 1980년대 중반에 들어서며 학생운동이 재차 고조됨에 따라 세란제 역시 그 정치적 성격을 점진적으로 강화해나갔던 것 같다. 특히 6월 민주항쟁 직후 개최된 1987년 세란제는 표어로 "통일의 함성으로 힘찬 들춤을"을 내걸어 그 정치적 지향점을 분명히 드러내었다.[79] 이러한 변화를 염두에 둔다면, 1980년대 세란제는 세브란스 학생들의 정치적 성장과 보조를 같이하며 그 자양분을 제공하는 역할을 담당하였을 것이라는 추측도 가능하다.

---

[78] 「단과대 축제 줄이어」, 『연세춘추』 1982년 10월 4일 1면; 「98주년 '세브란스 축전'」, 『연세춘추』 1983년 9월 26일 7면; 「창립 99주년기념 세란축전」, 『연세춘추』 1984년 9월 24일 1면; 「창립 1백주년 세란축전」, 『연세춘추』 1985년 9월 16일 1면; 「세란축전 오늘부터」, 『연세춘추』 1986년 9월 22일 1면.

[79] 「의과대 내일부터 세란축전」, 『연세춘추』 1987년 9월 21일 1면.

6부

1980년대 세브란스의 학생운동

1

1980년대 학생운동의 배경과 경과

'서울의 봄'과 5·17쿠데타

1979년 10월 26일 청와대 옆 궁정동 안가에서 박정희 대통령이 김재규金載圭 중앙정보부장에 의해 피살되었다. 그것은 곧 유신체제의 종언을 의미했다. 오직 박정희 개인의 철권통치를 뒷받침하기 위해 기획된 체제였기에, 누구도 그를 대체할 수 없었다. 국무총리 최규하崔圭夏가 대통령권한대행을 거쳐 1979년 12월 21일 제10대 대통령에 취임하였지만, 그 스스로 공언한 바와 같이 새 헌정체제 수립까지의 과도기를 잠시 관리할 뿐이었다.[1] 유신의 상징과도 같던 긴급조치 역시 1979년 12월 8일 자정을 기해 해제되어, 해당 조치 위반 혐의로 구속되어 있던 68명도 함께 석방되었다.[2]

---

1 「새 헌법 마련 1년 소요」,『경향신문』1979년 12월 21일 1면.
2 「대통령긴급조치 제9호 해제(안)」,『국무회의록』, 1979년 12월 7일 ;「긴급조치9호 해제 구

새로운 민주공화국의 수립이 한국 사회의 핵심 과업으로 부상하자, 그에 부응하여 개헌 논의도 활성화되었다. 정치권에서는 김대중, 김영삼金泳三을 중심으로 하는 야당이 개헌 추진을 본격화하였으며, 최규하정부와 민주공화당도 이를 대세로 수용하며 논의에 참여했다. 1980년 2월 절충된 시안에 따르면, 새 헌법은 대통령중심제의 기본 골격을 유지하되 유신헌법의 독소조항을 대거 삭제했다. 통일주체국민회의에 의한 대통령 간접 선출을 국민의 직접 선출로 대체하였으며, 유신헌법의 기본권 유보조항과 대통령 긴급조치권을 폐지했다.[3] 진정한 민주공화국을 향한 열망이 점차 구체화되고 있었다.

학생사회도 희망을 되찾았다. 학도호국단의 통제하에 질식된 학원의 자유를 소생시키고, 더 나아가 한국 사회의 민주화 이행에 선도적 역할을 수행해야 한다는 여론이 무르익어갔다.[4] 특히 연세대학교에서는 제적생의 복학과 해임 교수의 복직을 계기로 변혁적 분위기가 급격히 고조되었다. 1979년 12월 11일 연세대학교 교무위원회는 정치적 사유로 해임된 교수의 복직을 의결하였고, 같은 달 19일 학칙개정소위원회도 긴급조치 위반 혐의로 구속, 제적된 학생 56명을 복학시키는 안을 사실상 통과시켰다. 1974년 긴급조치제1호위반사건 당시 정권의 강압으로 내려진 고영하, 문병수, 황규천, 김석경, 김향, 서

속자 68명 석방」,『동아일보』1979년 12월 8일 1면.
3 「큰 분쟁 소지 없는 공화·신민 개헌안」,『경향신문』1980년 2월 11일 3면.
4 민주화운동기념사업회 한국민주주의연구소 편,『한국민주화운동사』3, 돌베개, 2010, 54-55쪽.

준규, 이상철에 대한 제적 조치도 이때 해제되었다.[5] 명실공히 유신의 종언과 자유의 도래를 알리는 사건이었다. 그에 힘입어 지하에 잠복했던 '서클'(동아리)들도 공개활동을 모색하기 시작했다.[6]

연세대학교 학생운동의 부활은 새로운 학생자치조직의 출범, 즉 총학생회의 등장으로 완성되었다. 1980년 1월 24일 총학생회 부활을 지지하는 학생들이 학원민주화추진위원회 실행위원회를 구성하였으며, 해당 위원회는 곧 회칙 작성, 학내 여론 수렴을 비롯한 준비 작업에 착수했다.[7] 학도호국단 역시 향후 구성될 총학생회에 모든 권한과 책임을 이양할 것을 결의하는 내용의 성명을 발표했다.[8] 마침내 1980년 3월 13일 총학생회의 구성을 규정한 회칙이 공포되었으며, 그에 힘입어 연세대학교 학생들은 자유로운 선거를 통해 3월 27일 정치외교학과 4학년 박광호를 회장으로 하는 총학생회를 출범시켰다. 같은 시기 의과대학에서도 4학년 최승호崔勝皓(1982)를 학생회장으로 선출하며 학생자치조직을 재편했다.[9]

총학생회와 각 단과대학 학생회는 자유와 민주주의를 향한 연세대학교 학생들의 의지를 수렴, 결집하며 민주화운동을 선도했다. 그 구체적 결과물이 1980년 5월의 '민주화대행진'이었다. 본래 총학생회

---

5 「긴급조치 위반 교수 학생 학교로 다시 불러들여」, 『연세춘추』 1980년 1월 7일 1면.
6 「비등록 서클 공인화 움직임」, 『연세춘추』 1980년 1월 7일 7면.
7 「작은 보람 뒤 흘리고 만 눈물」, 『연세춘추』 1980년 3월 17일 7면.
8 「호국단 성명서 발표」, 『연세춘추』 1980년 3월 3일 1면.
9 「총학생회칙 공포돼」, 『연세춘추』 1980년 3월 17일 1면; 「어려움 뚫고 총학생회 출범」, 『연세춘추』 1980년 3월 31일 1면.

자료 6-1　1980년 5월 연세대학교 민주화대행진

가 계획한 행사는 1885년 제중원 설립을 기념하는 '아흔다섯 돌 기림 무악 큰잔치'였다. 그러나 5월 3일 총학생회는 전격적으로 '민주화 큰 잔치'의 개최를 선언했다. 한국 사회의 민주화를 더욱 촉진하기 위한 결단이었다.[10] 이에 1980년 5월 6일부터 10일에 이르는 닷새가 '민주화대행진' 기간으로 선언되었다.

　연세대학교 학생들은 민주화대행진 기간 내내 교내 각지에서 비상계엄의 철폐, 군의 원대 복귀 등을 요구하며 시위 및 농성을 전개했다. 세브란스 학생들도 각 단과대학 학생회를 중심으로 그 흐름에 합세했다. 의과대학, 치과대학, 간호대학을 비롯한 총 6개 단과대학 학생회는 5월 7일 오후 2시 연세대학교 노천극장에서 열린 제2차 비

10　「6일(화)에 비상학생총회」, 『연세춘추』 1980년 5월 5일 1면; 「우리나라의 형편을 생각한 결정」, 『연세춘추』 1980년 5월 5일 7면.

상학생총회에 참여하여 결의문을 발표한 후, 철야농성에 돌입했다.¹¹

 5월 중순에 이르러 연세대학교 학생운동은 타 대학의 그것과 결합하며 영역을 더욱 넓혀갔다. 본래 5월 초순까지만 하더라도 전국 주요 대학 총학생회 간부들은 각각의 캠퍼스를 중심으로 하는 교내 시위로 활동반경을 국한했다.¹² 그러나 사회 각계각층의 요구에도 불구하고 비상계엄은 해제되지 않았다. 그와 함께 보안사령관 겸 중앙정보부장 서리 전두환全斗煥을 근원지로 하는 불온한 분위기가 점차 엄습했다. 이에 사태의 추이를 주시하던 전국 33개 대학 총학생회장단은 13일 저녁부터 14일 새벽까지 격론을 벌인 끝에 대규모 가두시위

---

11 「선언문 채택 연대·외대 '시국' 성토」, 『경향신문』 1980년 5월 6일 7면; 「철야농성하며 민주화 위한 평화적 시위」, 『연세춘추』 1980년 5월 12일 1면; 「민주화 대행진 행사 일지」, 『연세춘추』 1980년 5월 12일 7면.

12 「전국 23개대 총학생회 '시국' 선언 "시위 당분간 교내서 평화적으로"」, 『경향신문』 1980년 5월 10일 7면.

돌입을 결정했다.[13]

5월 14, 15일 양일에 걸쳐 전국 각지의 대학생 10만여 명이 가두로 진출했다. 주요 대학이 밀집한 서울의 경우, 서울역을 중심으로 7만여 명의 학생이 운집하여 비상계엄의 해제, 조속한 민주화 이행, 전두환의 퇴진 등을 촉구했다. 연세대학교 학생들도 이화여대, 숙명여대, 명지대, 홍익대, 서강대 학생들과 대오를 결성하여 신촌을 출발, 공덕동과 만리동을 거쳐 서울역으로 나아갔다.[14] 이른바 '서울의 봄'의 절정이었다.

그런데 서울 시내 총학생회장단은 5월 16일 돌연 '회군'을 결의했다. 대학생들의 요구가 사회에 충분히 전달되었다는 판단이었다.[15] 그러나 이는 오산으로 드러났다. 5월 17일 '신군부新軍部'는 최규하정부를 압박하여 전격적으로 비상계엄을 전국에 확대했다.[16] 곧이어 공포된 계엄포고령 제10호는 일체의 정치활동을 전면 금지하여 민주화 논의를 폭력적으로 봉쇄했다. 그와 함께 국내의 전 대학도 강제 휴교에 돌입했다.[17]

---

13 「가두진출로 결론」,『경향신문』1980년 5월 14일 7면;「가두시위 결행 대학생대표 결의」,『매일경제』1980년 5월 14일 7면.
14 「서울 시내 대학 거의 가두진출」,『동아일보』1980년 5월 14일 7면;「심야해산… 날 밝자 다시 가두로 도심까지 파상데모」,『동아일보』1980년 5월 15일 6-7면.
15 「가두·교내시위 일단 중단」,『동아일보』1980년 5월 16일 7면.
16 「비상계엄 선포(안)」,『국무회의록』, 1980년 5월 17일.
17 「포고령10호 전문」,『경향신문』1980년 5월 18일 호외 2면.

계엄포고령 제10호

1. 1979년 10월 27일에 선포한 비상계엄이 계엄법 규정에 의하여 1980년 5월 17일 24시를 기하여 그 시행 지역을 전 지역으로 변경함에 따라 현재 발효 중인 포고를 다음과 같이 변경한다.

2. 국가의 안전보장과 공공의 안녕질서를 유지하기 위하여

    가. 모든 정치활동을 중지하며 정치 목적의 옥내외집회 및 시위를 일체 금한다. 정치활동목적이 아닌 옥내외집회는 신고를 하여야 한다. 단, 관혼상제와 의례적인 비정치적 순수종교행사의 경우는 예외로 하되 정치적 발언은 일체 불허한다.

    나. 언론·출판·보도 및 방송은 사전검열을 받아야 한다.

    다. 각 대학(전문대학 포함)은 당분간 휴교 조처한다.

    라. 정당한 이유 없는 직장이탈이나 태업 및 파업행위를 일체 금한다.

    마. 유언비어의 날조 및 유포를 금한다. 유언비어가 아닐지라도

    ① 전·현직 국가원수를 모독 비방하는 행위

    ② 북괴와 동일한 주장 및 용어를 사용, 선동하는 행위

    ③ 공공집회에서 목적 이외의 선동적 발언 및 질서를 문란시키는 행위는 일체 불허한다.

    바. 국민의 일상생활과 정상적 경제활동의 자유는 보장한다.

    사. 외국인의 출입국과 국내 여행 등 활동의 자유는 최대한 보장한다.

본 포고를 위반한 자는 영장 없이 체포, 구금, 수색하여 엄중 처단한다.

1980년 5월 17일 계엄사령관 육군 대장 이희성

이는 전두환의 보안사령부가 정치권과 학생사회의 동향을 면밀히

주시하며 다듬어온 집권 계획의 일환이었다.¹⁸ 신군부는 본래 박정희의 비호하에 군부 내에서 성장을 거듭해온 소장小將 군인으로, 유신 말기에는 사조직 '하나회'를 기반으로 긴밀히 결속하며 군의 요직을 사실상 장악한 상태였다. 유신체제의 급속한 붕괴는 이들에 대한 정치적 통제를 결정적으로 이완시켰고, 권력의 공백을 포착한 신군부는 그 공간 속에서 군을 중심으로 하는 권위주의 정권의 재창출을 기도했다.

신군부의 계획은 1979년 말부터 약 1년여에 걸쳐 단계적으로 실현되어 갔다. 먼저 1979년 12월 12일의 군사반란으로 군부 내의 온건파가 제거되었다. 당시 정승화鄭昇和 육군참모총장 겸 계엄사령관을 중심으로 하는 수뇌부는 군의 정치적 중립을 견지하고 있었고, 이는 신군부의 정치 개입을 억제하는 족쇄가 되었다. 이에 신군부는 반란을 일으켜 그들을 거세하고 군의 주도권을 장악했다.¹⁹

5월 17일의 쿠데타는 신군부의 군부 내 권력을 한국 사회 전 영역으로 확장하기 위해 기획된 것이었다. 계엄의 전국 확대와 동시에 신군부는 대학생에 대한 대대적인 탄압에 돌입, 주요 학생운동 지도자들을 대거 체포했다. 정권이 내세운 명분은 학생소요의 '폭동화'였다.²⁰ 야당도 직격탄을 맞았다. 신군부는 내란음모 혐의를 조작하여 김대중을 구속하였으며, 이어서 김영삼도 자택에 연금했다. 신군부의 독주에

---

18 정주신, 「10,26 이후 "서울의 봄" 과정과 민주화의 좌절」, 『동북아연구』 23-2, 2008, 79-80쪽.
19 민주화운동기념사업회 한국민주주의연구소 편, 앞의 책, 42-44쪽.
20 「계엄사발표 부정축재·소요조종혐의-26명 조사」, 『경향신문』 1980년 5월 18일 1면.

맞서 광주 시민들이 민주주의의 수호를 외치며 약 열흘간의 저항을 이어갔으나, 익히 알려진 바와 같이 폭력적으로 진압되고 말았다.

무력과 폭력으로 반대 세력을 일소한 신군부는 본래 구상한 계획을 그대로 밀고나갔다. 1980년 5월 31일 초법기관 국가보위비상대책위원회國家保衛非常對策委員會를 설치하여 최규하 대통령의 실권을 사실상 박탈하였으며, 최종적으로는 1980년 8월 16일 전두환이 그를 대신하여 대통령에 취임했다.[21] 마침내 전두환은 1981년 3월 3일 유신헌법의 기본 골격을 유지한 새 헌법에 근거하여 대통령으로 취임, '제5공화국'의 시대를 열었다.[22] 한국 사회의 민주주의는 다시 극도로 억압되었으며, 학생운동은 짧은 자유를 뒤로 하고 다시 탄압의 시대에 돌입했다.

학원자율화조치 전후의 연세대 학생운동

1980년 5월 17일 전격적인 비상계엄의 전국 확대와 더불어 취해진 휴교 조치는 1980년 9월에 이르러 비로소 해제되었다.[23] 그러나 정권은 졸업정원제를 강행하여 학생 간의 소모적 경쟁을 조장하는 한편, 사복경찰을 캠퍼스에 상주시키며 상시적인 감시 태세를 유지했다.

---

[21] 「국가보위비상대책위원회설치령(안)」, 『국무회의록』, 1980년 5월 27일; 「국가보위비상대책위원회설치령」(1980.5.31.); 「제11대 전두환대통령 당선 9월 1일 취임 동시 새 내각 발족」, 『경향신문』 1980년 8월 27일 1면.

[22] 「12대 대통령 내일 취임식」, 『동아일보』 1981년 3월 2일 1면.

[23] 「연세 동산에서 다시 만나다」, 『연세춘추』 1980년 9월 15일 1면.

10·26 이후 해체되었던 학도호국단도 부활하여 학원의 자유를 통제하는 역할을 수행했다.[24] 제5공화국 수립 이래로 1983년 말에 이르기까지 학생운동은 침체를 면하지 못했다.

하지만 학생들은 제한적인 차원에서나마 저항을 이어갔다. 제5공화국은 그 자체로 민주주의를 향한 한국 사회의 열망에 근본적으로 역행하는 체제였던 데다가, 집권 과정에서 광주에서의 학살을 비롯한 대규모 폭력을 수반했기 때문이다. 전두환정부의 출범을 명분 없는 부당한 집권으로 간주하는 이상, 학원을 철저히 통제하더라도 학생들의 저항 의지를 완전히 꺾을 수는 없었다.

학생들의 의지는 산발적이면서도 자기희생적인 교내 시위로 표출되었다. 일반적으로 1980년대 초의 교내 시위는 일부 선도적인 학생들이 시위를 주동하면 대규모의 학생들이 운집하며 순식간에 대규모 움직임으로 발전하는 형태를 취했다. 물론 이는 개인의 한계를 넘어서는 결단과 희생을 요구했다. 시위 주동은 곧 제적과 구속을 의미했기 때문이다. 실제로 1980년 교내에서 유인물을 살포한 치의학과 3학년 김영환, 허욱, 전영찬, 간호대학 1학년 주미경 등이 제적되었으며, 1981년에도 같은 이유로 총 6명의 연세대학교 학생이 동일 처분을 받았다.[25] 1982년 6월 8일 도서관 앞 대규모 시위의 단초를 마련한 윤평호 등 4명, 같은 해 9월 21일 공개적으로 학원 자율화 보장을

---

[24] 「학도호국단 다시 생겨나」, 『연세춘추』 1980년 9월 15일 7면.
[25] 「지난해 교내 시위로 여섯 명 제적」, 『연세춘추』 1982년 1월 4일 7면; 「시위 관련 제적생 복교조치에 따른 우리 대학교 복교대상자 모두 92명」, 『연세춘추』 1984년 1월 2일 11면.

요구한 치의학과 4학년 김희준, 그리고 1983년 11월 9일 교내 시위를 주동한 치의학과 1학년 박장근도 구속을 피하지 못했다.[26]

전두환정부의 폭압적 통치가 거듭될수록, 그에 비례하여 학생들의 저항의식도 성장을 거듭했다. 그중에서도 특히 강제 입대는 연세대학교 1학년 정성희鄭星熙의 의문사와 결부되어 더욱 큰 문제로 부각되었다. 주지하듯이 전두환정부는 '문제학생'들을 직권으로 입영시키는 '녹화사업綠化事業'을 전개하며 강제 입대자들을 대상으로 이른바 '프락치 행위'를 강요했다.[27] 정성희는 그 대표적 희생자 중 한 명이었다. 그는 1981년 11월 25일 교내 시위에 참여하였다가 연행되어, 사흘 후 육군에 강제 징집되었다. 그리고 보안부대의 지속적인 프락치 강요에 시달린 끝에 1982년 7월 23일 근무하던 초소 근처에서 시신으로 발견되었다.[28] 학우의 의문사를 접한 연세대학교 학생들로서는 정권에 대한 비판적 문제의식을 키워나갈 수밖에 없었다.

1983년에 이르러 상황은 더욱 악화되었다. 1983년 기준 연세대학교에서 최소 11번의 교내 시위가 발생했고, 그로 말미암아 22명이 구속되고 30명이 연행되었다. 학생들의 요구 사항은 구속 학생 석방, 졸업정원제 폐지, 강제 입대 철회 등이었다.[29] 억압으로는 학원을 통

---

26 「윤평호군 등 네 명 지난 12일 구속돼」, 『연세춘추』 1982년 6월 14일 1면; 「시위구속학생 실형언도」, 『연세춘추』 1982년 9월 6일 7면; 「우리대학교학생 교내시위벌여」, 『연세춘추』 1982년 9월 27일 3면.
27 민주화운동기념사업회 한국민주주의연구소 편, 앞의 책, 175-176쪽.
28 대통령소속 의문사진상규명위원회, 「정성희 사건(진정 제62호, 1982년)」, 『의문사진상규명위원회 활동 보고서』 II, 대통령소속 의문사진상규명위원회, 2002, 355-366쪽.
29 「어려웠던 지난 한 해를 딛고 새해의 발걸음은 시작됐군요」, 『연세춘추』 1984년 1월 2일 3면.

자료 6-2
녹화사업 희생자를 추모하는 선전물. 위 자료의 윗줄 가운데에 있는 인물이 정성희이다.

제할 수 없다는 사실이 분명해졌다. 전두환정부의 폭압적 행태를 바라보는 국제사회의 시선도 냉담했다.[30]

이에 전두환정부의 1983년 12월 21일 이른바 '학원자율화조치'를 발표했다. 1980년 5월 17일 이후 제적된 1,363명에 대해 복교를 허용하였으며, 구속 학생 158명을 석방했다. 학원에 상주하던 경찰도 교외로 철수했다. 학원정책의 기조를 전환한 것이었다. 그에 따라 연세대학교에서도 김영환, 허욱, 전영찬, 주미경, 김희준, 박장근 등 총 92명이 석방, 복교되었다.[31]

정권의 통제가 한 단계 이완되자, 그로부터 창출된 일말의 정치적 자유를 활용하여 연세대학교 학생들은 '학원자율화투쟁'을 전개했다. 학원으로부터 일체의 정치적 압력과 통제를 구축驅逐하여 민주적 학생운동의 기반을 조성하기 위한 움직임이었다. 재학생은 물론 제적생들도 연이어 '제적생총회'를 개최하며 이 흐름에 가세했다. 학원의 자유가 온전히 보장될 때 비로소 제적생의 복학도 '일회성 사면' 이상의 의미를 지닐 수 있었기 때문이다.[32]

학원자율화투쟁의 목표는 학도호국단의 해체와 총학생회의 건설로 수렴되었다. 그 중심에는 학원민주화추진위원회(이하 '학민추')가 있었다. 1984년 3월 16일 연세대학교 대강당에서 '학원민주화를 위한

---

30 민주화운동기념사업회 한국민주주의연구소 편, 앞의 책, 218쪽.
31 「시위 관련 제적생 복교조치에 따른 우리 대학교 복교대상자 모두 92명」, 『연세춘추』 1984년 1월 2일 11면; 「김보한군등 열여섯 명 풀려나」, 『연세춘추』 1984년 3월 5일 7면.
32 「두 번째 제적생총회 열려」, 『연세춘추』 1984년 3월 19일 1면.

학생총회'가 열려 '학원민주화추진위 구성을 위한 준비위원회'를 구성했다.[33] 준비위는 집행부-중앙협의회 체제를 골자로 하는 학민추 구성 방침을 공개하였고, 그에 근거하여 3월 29일 마침내 학민추가 출범했다.[34] 원주 의대에서도 3월 27일 단과대학 총회를 열고 학민추 구성을 위한 준비위원을 선출했다.[35]

학민추는 결성 당일부터 학원 자율화를 위한 움직임을 적극적으로 전개했다. 정부 기관원이 학내에 상주하며 학민추의 결성을 사찰하자, 철야농성에 돌입하여 학교 당국에 적극적으로 항의 의사를 표시한 것이다. 이에 학교가 학내 기관원의 존재를 시인하고 그에 대한 대책을 학민추와 함께 모색하는 취지의 안을 제시함에 따라 양자는 공동 명의의 합의서를 『연세춘추』에 게재했다.[36] 학생들의 기대에 부응하여 학민추가 분명한 성과를 거둔 셈이었다.

합의서[37]

3월 29일(목)의 사찰요원 사건에 관하여 학교 당국과 학생들 사이에는 다음과 같이 합의했다.

---

33 「학원민주화 추진위 구성」, 『연세춘추』 1984년 3월 19일 7면.
34 「'학민추' 구성방침 밝혀져」, 『연세춘추』 1984년 3월 26일 1면; 「학원 민주화 추진위 결성」, 『연세춘추』 1984년 4월 2일 1면.
35 「지난주 단대 총회 열려」, 『연세춘추』 1984년 4월 2일 7면.
36 「지난달 29일 학원자율화를 위한 철야농성」, 『연세춘추』 1984년 4월 2일 1면.
37 「합의서」, 『연세춘추』 1984년 4월 2일 1면.

1. 정부의 학내 기관원 철수조치 발표 이후에도 학원사찰이 계속되었던 바, 3월 29일의 학내 기관원 정탐사건은 그것을 명백히 반증했다. 학생들에 의해 발각된 기관원으로부터의 나온 분명한 증거물과 학생처에서 그 기관원이 상부로 보고하는 장면을 목격한 증인의 증언, 그리고 학교 당국의 확인으로 볼 때 그는 국가기관원임이 확실하다.
2. 이 사건에 관하여 학교 당국과 학민추는 보다 자세한 사실의 경위를 조사하여 4월 2일자 연세춘추와 YBS를 통해 공식 발표한다.
3. 학교 당국과 학민추는 이러한 학원사찰 사례에 대하여 깊은 유감의 뜻을 표하고 공동으로 해당 국가기관에 엄중한 항의서를 제출할 것이며, 앞으로 학원사찰에 대하여 성실하게 공동으로 대처, 해결해나갈 것이다.
4. 이번 학내 사찰요원 사건을 계기로 일어난 모든 사태는 그 직접적 원인이 학원사찰의 사실에 있으므로 이에 관계한 어떤 학생에게도 일체의 책임을 묻지 않는다.

1984년 3월 30일
연세대학교 학생처장 정원모
연세대학교 학원민주화추진위원회 위원장 이규희, 부위원장 김종철

학생들의 지지에 힘입어 학민추는 그 활동반경을 더욱 넓혀갔다. 1984년 4월 20일 교내에서 4·19기념행사가 열리자, 학민추는 녹화사업으로 의문사한 정성희의 추도식을 거행하며 학교 당국에 학원 민주화에 대한 분명한 입장을 요구했다. 이와 함께 학민추 위원 20여 명이 학생회관에서 5일간의 단식에 돌입했고, 이에 호응하여 3,000여 명의 학생이 학민추의 공식화, 강제 징집의 폐지 등을 주창하며 교내외에

자료 6-3 1984년 11월 연세대학교 의과대학에 진입하는 전경들

서 시위를 전개했다. 25일 학민추는 단식을 해제하고 학교 당국의 소극적 태도를 비판하는 취지의 '학내민주화부재선언'을 발표했다.[38] 그러한 분위기의 연장선에서 5월에는 폭력경찰 성토대회와 광주항쟁 4주년 기념식이 거행되었다.[39] 연세대학교 학생들의 비판의식이 정권 전반을 향해 확장되고 있었다.

학민추의 과업은 총학생회 출범으로 완수되었다. 학교 당국의 반대에도 불구하고 연세대학교 학도호국단과 기구대표자협의회는 1984년 2학기 총학생회 선거를 공식화했다.[40] 그 결과 9월 25일 송영

---

38 「학내민주부재 선언」, 『연세춘추』 1984년 4월 30일 1면; 「학원민주화를 향한 끊임없는 함성」, 『연세춘추』 1984년 4월 30일 7면.

39 「폭력경찰 성토대회 지난 11일 3천여 명 학생들」, 『연세춘추』 1984년 5월 14일 7면; 「16일부터 마당극·위령제 등 가져」, 『연세춘추』 1984년 5월 21일 1면.

40 「총학생회 선거 일정」, 『연세춘추』 1984년 9월 3일 1면.

길宋永吉을 회장으로 하는 연세대 총학생회가 공식 출범했다. 투표율이 약 65.1%에 이른 사실에서 나타나듯이, 총학생회는 연세대학교 학생들의 폭넓은 지지를 받았다.[41] 이에 1984년 9월 27일 학민추는 역사적 소임의 완수를 선언하며 발전적 해체를 발표했다.[42]

총학생회는 10월 30일 제1차 비상시국 학생총회를 개최하며 학내 여론을 수렴했다.[43] 세브란스 학생들도 그에 호응했다. 1984년 9월 의과대학 학도호국단과 치과대학 학도호국단은 총학생회 산하의 단과대 학생회로 편입할 것을 결의했다. 총학생회의 활동을 적극적으로 지지하겠다는 의사의 표현이었다.[44] 이는 같은 해 11월의 집단행동으로 표면화되었다. 후술하는 바와 같이 1984년 11월 5일 경찰이 총학생회장 송영길을 연행했을 때, 치과대학과 간호대학 학생회는 내부 토의를 거쳐 11월 8일부터 10일까지 사흘간 수업거부에 동참했다.[45] 비록 의과대학 학생회의 움직임은 확인되지 않으나, 일부 의대생들이 수업 거부를 요구한 사실, 그리고 의예과에서 수업 거부를 결의한 사실로 미루어보아 의과대학 내의 여론도 크게 다르지 않았던 것 같다.[46]

공개적으로 드러나지 않은 지하 이념서클의 활동까지 고려하면,

---

41 「총학생회장에 송영길군」,『연세춘추』1984년 10월 1일 1면.
42 연세대학교 학원민주화추진위원회,「학민추를 해산하며」, 1984년 9월 27일.
43 「지난 30일 비상시국 학생총회」,『연세춘추』1984년 11월 5일 7면.
44 「총학생회 부활 움직임 의치간 3개 대학도 호응」,『의료원소식』1984년 10월 1일 3면.
45 「의치간 동계무의촌진료, 치대·간호대 수업거부」,『의료원소식』1984년 12월 3일 3면.
46 「84년도 학생일지/기자방담」,『의료원소식』1984년 12월 3일 3면.

세브란스와 연세대학교 학생사회 내의 분위기는 더욱 급진적·비판적인 경향을 띠었을 가능성이 높다. 당장 1984년 부활한 연세대학교 총학생회가 그러한 성격을 노정했다. 총학생회 출범을 주도한 민주화투쟁위원회(이하 '민투위') 그룹은 전면적이면서도 선도적인 정치투쟁을 중시한 조직으로, 방법론의 측면에서 합법 영역과 비합법 영역을 아우르는 운동 방향을 모색했다. 이에 따르면 총학생회와 민투위는 서로 역할을 분담하여 선순환적으로 투쟁을 이끌어나가는 주체로, 전자는 합법적 대중조직으로서 운동의 대중적 기반 마련에, 후자는 비합법 전위조직으로서 투쟁 방향 및 노선 결정에 주력할 계획이었다.[47]

이처럼 1980년대 중반에 이르러 연세대학교 학생운동은 학원민주화 중심의 교내 투쟁으로부터 일정 부분 탈피, 여러 이념서클의 문제의식을 흡수하며 점차 그 영역을 확대하고 있었다. 이는 타 대학 학생단체와의 이념적·조직적 결합을 가능케 했다. 1984년 11월 5일 전국 28개 대학 2,500명의 학생이 연세대학교 중앙도서관 앞에서 집결하여 민주화투쟁학생연합(민투학련) 결성대회를 거행했다. 행사 도중 연세대학교 총학생회장 송영길이 경찰에 연행되는 사태가 발생했으나, 참여 학생들은 계획대로 결성대회를 진행하여 민투학련의 출범을 선언했다.[48]

---

[47] 민주화운동기념사업회 한국민주주의연구소 편, 앞의 책, 225-227쪽.
[48] 「총학생회장 연행에 항의 수업거부」, 『연세춘추』 1984년 11월 12일 1면.

2
세브란스 학생들의 반독재민주화운동

변혁적 학생운동의 고조와 1986년 수업거부투쟁

학생운동은 1985년 2월 12일의 제12대 국회의원 총선거를 계기로 더욱 활발해졌다. 이 선거에서 김대중, 김영삼의 신한민주당 新韓民主黨은 '선명야당'의 기치를 내세워 약진에 성공, 총 67석을 확보하며 일약 제1야당으로 도약했다.[49] 집권 여당 민주정의당이 관권의 전폭적 지원 하에 선거를 치른 사실을 고려하면, 선거 결과는 전두환정부에 대한 민심의 이반으로 해석될 여지가 충분했다. 전국대학연합 선거대책위원회를 조직하여 간접적으로 신한민주당을 지원한 학생운동 진영도 결과에 크게 고무되었다.[50]

---

[49] 「신민 대도시압승 제1야당」, 『동아일보』 1985년 2월 13일 1면.
[50] 이기훈, 「학생운동의 발전과 6월항쟁」, 민주화운동기념사업회 한국민주주의연구소 편, 『6월 민주항쟁: 전개와 의의』, 한울, 2017, 156-157쪽.

전두환정부의 취약성이 폭로되자, 학생들은 더욱 강력하게 반독재민주화운동을 추진해나갔다. 그 첫 단계는 전국학생총연합(이하 '전학련')의 출범이었다. 1985년 4월 17일 전국 62개 대학 총학생회는 전학련을 조직하여 학생운동의 통합을 도모하였으며, 동시에 그 산하 단체로 민족통일·민주쟁취·민주해방투쟁위원회(이하 '삼민투')를 조직하여 투쟁에 박차를 가했다. 이들이 전개한 대표적 투쟁이 바로 '미문화원 점거농성'으로, 1985년 5월 23일 삼민투 소속 5개 대학 73명의 학생들은 서울 소재 미국문화원을 점거하며 5·18민주화운동에 대한 미국의 사과를 요구했다.[51]

학생들의 농성은 5월 26일을 기해 해제되었다. 그러나 1980년 5월 광주의 진상을 알리는 것만으로도 학생들은 전두환정부에 정치적 타격을 가할 수 있었다. 이처럼 정권의 취약성이 폭로되자 학생운동의 열기는 더욱 거세게 타올랐다. 1985년 12월 9일 연세대학교 학생들은 영등포시장, 화양로터리 등지에서 "파쇼헌법 철폐"를 외치며 가두시위를 전개했다. 같은 달 18일에는 연세대학교 의대 1학년 이연혜李延惠(1992)를 비롯한 4개 대학 5명의 학생들이 민주화추진협의회(이하 '민추협') 사무실을 찾아가 개헌투쟁을 요구하며 철야농성에 돌입했다.[52]

더욱 치열해진 현실 인식도 학생들의 투쟁을 추동했다. 1985년

---

51 위의 글, 157-158쪽;「30여 명 도서실서 미문화원 2층에 바리케이드」,『동아일보』1985년 5월 23일 11면.
52 「영등포시장등서 시위 벌여」,『연세춘추』1986년 1월 6일 7면.

하반기에 접어들며 학생운동은 급격한 이념적 고양을 경험했다. '반제민중민주주의변혁론'이 학생운동 내에서 호응을 얻었던 것인데, 해당 이론의 골자는 한국의 비민주적, 예속적 현실에 대한 미국 '제국주의'의 책임 추궁이었다. 그러한 인식의 연장선에서 학생들은 '파쇼', '해방' 등의 개념에 입각해 한국 사회를 이해하고 미국을 규탄하고자 했다.

이는 '민족해방민중민주주의혁명론NLPDR, National Liberation People's Democratic Revolution'으로 발전하여 1986년 대학가를 지배했다. 대학마다 반미자주화반파쇼민주화투쟁위원회(이하 '자민투')가 조직되어 '전방입소거부투쟁'을 비롯한 대중적 '반미자주투쟁'을 주도해나갔다. 그러한 흐름에 반대한 학생들도 또 다른 방향의 변혁적 이념을 수용하여 각 대학의 반제반파쇼민족민주투쟁위원회(이하 '민민투')로 결집, 그 전국적 연합체로 전국반제반파쇼민족민주학생연맹(이하 '전민학련')을 출범시켰다. 이들의 정치적 목표는 민중적 헌법을 기초, 제정할 민중의회 혹은 제헌의회의 소집이었다.[53]

그런데 전민학련의 출범은 뜻하지 않게 세브란스 학생운동이 재점화되는 도화선으로 작동했다. 1986년 4월 29일 연세대학교에서 전민학련의 결성식이 열렸는데, 이후 이어진 교내시위에서 연세대 의예과 2학년 현용호玄勇鎬(1993)가 경찰에 의해 중상을 입고 세브란스병원에 입원한 것이었다. 수술을 집도한 의과대학 신경외과 박상근朴相根

---

53 이기훈, 앞의 글, 159–162쪽.

(1973) 교수에 따르면, 현용호는 두개골이 함몰되는 골절상을 입었다.

동학의 부상을 눈앞에서 목격한 의예과 학생들은 5월 1일 과학관 지하 131호실에서 1·2학년 학생총회를 열고 대응방안을 논의했다. 학생들은 먼저 세 개의 문건을 채택하였는데, 각각 「안세희 총장에게 드리는 글」, 「서대문경찰서장에게 보내는 경고장」 그리고 「내무부장관과 문교부장관에게 보내는 경고장」이었다. 그 내용은 학교 측에 학원의 자율 보장과 학내 경찰 투입 금지를 촉구하는 한편, 관계 당국에 현용호의 부상에 대한 공개사과를 요구하는 것이었다.

동시에 의예과 학생들은 5월 1일을 기해 수업 거부에 돌입했다. 2학년생들은 5월 1일부터, 1학년생들은 2일 오후부터 수업을 거부했다. 대신 학생들은 학생회관에서 과토론회를 열고 정세 전반을 논의하는 한편, 현용호를 돕기 위한 모금운동을 전개했다. 이에 연세대학교 총학생회에서 2일 성명서를 내어 적극적 지지 의사를 표명하였으며, 교육학과, 독문과, 불문과, 사학과, 철학과, 사회학과, 국문과, 신학과 등도 수업 거부 지지와 동참을 결의했다.[54] 5월 10일 기준 수업거부를 결의한 학과는 총 29개에 이르렀다.[55]

현용호의 부상은 세브란스 학생들이 정치적·사회적으로 각성하는 결정적 계기가 되었던 것 같다. 수업 거부 당시 의예과 학생들이 채택한 성명서는 '그동안의 피상적인 인식과 자세를 극복하고 학원에 정당한 자율이 주어질 때까지 최소한의 인간적 권리를 되찾는 작업을

---

54 「학원자율요구 의예과 수업거부」, 『연세춘추』 1986년 5월 5일 1면.
55 「토론 속에 열기 띤 수업거부」, 『연세춘추』 1986년 5월 12일 1면.

계속할 것을 다짐'하는 내용을 담고 있었다. 과거의 '소극성'에 대한 치열한 자기반성이었다. 선배들도 그러한 분위기에 호응했다. 치과대학 학생들은 총회를 열고 지지성명을 냈으며, 의과대학도 1학년을 중심으로 성명서를 채택하고 모금운동을 펼쳤다.[56]

세브란스 학생운동의 급진화

1986년을 전후하여 다시 고양된 세브란스 학생운동은 당대 학생운동의 변혁적 흐름을 수용하며 점차 급진화되었다. 이는 당대의 여러 변혁적 투쟁에 참여한 세브란스 학생들의 존재를 통해 방증된다. 그 대표적 사례가 1986년 '인천 5·3사건'이다. 이날 신한민주당은 범국민적 개헌운동의 일환으로 인천시민회관에서 개헌추진위원회 경기·인천지부 결성대회를 거행할 예정이었다. 그러나 자민투, 민민투를 위시한 학생운동 진영은 해당 행사를 전두환정부의 폭압성은 물론 신민당의 '기회주의적 속성'까지 폭로하여, 자신들이 추구하는 변혁적 방향으로 대중들을 견인하는 기회로 활용하고자 했다.[57]

행사는 학생들의 계획대로 진행되었다. 자민투와 민민투는 각각 "미 제국주의 일소"와 "제헌의회 소집"을 주창했다. 하지만 학생들이 본래 기대한 바와 달리 5·3사건은 역풍으로 되돌아왔다. 전두환정부는 5·3사건을 '폭력적 용공시위'로 몰아세우며 주도 학생들을 대거 구

---

[56] 「학내폭력반대 의예과 수업거부」, 『의료원소식』 1986년 5월 19일 3면.
[57] 민주화운동기념사업회 한국민주주의연구소 편, 앞의 글(2010), 263쪽.

속했다. 연세대학교에서는 치의예과 1학년 최경근을 비롯한 총 12명이 구속되었다.⁵⁸ 이와 같은 일련의 정치적 공세는 신한민주당을 위축시켰고, 결과적으로 여야의 타협을 통한 개헌이 현실적 방안으로 부상하기에 이르렀다.

그 과정에서 내각책임제, 이원집정부제와 같은 '절충적' 개헌안까지 거론되자, 학생들은 기성 정치권에 대한 규탄을 이어갔다. 1986년 6월 3일 연세대학교 민주광장에서 열린 '6·3투쟁 22주년 기념식 및 민족민주운동탄압결사저지투쟁위원회 발족식'도 그러한 노력의 일환이었다. 해당 위원회의 위원장으로 위촉된 의대 1학년 김승일金承一(1991)은 선언을 통해 내각책임제 및 이원집정부제 개헌을 민중에 대한 '기만'으로 규정하며 신민당에 '민족민주운동'에 합류할 것을 요구했다.⁵⁹

그 외에도 세브란스 학생들은 각양각색의 방식으로 변혁적 흐름에 합류했다. 1986년 7월에는 치과대학 학생회장 정성훈, 간호대학 학생회장 윤지영이 '노동자에게 편지보내기운동'을 전개하다 구속되었으며, 같은 해 8월 19일 열린 '9·15해방투쟁보고 및 조국통일촉진 실천대회'에서는 의대생 노기서盧基瑞(1995)가 민민투 위원 자격으로 향후 학생운동이 나아갈 방향에 관해 발언을 이어갔다.⁶⁰

연이어 9월에는 '아시안게임반대투쟁'에 역량이 집중되었다. 전두

---

58 「인천시위 구속학생 12명」, 『연세춘추』 1986년 5월 12일 7면.
59 「민족민주운동탄압저지투위 발족」, 『연세춘추』 1986년 6월 9일 1면.
60 「계속되는 편지 보내기 운동」, 『연세춘추』 1986년 7월 28일 1면; 「조국통일 촉진 실천대회 가져」, 『연세춘추』 1986년 9월 1일 1면.

자료 6-4   1986년 9월 연세대학교 학생들의 아시안게임 반대 시위

환 정권이 1986년 서울 아시안게임을 정권 홍보의 장으로 활용하자, 이에 문제를 제기한 것이었다.[61] 이에 9월 5일 의예과 2학년 권순만權純萬(1994)을 비롯한 연세대학교 학생 10명은 불광동에서 아시안게임 반대를 주창하며 가두시위를 벌이다 구속되었다.[62] 같은 달 25일 연세대학교 민주광장에서도 '분단고착화와 장기집권획책하는 아주경기 반대를 위한 연세인 실천대회'가 열렸는데, 이 자리에서 치대 3학년 허건은 아주경기저지투위 위원 자격으로 연단에 올라 신민당을 향해 직선제 쟁취를 위한 투쟁에 합류할 것을 촉구했다.[63]

연이은 투쟁으로 전열을 가다듬은 학생 진영은 10월 대규모 결집을 시도했다. 자민투를 중심으로 반외세반독재애국학생투쟁연합(이하 '애학투련') 출범이 준비되었고, 일부 민민투 계열 조직도 이에 합류했다. 마침내 10월 28일 건국대학교에 모인 1,500여 명의 학생들은 애학투련 결성식을 거행했다. 그러나 사전에 정보를 입수한 경찰은 학생들을 포위한 후 건국대학교를 봉쇄했다. 결과적으로 1,500여 명의 학생들이 아무런 사전 준비 없이 건국대학교 내에 고립되었고, 정권은 이를 "극렬 학생들의 점거 농성"으로 선전했다.[64]

농성은 10월 31일부로 종료되었다. 정권은 대규모 경찰력을 투입하여 현장에서 1,525명의 학생을 연행, 그중 1,288명을 구속했다. 연

---

61 민주화운동기념사업회 한국민주주의연구소 편, 앞의 책(2010), 266-267쪽.
62 「아시안게임 반대 가두시위 10명 구속」, 『연세춘추』 1986년 9월 15일 11면.
63 「아주경기 반대 위한 실천대회」, 『연세춘추』 1986년 9월 29일 1면.
64 민주화운동기념사업회 한국민주주의연구소 편, 앞의 책(2010), 268-269쪽.

세대학교 학생은 약 130여 명이 연행, 구속되었는데, 여기에는 의예과 휴학생 전성식田盛植(1994), 의예과 2학년 이상훈李相勳(1992), 의예과 1학년 정규철鄭圭哲(1993), 의대 1학년 손병호孫炳鎬(1991) 등의 세브란스 학생도 포함되어 있었다.[65] 다행히 일부 학생들은 석방되었지만, 전성식과 손병호는 12월 2일 구속기소되어 고초를 겪어야 했다.

경찰의 기획적·폭압적 진압으로 귀결된 건국대학교 농성의 여파는 세브란스 학생사회를 강타했다. 이에 의과대학은 10월 31일, 11월 1일 두 차례의 총회를 열어 여론을 수렴했다. 먼저 10월 31일에는 총 220여 명의 학생이 참석한 가운데 김긍년金兢年(1989) 학생회장과 도정호都正昊(1988) 대의원장의 주도로 토의를 진행했다. 이 자리에서 학생들은 정치적 의사의 표명 여부를 투표에 붙였고, 찬성 120표, 반대 38표, 기권 5표의 결과가 나옴에 따라 여론이 민주적으로 수렴되었다. 그 다음날 383명이 참석한 가운데 열린 확대 회의에서는 총 투표 383표 중 찬성 204표로 11월 3, 4일 양일에 걸쳐 수업 거부를 강행하는 안이 가결되었다.[66]

그리하여 세브란스 학생들은 수업 거부에 돌입, 수업을 대체하는 각종 프로그램을 기획했다. 이에 11월 3일에는 '학생의 날' 기념식과 한미관계와 종속구조에 대한 토의를 진행하였으며, 4일에는 의료문제에 대한 발표, 노래극을 열고 성명서를 채택하여 경찰의 강압적 진압

---

65 「건대감금으로 구속된 학생명단」, 『연세춘추』 1986년 11월 10일 7면.
66 「1986년 11월 3·4일 수업거부 기록」, 『세브란스』 27, 1986, 178-180쪽.

을 비판했다.[67] 양일에 걸쳐 임상 실습까지 거부할 정도로 의대 학생들의 사회의식은 크게 고양된 상태였다.

치과대학, 간호대학도 대열에 합류했다. 치과대학은 학생회의 주도하에 10월 31일, 11월 1일 양일에 걸쳐 수업과 시험을 거부하는 한편, 연행된 학생의 석방, 왜곡 보도의 중지, 진압 책임자의 퇴진을 촉구하는 내용의 성명서를 채택했다. 간호대학은 학년별로 집단행동을 기획하여, 3학년은 11월 4일과 5일에, 2학년은 11월 5일에 수업을 거부했다.

세브란스에서 가장 많은 연행자를 배출한 의예과는 다각적으로 운동을 전개했다. 교내에서는 10월 31일 신속하게 수업 거부를 결의하여 11월 5일까지 투쟁을 이어갔으며, 동시에 성명서를 내어 사망자, 부상자 명단의 공개와 구속자의 석방을 요구했다. 한편, 교외 시민들을 대상으로 사태의 진상을 알리는 편지를 발송하고 그와 관련된 스티커를 제작, 배포했다.[68] 이처럼 건국대학교 농성으로 촉발된 일련의 세브란스 학생운동은 그 자체로 세브란스 학생들의 비판적 사회의식을 함의하는 것이었으며, 더 나아가 의대 학생운동에 대한 기존의 보수적 인식을 바꾸는 전환점이었다.

---

[67] 위의 글, 180-183쪽; 안신기, 「한 학기를 마감하며」, 『세브란스』 27, 1986, 177-178쪽.
[68] 「의·치·간호대 수업거부 결행」, 『의료원소식』 1986년 11월 24일 3면.

1987년 6월 민주항쟁과 이한열

건국대학교 사건 이후 선도적·전위적 이념투쟁 노선을 반성한 학생운동 진영은 방향 전환을 모색했다. 그 대안은 대중적 투쟁노선의 강화였다. 이에 부응하여 운동의 중심이 지하의 이념서클에서 총학생회로 이동하였으며, 핵심 목표도 "호헌철폐", "독재종식", "민주쟁취" 등 폭넓은 계층을 망라할 수 있는 가치로 대체되었다.[69] 이와 같은 새로운 대중적 노선을 이끌 학생조직으로는 서울 지역 각 대학 총학생회의 집결체인 서울지역대학생대표자협의회(이하 '서대협')가 부상했다.[70]

서대협의 대중적 투쟁노선은 1987년 상반기에 일어난 두 사건의 여파 속에서 범국민적 개헌투쟁으로 확대되었다. 각각 1987년 1월의 박종철朴鍾哲 고문치사사건과 4월의 호헌조치였다. 1987년 1월 14일 치안본부 남영동 대공분실에서 서울대학교 3학년 박종철이 경찰의 고문으로 사망했다. 정권은 은폐와 변명으로 일관했다. 학생, 야당은 물론 종교계까지 그의 죽음을 애도하며 정권을 규탄했고, 이는 전국적 투쟁의 도화선이 되었다.[71]

1987년 4월 13일 전두환의 호헌조치는 들끓는 여론에 기름을 부었다. 본래 전두환의 대통령 임기는 1988년 2월로 종료될 예정이

---

69 허은, 「1987년 민주화투쟁과 6월항쟁」, 민주화운동기념사업회 한국민주주의연구소 편, 앞의 책(2017), 221-223쪽.
70 「서울지역 25개대 학생대표협 발족」, 『동아일보』 1987년 5월 9일 6면.
71 민주화운동기념사업회 한국민주주의연구소 편, 앞의 책(2010), 279-284쪽.

었다. 따라서 연내에 개헌이 완료되지 않는다면, 전두환의 후계자 노태우가 '체육관 선거'로 정권을 계승할 것이 명약관화했다. 마침내 4월 13일 전두환은 제5공화국 헌법에 근거해 후임자에게 정권을 이양할 것을 선언했다. 사실상 신군부 정권의 연장을 공언한 것이었다.[72]

학생들은 각 대학 총학생회를 중심으로 반독재민주화운동을 전개했다. 연세대에서는 36명의 학생이 호헌 철폐와 독재 종식을 위한 단식투쟁에 돌입했다. 5월 13일 경찰이 이들을 불법 연행하자, 의예과와 치의예과를 포함한 총 69개 학과가 수업 거부로 항의 의사를 표시했다.[73] 마침내 1987년 6월 주요 대학 총학생회는 총력 투쟁에 돌입, 6월 10일 총궐기를 선언하고 그 전날인 9일 전국 각지에서 '6·10규탄대회 총궐기를 위한 실천대회'를 거행했다.[74]

연세대학교에서는 6월 9일 오후 2시에 '구출학우 환영 및 6·10대회 출정을 위한 연세인 총궐기대회'가 열렸다. 그런데 대회 종료 이후 일부 시위대가 가두로 진출하던 와중인 오후 5시경 연세대학교 경영학과 2학년 이한열李韓烈이 정문 근처에서 전투경찰이 발사한 최루탄에 머리를 피격당했다.[75] 얼마 후 그는 의식을 잃었고, 곧바로 세브란스병원으로 옮겨졌다.[76]

---

72 「현행헌법으로 정부이양」, 『동아일보』 1987년 4월 13일 1면.
73 「구속학우 석방위한 수업거부」, 『연세춘추』 1987년 5월 25일 1면.
74 「맹휴 시험거부 움직임」, 『동아일보』 1987년 6월 9일 11면.
75 「병원이송 중태 연대생」, 『동아일보』 1987년 6월 10일 6면.
76 「이한열군 사경 헤매며 합병증 증세 나타나」, 『연세춘추』 1987년 6월 29일 1면.

한열이와 박동진 전경은 정권의 권력욕이 빚은 비극[77]

현재 한열이는 식물인간 상태로 그 예후는 낙관도 비관도 할 수 없는 입장이다. 그러나 아무리 상태가 호전된다고 해도 다치기 전과 같아질 수는 없다. 물론 그 직접적인 원인은 한열이의 후두부를 때린 한발의 최루탄이지만 그렇게 단순한 문제만은 아니다.

시대의 아픔을 같이 하는 젊은이들이 누구는 전경으로 누구는 학생이란 신분으로 서로 대치하며 최루탄을 쏘고 돌과 화염병을 던져야 하는 구조적 모순, 서로 미워할 아무런 이유도 없이 서로 대치하며 끝내는 악만 남아 어느새 적대관계로 바뀌어 버리는 오늘의 현실.

이러한 슬픈 현실과 모순 속으로 오늘의 젊은이들을 내몰은 것은 무엇일까 다시 한번 생각해본다. 더구나 지위고하, 정치적 차이 등 모든 것을 초월하여 인간의 생명이란 정말로 귀중한 것이다. 사람은 태어날 때부터 살 권리를 갖으며 이는 가장 기본적이며 또한 신성한 것이다. 그것은 사경을 헤매고 있는 한열이에게나, 시위진압 도중 사망한 박동진군에게나 모두 마찬가지이다.

무모한 권력욕의 제물로 꽃다운 젊은이들이 희생되고 있다는 사실이 정말로 안타까우며, 더 이상의 희생은 없기를 바란다.

오영택(진상규명위원회의대분과소위원·의학과·4년)

이한열의 소식을 접한 세브란스 학생들은 거리로 나섰다. 당장

---

[77] 오영택, 「한열이와 박동진 전경은 정권의 권력욕이 빚은 비극」, 『연세춘추』 1987년 6월 29일 2면.

자료 6-5
1987년 6월 17일에
열린 세브란스 합동
최루탄추방궐기대회

6월 10일의 시위에서 의예과 1학년 김종원金宗元(1995)과 구영석具映晳(1994)이 구속되었다.[78] 17일 오후 1시에는 의과대, 치과대, 간호대 및 의예과, 치의예과 학생들 600여 명이 단결하여 교내외에서 '최루탄추방궐기대회'를 거행했다. 개교 이래 최초의 의·치·간 합동대회로, 세브란스 학생운동이 걸어온 긴 여정의 역사적 순간이었다.[79]

타 대학 의대생들과의 연대도 이어졌다. 6월 25일 연세대학교 교내에서 서울 시내 8개 의과대 연합집회가 열려, 약 2,000여 명의 의대

---

[78] 「6·10이후 9명 구속」, 『연세춘추』 1987년 6월 29일 1면.
[79] 「의료원 전직원 비상근무」, 『의료원소식』 1987년 6월 22일 1면; 「최루가스 등 진료불편 잘 참아내」, 『의료원소식』 1987년 7월 6일 1면.

생이 운집했다.⁸⁰ 다음날 이들은 가두로 진출했다. 연세대, 서울대, 고려대, 한양대, 가톨릭의대 등 5개 대학 의과대학생 250여 명은 의료반을 편성하여 서울 각지의 시위 현장으로 진출, 시위 도중 부상을 입은 사람들을 치료했다.⁸¹

이한열의 희생과 그에 따른 전국민적 항쟁은 드디어 전두환정권을 굴복시키는 데에 성공했다. 6월 29일 노태우는 전격적으로 선언을 발표했다. 그 핵심 내용은 대통령직선제 개헌, 김대중의 사면복권, 시국 관련 사범 석방, 언론 자율의 보장, 지방자치제, 대학 자율화, 교육자치제의 실현 등이었다.⁸² 직선제에서의 승리 가능성을 계산한 전두환 정권의 전략적 판단이었다.⁸³ 결과적으로 대통령직선제를 규정한 헌법개정안이 9월 18일 제출되어, 10월 12일 국회를 통과했다.⁸⁴ 10월 27일 개헌안이 국민투표까지 통과함에 따라 '민주헌법 쟁취'의 역사적 과제가 마침내 달성되었다.⁸⁵

하지만 이한열은 끝내 일어서지 못했다. 입원 후 약 27일이 흐른

---

80 「서울시내 8개대 의대생들은 25일 오후 연세대에서 흰 가운을 입고 나와 '최루탄 추방 및 민주화염원대회'를 가졌다」, 『동아일보』 1987년 6월 26일 10면; 「이군 입원으로 연세대 시위 메카된 것 같다」, 『동아일보』 1987년 6월 26일 10면; 「최루가스 등 진료불편 잘 참아내」, 『의료원소식』 1987년 7월 6일 1면.

81 「진압사복조 각목 마구 휘둘러 흰가운 의대생 시위현장진료」, 『동아일보』 1987년 6월 27일 6면; 「최루가스 등 진료불편 잘 참아내」, 『의료원소식』 1987년 7월 6일 1면.

82 「직선제 연내 개헌」, 『동아일보』 1987년 6월 29일 1면.

83 정일준, 「5공화국 헌법과 6·29선언」, 민주화운동기념사업회 한국민주주의연구소 편, 앞의 책 (2017), 290-294쪽.

84 「정부, 개헌안 21일 공고」, 『경향신문』 1987년 9월 17일 1면; 「직선제개헌안 국회의결」, 『동아일보』 1987년 10월 12일 1면.

85 「개헌안 93.1% 찬성」, 『경향신문』 1987년 10월 28일 1면.

자료 6-6 1987년 6월 25일 서울 시내 8개 의과대 연합시위

1987년 7월 5일 그는 운명하고 말았다. 최루탄 피격으로 인한 두개골 골절과 뇌손상이 직접적 사인이었다.[86] 그 이후의 투쟁은 세브란스 학생들의 몫이었다. 5일 새벽 이한열의 병세가 위중해졌다는 소식이 전해지자, 세브란스 학생들은 응급실과 영안실을 봉쇄하고 그 입구를 지켰다. 경찰이 시신을 탈취하여 부검과 화장火葬을 강행하는 사태를 미연에 방지하기 위함이었다.[87]

---

86 「사망진단서」(1987.7.5.).
87 「"영원히 살리라"…오열의 조문 줄이어」, 『동아일보』 1987년 7월 6일 10면; 「시위부상 이한열군 사망」, 『경향신문』 1987년 7월 6일 11면; 「학생 2백여 명 영안실 주변 철저히 통제」, 『경향신문』 1987년 7월 6일 11면; 「교수들도 조편성 철야 빈소지켜 동대생 1백여 명 반야심경

이는 기우杞憂가 아니었다. 이한열의 사망 당일 경찰은 압수·수색 검증영장을 발부받아 세브란스병원 영안실에 진입했다. 영장에 적시된 사건명은 "변사", 압수대상은 "이한열의 사체 1구"였다. 명백히 그의 시신을 훼손하여 사망 책임의 소재를 부인하고자 저지른 행동이었다. 세브란스 학생들과 그 주변의 교직원들이 사력을 다해 영안실을 지켰기에 경찰은 압수를 포기하고 병원에서 물러났다. 그러한 노력에 힘입어 이한열의 장례식은 무사히 거행되었다. 7월 9일 '민주국

독경 이군 빈소」,『동아일보』1987년 7월 7일 7면.

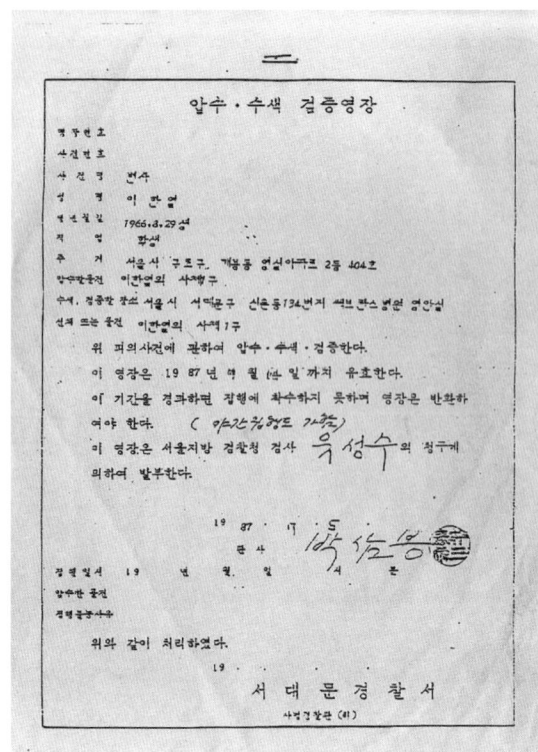

자료 6-7
1987년 7월 5일 발부된
이한열의 시신에 대한
압수·수색 검증영장

민장'으로 치러진 이한열의 장례 행렬은 연세대학교 본관을 출발하여 신촌로터리를 경유, 수십만 시민의 배웅 속에 서울시청에 이르렀다.[88] 그의 시신은 고향 광주광역시 소재 망월동 5·18묘역에 안장되었다.[89]

---

88 「이한열군 영결⋯인파 수십만」, 『동아일보』 1987년 7월 9일 1면.
89 「국민애도 속 이한열군 안장」, 『경향신문』 1987년 7월 10일 11면.

「학생란」『의료원소식』과

『의료원소식』은 1981년 9월 14일 연세대학교 의료원 기획실이 창간한 정기간행물로, 월 2회 발행을 원칙으로 하여 지금까지 간행을 이어오고 있다.[90] 제목에서 드러나는 바와 같이, 『의료원소식』은 주로 의료원 내외의 각종 소식을 상세히 전달하는 데에 중점을 두어왔다. 의료원 진료시간표, 인사 이동 현황 등이 『의료원소식』의 지면을 통해 공지되었으며, 세브란스 관련 공식 행사와 출신 의료인의 경조사 역시 같은 매체를 경유하여 널리 환기되었다.

그런데 『의료원소식』은 연세대학교 의과대학, 치과대학, 간호대학 학생사회의 동향을 전달하는 역할도 담당했다. 여기서 주목하고자 하는 「학생란」이 바로 해당 범주의 소식을 아우르는 차원에서 기획된 코너였다. 『의료원소식』 제3호(1981년 10월 7일)에서 처음 신설된 이래로, 「학생란」은 1980년대 전 기간에 걸쳐 세브란스 학생사회의 크고 작은 소식을 알리는 창구로 기능했다. 약간의 편차는 있으나 평균적으로 월 1회 「학생란」이 게재되었으며, 분량상으로는 총 4면(제3면-제6면)을 차지했다. 1980년대 기준 『의료원소식』이 일반적으로 총 8면의 형식을 취한 사실을 고려하면, 「학생란」이 전체 지면의 절반을 점하였다고 볼 수 있다.[91]

> 학생란 4면은 의료원 내의 3개 단과대학의 학생들이 만드는 난입니다. 지난 1학기말에 의과대학에서 구체화되기 시작한 신문발행은 때마침

90　2019년 12월 23일 기준 제844호가 간행되었다.
91　때에 따라서는 4면, 6면의 형식을 따르는 경우도 더러 있었다.

시작한 의료원신문과 같이 발행하기로 되어 이번에 처음으로 학생란이 나오게 된 것입니다.[92]

이 란은 의료원 3개 대학생들의 창조적이며 자율적인 인격을 위해 1981년 10월 창간 이후 매달 1회씩 연세대학교 의료원소식 학생편집국에 의해 만들어지고 있다.[93]

「학생란」 기획과 구성의 주체는 연세대학교 『의료원소식』 학생편집국(이하 '학생편집국')이었다. 「사고」에 따르면, 세브란스 학생들은 이미 『의료원소식』 간행 이전부터 독자적인 학생신문 발간을 구상하던 터였고, 그것이 『의료원소식』 창간과 결합하여 「학생란」의 형태로 구체화된 것이었다. 이에 세브란스 학생들은 「학생란」의 기획과 편집을 전담할 자체 조직을 마련하였던 것으로 보인다. 그 조직이 바로 '학생편집국'이었다.

「학생란」에 정기적으로 공고된 「사령」에 따르면, 학생편집국은 편집국장, 편집부국장, 취재부장, 의대부장, 치대부장, 간호대부장 및 정기자, 수습기자로 구성되었다. 통상적으로 각 단과대 부장에는 해당 대학의 1-2학년이 배치되었으며, 정기자와 수습기자에는 의예과 학생들이 다수 보임되었다. 편집국장과 편집부국장은 주로 의과대 2학년 혹은 3학년이 맡았던 것으로 생각된다.[94]

---

[92] 「사고(社告)」, 『의료원소식』 1981년 10월 7일 3면.
[93] 『의료원소식』 1982년 6월 23일 3면.
[94] 「사령」, 『의료원소식』 1982년 5월 19일 3면; 「사령」, 『의료원소식』 1982년 10월 6일 3면; 「사령」, 『의료원소식』 1983년 4월 6일 1면 외 다수.

『의료원소식』학생편집국 구성(1982년 4월 10일 기준) [95]

편집국장: 의대 3학년 이찬수李燦洙(1984)

편집부국장: 의대 2학년 강성웅姜聖雄(1985)

의대부장: 의대 2학년 조홍휴曺洪烋(1985)

기획부장: 의대 1학년 김정택金廷澤(1986)

취재부장: 의대 1학년 이영식李英植(1986)

간호대부장: 간호대 3학년 박성희

기자: 의예과 2학년 고형일高亨一(1989), 문희용文熙用(1987), 박경수朴京秀(1989), 원종욱元鍾旭(1987), 이승우李昇雨(1987), 이승헌李承憲(1987), 정용표鄭容杓(1988)

본래 공언한 바에 부응하여 「학생란」은 세브란스 학생들의 활동을 충실히 담아냈다. 우선 후보 등록부터 선거에 이르는 학생회 선출의 민주적 과정이 「학생란」을 통해 보도되었으며, 그러한 절차를 거쳐 출범한 학생회의 주요 사업도 같은 지면에 게재되었다. 그 외에 축제, 장학금, 경연 등 세브란스 학생사회의 크고 작은 행사들도 「학생란」에 시시각각 반영되었다.

하지만 학생편집국이 그저 사실을 단순히 보도하는 데에 역할을 국한했던 것은 아니다. 학생편집국은 뚜렷하면서도 독창적인 문제의식에 기반한 '특집'과 '기획'을 준비하였고, 이는 자연스레 「학생란」이 학생사회의 공론장으로 기능하는 결과를 낳았다. 예를 들어 1986년 3월과 4월 「학생란」은 '한국의학의 역사와 양·한의학의 관계'를 주제로 하여 두

---

[95] 「사령」, 『의료원소식』 1982년 4월 10일 3면.

편의 기획기사를 내보냈다.[96] 또한 1986년 4월에는 특집 '4·19를 재평가한다'를 마련하여 신문방송학과 4학년 정민승이 기고한 장문의 글을 게재했다.[97] 공통적으로 현실과 맞닿아있으면서도 나름의 깊이를 갖춘 주제로, 당대 세브란스 학생들에게 유의미한 질문을 던지는 것이었다. 그 외에 독자와 기자들이 각각 느낀 바를 자유롭게 풀어낸 「내시경」과 「기자수첩」도 적지 않은 비중을 차지했다.

운영의 측면에서는 『의료원소식』의 지면을 빌리되 학생편집국이 자율적으로 기획하는 형식으로 구성되었던 것 같다. 그러한 양상은 1986년 6월의 학생편집국 호외발행사건을 통해 일정 부분 확인 가능하다. 1986년 6월 26일부터 7월 8일까지 연세대학교 치과대학 학생들은 치과대 임상실습제도의 폐단을 비판하며 농성투쟁에 돌입했다. '실습기구 구입 강요', '학생의 진료 투입' 등이 비판의 골자였다. 이에 6월 26일 치과대 4학년이 성명을 발표하여 대열의 선두에 나섰고, 1-3학년이 그에 대한 지지 의사를 표명하며 투쟁은 급격히 확대되었다. 7월 8일까지 치과대학 학생들은 세브란스병원, 치과대학 5층, 치과대학 학장실 등 학내 곳곳에서 농성을 전개했다.[98]

당시 학생편집국은 치과대학 학생들의 투쟁 현황을 보도하는 호외를 두 차례 배포하였던 것 같다. 『의료원소식』 담당자와의 사전 상의를 생략한 채 전격적으로 발행한 것이었다. 이에 대하여 『의료원소식』의 교수편집위원회는 문제를 제기하며 학생편집국에 대한 징계를 요구했다. 그와 함께 크게 세 가지의 재발방지책이 거론되었는데, 각각 「학생

---

[96] 「전통 의학의 역사」, 『의료원소식』 1986년 3월 3일 10면; 「최근세의 상황과 양·한의학의 관계」, 『의료원소식』 1986년 4월 7일 4면.
[97] 「4·19를 재평가한다」, 『의료원소식』 1986년 4월 7일 5면.
[98] 「치대 임상실습제도 거부 농성 벌여」, 『연세춘추』 1986년 7월 28일 1면.

자료 6-8 1986년 12월 8일 「학생란」

란」을 폐지하고 의료원 홍보과에서 자체적으로『의료원소식』의 학생기사를 취급하는 안, 별도로 학생 신문을 인가하여『의료원소식』과 운영을 분리하는 안, 그리고 기존의『의료원소식』-「학생란」체제를 유지하되 개선책을 마련하는 안이었다.

학생편집국의 대응은 단호했다. 편집국장 홍경표洪庚杓(1989)는 호외 발행의 당위성을 역설하며 일체의 징계를 거부했고, 오히려 해당 사건을「학생란」의 자율성을 재확인하는 계기로 삼고자 했다. 결국 같은 해 10월 2일 교수편집위원회가 학생편집국에 대한 징계 요구를 철회하는 것을 마지막으로 사태는 사실상 종결되었다.[99]「학생란」역시 1986년 10월 27일자를 기해 종전처럼『의료원소식』의 지면을 빌리는 형식으로 간행을 재개했다.[100]

결과적으로 학생편집국의 호외 발행을 둘러싼 일련의 사태는「학생란」이 전적으로 세브란스 학생들에 의해 기획, 편집되고 있었음을, 그리고 자율적, 비판적 학생 언론을 향한 문제의식이 폭넓게 공유되고 있었음을 널리 알리는 계기가 되었다. 이는 1980년대 세브란스 학생사회의 역동적 모습을 드러낸 지점에서 그 자체로 역사적 의의를 지니는 것이었다. 그뿐만 아니라 그러한 능동적 양상을 담지한 문헌으로서「학생란」이 지니는 사료적 가치도 함께 재확인되었다고 볼 수 있다.

---

[99] 「의료원소식 학생편집국 징계않기로-치대농성사건 호외발행문제로」,『연세춘추』1986년 10월 6일 1면.

[100] 「알림」,『의료원소식』1986년 10월 27일 3면.

맺는 글

19세기 후반부터 20세기 후반에 이르는 약 100여 년의 한국 근현대사는 고난과 시련의 연속이었다. 구 왕조는 외세의 침입과 내부의 모순을 극복하지 못하며 무너졌고, 그것을 대체한 일본 제국주의의 통치는 36년간 한국 사회를 폭력적으로 해체, 변질시키며 희생을 강요했다. 외부에서 찾아온 해방 역시 미·소의 대립, 좌우의 갈등을 수반한 끝에 남북 분단으로 귀결되었고, 이는 전쟁의 참화로 이어졌다. 그뿐만 아니라 오랜 독재로 말미암아 정치적·사회적 민주화의 진전도 더뎠다.

세브란스는 본연의 역할을 묵묵히 수행하며 그 기나긴 여정을 함께했다. 세브란스는 한국 근대 의학의 터전이자 요람으로서 서구 의학을 체화한 인재를 양성했고, 그 자장 속에서 성장한 세브란스 의료인들은 한국의 척박한 의료 풍토를 개척하는 선구자가 되었다. 제중원의학당에서 출발하여 세브란스연합의학전문학교, 세브란스의과대학을 거쳐 연세대학교 의과대학에 이르기까지, 세브란스는 한국 의학의 중심을 지키며 그 발전을 선도해왔다.

그런데 세브란스가 명실상부 '학교'의 역할을 수행하였다는 것은 곧 세브란스인 역시 의료인이기 이전에 학생의 정체성을 지니고 있었음을 시사한다. 물론 이들은 미래의 의료인으로 거듭나야 하는 존재였고, 그에 비례하여 세브란스의 학업과정도 고도의 연마를 요구하는 전문적인 것이었다. 그러나 지금까지 살펴본 바와 같이 세브란스 학생들은 자신들의 정체성과 그에 따른 사명을 분명히 자각하고 있었다. 시련과 고난은 곧 역동성의 다른 표현이었다. 한국 근현대사의 역동적 변화상은 학생의 정치적·사회적 역할을 요구했다.

세브란스 학생들은 기꺼이 그 부름에 응답했고, 그것은 시대를 초월하는 연속성을 담지했다. 세브란스 학생운동의 여정은 일제강점기의 엄혹한 시련 속에서 출발했다. 식민지 조선은 일제의 상시적 탄압에 놓여있었고, 세브란스 역시 그로부터 예외가 아니었다. 그러나 세브란스 학생들은 척박한 토양 속에서도 분투를 거듭, 세브란스 학생운동의 첫 번째 꽃 3·1운동을 틔워냈다. 이는 이후 여러 형태의 직접적 저항과 사회운동으로 계승되었고, 바로 이로부터 불의에 대한 항거와 사회적 공헌을 망라하는 세브란스 학생운동의 장대한 전통이 주조되었다.

선배들의 실천으로 정립된 세브란스의 전통은 해방 이후 후배들의 나침반이 되었다. 해방 직후 세브란스 학생들은 반탁학생운동의 일익을 담당하는 한편, 전재민 구호, 문맹 퇴치, 무의촌 진료에 앞장서며 의술과 지식, 그리고 사명을 겸비한 실천적 지식인으로 자리매김했다. 마침내 세브란스 학생운동의 정신은 1960년 4월 혁명을 계기로 절정에 이르러, 최정규 열사의 희생으로 상징되는 반독재투쟁과 그를 계승한 학원민주화운동으로 이어졌다.

이후 세브란스 학생운동은 치열한 현실 인식으로 스스로를 각성하며 흔들림 없이 저항의 길을 걸어나갔다. 일본 대자본의 침투에 경종을 울리며 정권의 한일회담 강행을 규탄하였으며, 부정선거와 파행적 개헌을 비판하며 민주주의 가치를 수호하고자 했다. 위수령과 긴급조치조차 세브란스 학생운동을 완전히 잠재울 수는 없었다. 그렇게 세브란스 학생들은 끊임없이 박정희정부의 폭압적 통치에 균열을 일으켰다.

뒤이은 1980년대는 신군부의 쿠데타와 민주화운동의 무참한 진압으로 막을 올리며 암운을 드리웠다. 하지만 정권의 상시적이면서도 교묘한 탄압에도 불구하고 세브란스 학생들은 조금씩 비판의 수위를 끌어올리며 새로운 길을 개척하고자 했다. 한국 사회가 정치적·사회적 민주화를 향해 조금씩 걸음을 옮겨간 그 길이었다. 마침내 세브란스 학생운동은 1987년 6월 민주항쟁을 끝으로 시대적 소명을 마무리하며 여정의 한 장에 마침표를 찍었다.

기나긴 여정의 뒤켠에는 세브란스 학생들의 치열한 자기희생이 자리했다. 최정규는 1960년 4월의 봄 그 한가운데에서 영원히 스러졌다. 3·1운동에 가담한 학생들, 그리고 긴급조치 1호에 항거한 학생들도 짧지 않은 옥고를 치러야 했다. 그 외에도 여러 형태의 희생을 감수해야 했던 세브란스 학생들이 있었으며, 그중 일부는 본래 걷고자 하였던 의료인의 길을 단념해야 했다. 어떤 의미에서 세브란스 학생운동은 그러한 '결단'의 총체와도 같았다.

그렇다면 세브란스 학생들은 왜 '응답'했을까? 또 어떻게 '결단'을 내렸을까? 어느 하나 치열한 번민의 산물임이 자명하기에, 섣부르게 추측하고 단언하기 어려운 부분이다. 다만 세브란스 학생운동을 공통의 범주로 하여 긴 호흡으로 그 여정을 조심스레 더듬은 결과, 약간의 실마리를 확인할 수 있던 것 같다. 그것은 앞서 언급한 세브란스의 오랜 전통, 그리고 그 속에 축적된 경험과 문화이다.

1908년 배출된 제1회 졸업생 8명을 시작으로 수백, 수천의 세브란스 의학도가 학생, 지식인 그리고 의료인으로서 한국 사회에 헌신했다. 그리고 이들의 흔적은 후배들에게 계승되며 세브란스 고유의 문화를 주조해나갔다. 세브란스라는 공간에 축적된 경험이 매개체가 되었으며, 교지校誌, 축제 등으로 전수되는 고유의 학생문화는 이를 환기, 촉진하는 장으로 작동했다.

한국 근현대사가 그러하였듯이, 세브란스 학생운동도 적지 않은 부침과 굴곡을 겪었다. 때로는 학생들이 지닌 역량만으로는 극복 불가능한 현실적 조건이 있을 수밖에 없기 때문이다. 가열찬 투쟁과 그에 따른 희생에도 불구하고 본래 이루고자 한 목표를 달성하지 못한 사례도 적지 않다. 그로 말미암아 세브란스 학생들 스스로 위축되어 능동적 태도를 견지하지 못한 경우도 더러 있었다.

하지만 우리가 주목해야 하는 것은 실패와 침체가 아니다. 성패 여부가 곧 운동에 대한 역사적 평가를 결정하는 것은 아니기 때문이다. 시련을 극복하며 꾸준히 앞으로 나아가고자 한 그 의지와 경험, 그것이 체득과 계승의 대상이 되어야 한다. 세브란스 학생운동의 긴 호흡에 내재된 '저항과 실천의 정신'은 2020년의 세브란스인에게, 더 나아가 한국 사회 전반에 깊은 울림으로 다가설 것이다.

부록

세브란스 학생운동사 연표
기록 속 세브란스 학생운동
구술로 만나는 세브란스인의 학생운동

세브란스 학생운동사 연표
(1880-1990)

한국근현대사		세브란스 학생운동사
갑신정변	1884	
배재학당 설립	1885	광혜원 개원, 개원 2주 후 제중원으로 개칭(한국 최초의 서구식 의료기관)
육영공원, 이화학당 설립	1886	제중원 부속 교육기관인 제중원의학당 개교
동학농민운동, 갑오개혁	1894	
을미사변, 을미개혁 시행	1895	
대한제국 설립	1897	
「의학교규칙」 반포	1899	제중원의학당, 제중원의학교로 재출발
대한제국, 「의사규칙」 반포	1900	
을사늑약 체결	1905	
통감부 설치	1906	
헤이그특사 파견 고종 강제 퇴위	1907	
	1908	세브란스병원의학교 제1회 졸업생 배출
	1909	세브란스병원의학교로 학부에 등록
국권 피탈	1910	
	1911	세브란스학생YMCA 창립

한국근현대사		세브란스 학생운동사
조선총독부, 「의사규칙」 공포	1913	세브란스연합의학교로 개칭 의학교 신축, 교수진 확충
조선총독부, 「의사시험규칙」 공포 조선기독교청년회연합회 (조선YMCA) 창립	1914	조선기독교청년회연합회 창립 시 발기인 중 하나로 세브란스학생YMCA 참여
조선총독부, 「전문학교규칙」, 「개정 사립학교규칙」 공포	1915	
	1917	세브란스연합의학전문학교로 개칭
3·1운동 대한민국임시정부 수립	1919	이용설 등 세브란스 학생들, 3·1운동 준비작업에 참여 배동석·송춘근 등 3·1만세시위 참가
봉오동전투, 청산리대첩	1920	조선학생대회 출범(김찬두·김성국, 부회장과 사회자를 맡음) 계몽사업·순회강연 활동
	1923	조선총독부지정학교, 졸업 후 무시험 의사면허 부여
6·10만세운동	1926	
신간회 조직	1927	
광주학생항일운동	1929	
이봉창 의거, 윤봉길 의거	1932	통속의학강연회를 통해 실생활에 도움이 되는 의학지식 보급(1930년대)
한글맞춤법통일안 제정	1933	
	1934	문부성지정학교, 졸업과 동시에 일본 내무성 의사면허 부여
일제, 한글교육 금지	1938	
한국광복군 창설	1940	무의촌 진료 시작
	1942	아사히의학전문학교로 강제 개칭
학도지원병제 강행	1943	
	1942 ~ 1944	비밀결사 흑백당 창립 및 거사 계획 (남상갑 참여)

한국근현대사		세브란스 학생운동사
8·15해방 모스크바삼상회의	1945	서울학도대회 개최(조선학도대로 계승) 세브란스학도대 조직(치안 유지, 구호 및 진료활동)
	1946	김덕순 등 세브란스 학생들, 신탁통치반대운동 전개
대한민국 정부 수립 조선민주주의인민공화국 수립	1948	
한국전쟁	1950	
문교부, 전시연합대학 설립	1951	부산에 위치한 전시연합대학 의과대학에 편제 거제도 진료소 운영 청도분원에서 문창모와 학생들, 부상자 치료
휴전협정 조인	1953	
	1958	농촌영양실태조사반 운영
	1959	나병진료단 운영
3·15부정선거 4월 혁명 장면내각 수립	1960	공명선거추진전국학생위원회, 공명선서 촉구 부정선거 규탄시위 4월 혁명 당시 연세대·세브란스 학생들 시가행진 최정규 열사, 경찰의 사격으로 사망 부상자 수습활동 학도호국단 해체와 학생자치의 부활 연세대 학원민주화운동 어용교수 퇴진운동
5·16군사정변	1961	연세대학교 학생회, 최정규 추도식 거행, 최정규장학회 조직
박정희정부 수립	1963	
	1964	연세대 총학생회, 대일굴욕외교반대시위 민족적 민주주의 장례식 거행 6·3항쟁
한일협정 조인	1965	한일협정 추진 반대 일본상품 불매운동

한국근현대사		세브란스 학생운동사
한일행정협정 조인	1966	
3선개헌	1969	3선개헌반대투쟁
교련 대폭 강화, 학원 병영화 위수령	1971	교련반대운동
7·4남북공동성명 10월유신	1972	
6·23평화통일선언	1973	반유신민주화운동 동맹휴학
긴급조치 제1호	1974	의대생 구속사건
	1975	구속학생 복원운동
10·26사태	1979	
'서울의 봄' 5·18민주화운동	1980	총학생회 부활 민주화대행진
전두환정부 수립	1981	
학원자율화조치 발표	1983	학원자율화투쟁 전개
	1984	학원민주화추진위 구성을 위한 준비위원회 구성
미문화원 점거농성사건	1985	
제10회 아시아경기대회 개최	1986	수업거부투쟁 전민학련 결성식 개최 아시안게임 반대투쟁
6월 민주항쟁 6·29선언	1987	반독재민주화운동 6·10총궐기 이한열 열사 사망 최루탄추방궐기대회
노태우정부 성립 제24회 하계올림픽대회 개최	1988	

기록 속
세브란스 학생운동

- 4월 혁명 당시 세브란스 학생들의 모습
- 연세대학교 의과대학 투쟁실기
- 4·19 및 4·26 당시 세브란스병원에서의 환자 치료 기록
- 최정규 열사 추모글
- 긴급조치 제1호 위반 세브란스 학생들의 판결문
- 1987년 6월 민주항쟁 당시 세브란스 학생 및 의과대학 연합시위대의 모습
- 세브란스 무의촌 진료반의 모습

4월 혁명 당시 세브란스 학생들의 모습

『민주한국4월혁명청사』(4월혁명청사편집위 편, 성공사, 1960)

기록 속 세브란스 학생운동

연세대학교 의과대학 투쟁실기
延世大學校 醫科大學 鬪爭實記

『민주한국4월혁명청사』(4월혁명청사편집위 편, 성공사, 1960)

　　歷史的 四月十九日! 이날도 여전히 조용하고 평온한 가운데 午前講義가 진행되고 있었다. 그러나 어딘가 모르게 긴장과 초조가 전교생을 무거운 분위기 속에 몰아넣고 있었다. 주고받는 대화는 前日(四月十八日)에 일어났던 高麗大學生들의 平和的 示威에 關한 新聞報道가 으뜸이었다. 오고가는 視線들 속에는 누가 보아도 直感할 수 있는 暴風前夜的 精氣가 빛나고 있었다. 午前講義는 그래도 平穩한 가운데 아무런 실제적인 動向없이 끝났다.

　　十二時三十分. 點心時間이 된것이다. 平日처럼 構內食堂으로 몰려드는 學生들과 病院職員들 때문에 食堂은 대단한 混雜을 이루고 있었다. 學生들 中에는 이時間만 되면 食堂의 混雜을 避해서 外出하는 사람들도 많았다. 이날도 많은 學生들이 三三五五로 몰려 나갔다. 그때에 市內의 空氣는 別로 이렇다할 무엇을 느낄 수는 없었으나, 나중에 알고보니 市中心部에서는 수많은 大學生들이 不正選擧에 대한 규탄을 부르짖는 示威가 행해지고 있다는 것이었다.

　　이때 構內食堂에 모인 學生들 間에는 市中에서 行해지고 있는 서울大學校 學生들 示威에 關한 話題가 떠돌고 몇몇學友들은 극도로 긴장한 나머지 食慾을 잃고 도시락뚜껑을 그대로 덮어버리는 사람들도 있었다.

　　그런대로 웅성대면서도 點心을 마침 많은 學友들이 食堂밖으로 나왔을 때에는 이미 市內의 空氣는 興奮과 긴장이 交叉되는感 그대로였다.

　　이때 病院正門앞으로 수천명을 헤아리는 中央大學校 學生들이 검은 校服에 가방을 옆꾸리에 낀채로 구보로 示威를 감행하는 긴隊列이 순식간에 지나가 버렸다. 그뒤에는 몇대의 소방차가 경적을 울리면서 뒤따르고….

이에 直接的인 刺戟을 받은 여러 學友들은 짓누르고있던 感情을 폭발시킬 氣勢로 몇몇 運營委員會 幹部들을 붙들고 速히 示威隊를 구성하여 출발할 것을 要求하고 있었다.

그러나 그때의 時刻이 아직 一時밖에 안되었으니 外出한 학생들이 다 들어올 때까지 기다리자고 一段 合意를 보고 校內의 全學生을 소집하여 「에비손館」(註:「에비손館」은 構內小講堂임)으로 集合시켰다.

이때까지도 新村延大 總學生委員會에서는 아무런 연락도 없었다. 勿論 이 示威가 아무도 시키지 않은 自發的인 의사의 표현이었으니까. 事前에 어떤 연락이라든가 指示가 없는 것도 當然한 일이었다. 그러나 新村의 動態가 궁금한 나머지 三學年 閔振植君이 연락임무를 띠고 出發했다. 잠시후에 뛰어들어온 閔君으로부터 延世大 全學生이 西大門을 지나 光化門을 向해 일약 구보 示威를 감행하고 있다는 소식을 들은 學生들은 이에 合勢할것을 결의하고 당시의 운영위원장 조진빈(四年)君의 主管 아래 간단한 회의를 진행시키고 아래와 같은 決議文을 채택했다.

1. 不正으로 一貫한 三·一五正副統領選擧를 다시하자.
2. 殺人警察의 만행을 규탄한다.
3. 警察은 政治的으로 엄중中立을 지키도록 하라.
4. 學園에 있어서의 一切의 政治的 조종, 간섭을 排擊한다.
5. 以上의 決議를 全學生들의 意思로 採擇한다.

이때의 時刻이 一時十五分, 거의 全學生이 이미 흰 까운을 입은채로 集會에 參席하고 있었다. 二學年學生 몇명에 의하여 학교명을 쓴 풀라카아트가 들려지고, 그뒤에 比較的 질서를 유지하면서 延世大學校 醫科大學의 自進平和的 示威는 始作된 것이다. 이때 敎授數名이 이를 목격하고 學生들에게 질서를 지킬것과 學生의 本分에서 떠난 行動을 해서는 안된다는 부탁이 있었다. 그러면서도 이 學生들의 굳은 決議를 막은 意思는 없는 듯, 오히려 그 表情들에 격려와 호응의 內心을 읽을 수가 있었다.

　우리 示威隊가 까운을 입고 正門을 나섰을때 마침 그 앞을 通過하던 京畿大學 學生示威隊와 合流했다.

　우리 示威隊는 主로「醫學徒여! 메쓰들어 썩은 政治 수술하자」,「不正選擧 다시하자.」,「경찰국가 배격한다.」,「경찰은 中立하라.」,「공산五列 물러가라.」等 口號를 외치면서 시청앞에 到達했을때 마침 世宗路쪽에서 前進해오던 新村 延世大 示威隊를 만나 이에 合勢하게 되었다. 이때의 醫大 데모대의 士氣는 戰場에서 지원부대를 만나 의기충천하는 듯 했다. 市廳앞에서 바라보는 중앙청 일대는 데모대와 이들을 격려하는 시민들로서 인산인해를 이루었으며, 본교 데모대는 질서정연한 가운데 종로를 지나 종로四가, 원남동을 거쳐 중앙청을 향하고 있었다. 본교데모대는 구호에서 타교와는 달리 上記決議文 外에 醫學도여 칼을 들라! 썩은 政治 手術하자! 金주열君의 시체를 다시 解剖하라!는 等의 口號로서 異彩를 띄었으며, 外科醫의 mess인 칼을 들라는 口號는 시내 요소요소의 경관을 퍽 자극시킨 듯 했다. 썩은 政治를 규탄하는 데모대원은 연달은 천지를 진동시키는 듯한 구호로서 목이 쉬는 것도 모르고 돈화문 앞까지 도달했다. 중앙청 앞으로 전진하는 본교 데모대에 반하여 數명씩「데모」를 이탈하여 집으로 돌아가는 他校 學生들의 말을 들으면 午前에 景武臺앞에 육박한 平和的인 데모隊에게 警察은 실탄사격을 시작하여 십여명의 사상자를 내었다는 말을 듣고 本大學의 데모隊를 쫓아 나온 某敎授는 중앙청 방면의 삼엄한 경찰의 경계와 무차별 난사를 피하여 종로 방향으로 先頭를 돌릴 것을 제안하였으나 다른 학교 학생들의 피 흘림을 보고 그대로 돌아갈수 없다고 옥신 각신하는 동안 本 醫大生들은 先頭에 서서 총성이 요란한 중앙청 앞에 도달하게 되었다. 이때 본「데모」대열 옆에 있던 성명 미상의 청년이 上膊 관통상을 입어 쓰러지며 계속 本校「데모대」에 난사하여 중앙청 앞「로타리」에서 연좌「데모」에 이르게 되었다. 이때는 반공회관, 서울신문사, 도청옆 파출소 등에서는 화염이 오르며 총성은 점점 심해졌다. 이때가 三시경이니 벌써 경비계엄령이 선포된 때이나 이것을 아는「데모」대원은 아무도 없었다. 평화적「데모」인 본교「데모」대중 움직이는 사람만 있어도 사격은 더욱 심해져서 연좌「데모」를 한시간 이상 계속할수 밖에 없었다. 본 의대에서는 응급차를 내어 학생들의 손으로 부상자를 병원으로 운반하기에 바빴고, 특히 사격이 심한 도청앞, 무기고 앞에서 쓰러져 있는 부상자들을 他학교 학생들은 아무도 감히 나서려하지 못할때 본교 학생들은 총탄을 무릅쓰고 운반함으로 이들을 건져내게 된것이다. 이로써 본 병원에서는 三百六十여명의 부상자를 수용 가료시킴으로 타 병원의 三배의 환자를 치료한 것이다.

한시간 이상의 연좌「데모」를 계속하는 중 일부 학생은 대표를 경찰 집결지인 무기고내에 보내서 즉시 발포를 중지시킬 것을 요청하려 하였으나 이때는 벌써 계엄령이 선포되었다고 전하는 말을 듣고, 무의미하게 대표를 보냄으로 이들을 희생시키는 결과밖에 안될 것이라. 생각하여 하는 수 없이「데모」隊의 後尾에서부터 安國洞쪽으로 後退하게 된 것이다.

안국동에서 다시 方向을 돌려 자유당본부앞을 지날때 자유당 본부 청사는 「데모」대에 의하여 유리窓이 모조리 깨여져 있었으며 여기에서부터 우리 示威隊는 새로운각오로 마음을 가다듬고 질서 정연히 종로화신앞을 경유하여 南大門을 向했다. 이때 우리 示威隊의 口號는 「경찰은 生命을 존중하라.」, 「경찰은 이 以上더 발포하지 말라.」 等이었다. 道路邊에 늘어섰던 群衆들은 우리에게 목이 터질듯이 격려의 고함을 질으면서 박수를 보내왔으며, 많은 主婦들이 「바케쓰」에 물을 담아놓고 示威隊에게 갈증을 免해주고 있었다. 南大門을 지나 서울驛前에 到達했을 때 우리는 延世大學校 主示威隊와 헤어져서 그들은 西大門 方向으로 돌아가고 우리는 다시 學校로 돌아왔다. 그때까지 正門주위에 늘어섰던 많은 敎授들과 病院職員들이 우리를 歡迎하며 박수를 보내왔다. 이때의 心情은 筆舌로 形容키 어려운 것으로 대부분의 學友들은 북바쳐오르는 감격의 눈물로 서로 마주 視線을 交換했던 것이다.

學校에 돌아왔을 때 궁금해하던 여러 敎授들과 病院職員에게 示威隊가 겪은 詳報와 아울러 市內에서 일어난 거의 눈으로 볼 수 없었던 비참상을 보고하고나서 學生을 集合시켜 「에비손館」에서 人員을 파악했다. 그때 십여명의 學友들이 보이지 아니하였으나 나중에 다 學校에 되돌아옴으로써 우리示威隊는 一名의 부상자도 내지않고 平和的인 示威를 마친 것이었다.

　어둠이 깃들기 始作하자 점점 死傷者는 늘어갔으며 이에 당황하게된 세브란스病院 當局은 모자라는 血液을 充當키 위하여 두 대의 찝車에 學生들을 동원하여「피를 救합니다」라고 외치면서 어둔밤을 달렸다. 이때 많은 사람들, 특히 婦人層에서 自進하여 자기의 피를 써 달라고 부르짖을때 보는 사람들은 말없이 눈물만 흘렸던 것이다.

　밤이 깊어가자 학교에 남아있던 三十여명의 학생들은 부상자 치료에 발벗고 나서지 않으면 안되겠다하여 각병실, 특히 外科, 整形外科에서 많은 수고를 아끼지 않았고, 여덟밖에 안되는 手術臺가 만원으로 차버리자 복도에서도 치료하지 않으면 안될 형편이 되어 學生들은 「후랏슈」를 비춰주고 의사는 수술하고…… 이렇게 피눈물나는 勞苦로써 많은 부상자를 救해낸 것이다. 그날밤 아직도 거리의 소음은 살아지지 않았으나 시체실에 쌓인 死亡者의 옷을 뒤져가며 그들의 身元을 파악하기에 땀을 흘린 학생들도 또한 여럿이나 있었다.

　본교 학생중 극심한 경찰의 고문으로 부상을 입은 민군의 이야기를 들어보면 다음과 같다.

　「데모」대열이 중앙청 앞을 떠나고 본교 3학년의 민진식군을 비롯한 신촌 연세대 도서관학과 三학년인 박원배군과 전공과 四학년의 홍사성군이 도청앞에서 실탄사격을 받아 쓰러진 학생들을발견하고 이들을 구하기 위해 지나가는 시발택시의 운전수에게 부상자를 실으러 가기를 청하니 운전수도 쾌히 승락하여 무기고 앞으로 달려갔다. 이때 부상자를 실으러 가는 차를 무장경관이 자동차를 향하여 집중사격을 함으로 정지하지 않을 수 없어다. 무장경관들은 이들을 무조건 하차하라고 하고 너희들은 무기고에 방화하러 왔다고 호통을 치기에 우리는 부상자를 운반하러 왔다. 하였으나 이들을 무조건 총대로 구타하고 부상한 놈들은 죽게 놓아두지 무슨 운반이냐고 호통을 치더라 한다. 이들은 이렇게 되어 종로署에 연행되어 총대와 침대목(木)으로 무수한 구타를 당하여 민진식군의 온 몸은 전신이 출혈로서 붓게 되며, 만 二일간을 깡보리 밥으로 연명한 민군은 계엄령하인 이때에 꼭 총살당할것만 같은 생각에 탈출하려 하였으나, 삼엄한 경계로 뜻을 못 이루고 四월 二十三일에야 석방되어 풀려나오게 되었다.

　　後에 민군이 부상을 입은 것을 보고 본 대학 병원에 입원하라는 親友의 권고도 무릅쓰고 다른 부상자의 입원을 양보하고 말았다.

延世大學校 醫科大學 鬪爭實記

歷史的 四月十九日! 이날도 여전히 조용하고 경건한 가운데 午前講義가 진행되고 있었다. 그러나 어딘가 모르게 긴장과 초조가 전교생을 무겁게 물아넣고 있었다. 주모받는 雰圍氣 속에 前日(四月十八日)에 일어났던 高麗大學生들의 平和的 示威에 關한 新聞報導가 으뜸이었다. 오므가는 對話는 服線은 누구가 보아도 直感할수 있는 暴風前夜的 精氣가 빛나고 있었다. 午前講義는 그래도 平穩한 가운데 아무런 실제적인 動向없이 끝났다.

十二時三十分. 點心時間이 된것이다. 學生들과 病院職員들 때문에 食堂은 대단한 構內食堂으로 물러드는 學生들 中에는 이時間만 되면 食堂의 混雜을 避해서 外出하는 사람들도 많았다. 이날도 많은 學生들이

의 鬪爭보다 앞으로의 民主하다. 피로써 死守한 民主主義는 더럽히지말고 빼앗기지말자 民主主義는 내것이요, 國家 目身의 것이다 대가 요리하고 지켜야 한다. 國際情勢 는 立脚한 위대로운 韓國의 位置를 我寧하면서, 붓을 놓면서 塔下에 있는 同志에게 默念을 드리노라.

五·五로 물며 나갔다. 그때에 市內의 空氣는 別로 이렇다할 무 엇을 느낄 수는 없었으나, 나중에 알고보니 市中心部에서 수많은 大學生들이 不正選擧에 대한 규탄을 부르짖는 示威 가 행해지고 있다는 것이었다.

이때 構內食堂에 모인 學生들 間에는 市中에서 行해지고 있 는 서울大學校 學生들 示威에 關한 話題가 떠돌고 몇몇 學友들 은 국도로 긴장한 나머지 食慾을 잃고 도시락무정을 그대로 어버리는 사람들도 있었다.

그런대로 응성대면서도 點心을 마친 많은 學友들이 食堂밖으 로 나왔을 때에는 이미 市內의 空氣는 興奮과 긴장이 交叉되 눈感 그대로였다.

이때 病院 正門앞으로 수천명을 헤아리는 中央大學校 學生들이 校服에 가방을 걸개로 구보로 버렸다. 그뒤에는 몇대의 소방차가 경 진隊列에 순식間에 지나가 뒤따르고……

이에 直接的인 刺戟을 받은 여러 學友들은 짓누르고있던 感 情을 폭발시킬 氣勢이 마친 急聲委員會 幹部들을 불들고 連히 示威隊를 構成하여 출발할 것을 要求하고 있었다.

그러나 그때의 時刻이 아직 一時밖에 안되었으니 外出한 學 生들이 다 돌아올때까지 기다리자고 一段 合意를 보고 校內의 金學生을 소집하여 「에비손舘」(註: 「에비손舘」은 構內小講堂임)으

附錄

五○一

附錄

로 集合시켰다.

이때까지도 新村延大 總學生委員會에서는 아무런 연락도 없었다. 勿論 이示威가 아무도 시키지 않은 自發的인 意思의 表現이었으니까. 事前에 어떤 연락이라든가 指示한 것도 當然한 일이었으니까. 그러나 新村의 勸誘隊가 궁금한 나머지 三學年 閔振植君이 연락임무를 띠고 出發하였다. 잠시후에 뛰어들어온 閔君으로부터 延世大 金學生이 西大門을 지나 光化門을 向해 일약 구보 示威하고 있다는 소식을 들은 學生들은 이에 合勢할것을 결의하고 당시의 운영위원장 조진빈(四年)君의 主管아래 간단한 회의를 진행시키고 아래와 같은 決議文을 채택하였다.

1. 不正으로 一貫한 三·一五副統領選擧를 다시하자.
2. 殺人警察의 蠻行을 규탄한다.
3. 警察은 政治的으로 엄중中立을 지키도록 하라.
4. 學園에 있어서의 一切의 政治的 조종, 간섭을 排擊한다.
5. 以上의 決議를 全學生의 意思로 採擇한다.

이때의 時刻이 一時十五分, 거의 全學生이 이미 흰 까운을 입은채로 集會에 參席하고 있었다. 二學年學生 몇명에 의하여 學校名을 쓴 풀라카아트가 들려지고, 그外에 비교적 질서를 유지하면서 敎授數名이 이를 목격하고 學生들에게 질서를 지킬것이다. 이때 延世大學校 醫科大學의 自進平和的 示威는 始作된 것이

과 學生의 本分에서 떠난 行動을 해서는 안된다는 부탁이 있었다. 그러면서도 이 學生들의 굳은 決意를 막을 意思는 없는 듯, 오히려 그表情들에 격려와 호응의 內心을 읽을 수가 있었다.

우리 示威隊가 가운을 입고 正門을 나섰을때 마침 그앞을 通過하던 京畿大學 學生示威隊와 合流하였다.

우리 示威隊가 主로 「醫學徒여! 메쓰들어 썩은 政治 수술하자」「不正선거 다시하자」, 「경찰국은 中立하라」「공산五列 물러가라」等 口號를 외치면서 시청앞에 達했을때, 마침 世宗路쪽에서 前進해오던 新村 延世大 示威隊를 만나 이에 合勢하게 되었다. 이때의 警大 示威隊는 戰場에서 지원부대를 만나 의기충천하는 듯 하였다. 市廳앞에서 바라보는 中央廳 앞에는 데모대와 이들을 격려하는 시민들로서 인산인해를 이루었으며, 本校 데모대는 진서정연한 가운데 종로로 지나 종로四가, 원남동을 거쳐 中央廳을 향하고 있었다. 본교 모데는 구호에서 타고외는 달의 上記決意文 外에 醫學徒여 解剖칼을 들라! 썩은 政治 手術하자! 金柱烈君의 지체를 다시 解剖라!」等의 口呼로서 異彩를 띠었으며, 外科醫의 口呼는 시내 요소요소의 경관을 퍽 자극시킨듯 하였다 본교대원은 연달은 천지를 진동시키는 듯한 구호로서 목이 쉬는 데모대원은 政治를 규탄하는 것도 모르고 돈화문 앞까지 도달하였다며, 이때 들은 政治 卞術하자! 등의 口呼로서 異彩를

다. 중앙청 앞으로 전진하는 본교 데모대에 반하여 數명씩「데모」를 이탈하여 집으로 돌아가는 他校 學生들의 말을 들으면 午前에 最武裝앞에 육박한 平和的인 데모隊에게 警察은 실탄 사격을 시작하여 십여명의 사상자를 내었다는 말을 듣고 本大學의 데모隊는 쫓아 나온 某敎授는 경찰의 경제와 부차면 난사를 피하여 종로 방면으로 돌릴 것을 제안하였으나 다른 학교 학생들은 先頭에 선 것을 굴아갈수 없다고 옥신 각신하는 동안 本 學生들은 先頭에 서서 총성이 요란한 중앙청 앞에 도달하게 되였다. 이때 본「데모」대열 옆에 있던 성명 미상의 청년이「로타린」에서 일어쓰러지며 계속 本校「데모」대이였다. 통상을 입어 연좌「데모」에 이르게 되였다. 이때가 반공회관, 서울신문사, 도청옆 파출소 등에서는 화염이 오르며 총성은 점점 심해졌다. 이때가 三시경이니 벌써 경비계엄령이 선포된 때이나 이겪을 아는「데모」대원은 아무도 없었다. 평화적 모데중 움직이는 사람만 있어도 사격은 더욱 심해져서 본 의대에서는 응급 모를 한시간 이상 계속할수 밖에 없었다. 車를 내어 학생들의 손으로 부상자를 병원으로 옮겼고, 특히 사격이 심한 도청앞, 무기고 앞에서 쓰러져 있는 부상자들을 他학교 학생들은 아무도 고 학생들은 총탄을 무릅쓰고 운반함으로 이들을 전져내게 된

附 錄

것이다. 이로써 본 병원에서는 三百六十여명의 부상자를 수용 가로시킴으로 타 병원의 환자를 치료한 것이다. 한시간 이상의「연좌데모」를 계속하는 중 일부 학생은 대표를 경찰 집결지인 무기고내에 보내어서 즉시 발포를 중지시킬 것을 요청하려 하였으나 이때는 벌써 계엄령이 선포되었다고 전하는 말을 듣고, 무의미하게 대표를 보냄으로 이들을 희생시키는 과오에 안될 것이다. 생각하여 後退하는 수 없이「데모」隊의 에서부터 安國洞쪽으로 後退하게 된 것이다.

안국동에서 다시 方向을 돌려 자유당본부앞을 지날때 자유당 본부 청사에서 우리에 의하여 유리窓이 모조리 깨어져 있었으므로, 여기에서부터 우리 示威隊는 새로운각오로 마음을 가다듬고 질서 정연히 종묘화신앞을 경유하여 南大門을 向하였다. 이때 우리 示威隊의 口號는「경찰은 生命을 존중하라.」, 「경찰은 이以上데 발포하지 말라.」 등이였다. 道路邊에 늘어섰던 群衆들은 우리에게 묵이 터질듯이 고함을 질으면서 박수를 보내었으며, 많은 主婦들이「빠켓쓰」에 물을 담아놓고 示威隊가 갈왔으므며, 많은 여기저기 있었다. 南大門을 지나 시울驛前에 到達했을때 증을 免해주고 있었다. 그들은 西大門 方向으우리는 延世大學校 主示威隊와 헤여저서 正門주위로 돌아가 우리는 다시 學校로 돌아왔다. 그때까지 담은 敎授들과 病院職員들이 우리를 歡迎하며 대에 늘어섰던 탐은 이때의 心情은 筆舌로 形容키 어려운 것으로 대수를 보내왔다.

五〇三

附錄

부분의 學友들은 복바쳐오르는 감격의 눈물로 서로 마주 視線을 交換했던 것이다.

學校에 돌아왔을때 궁금해하던 여러 敎授들과 病院職員에게 示威隊가 겪은 詳細와 아울러 市內에서 이러난 거의 눈으로 볼 수 없었던 비참相을 보고하고나서 學生을 集合시켜 「에비손舘」에서 人員을 파악하였다. 그때 십여명의 學友들이 보이지 아니하였으나 나중에 다 學校로 되돌아옴으로써 우리示威隊는 一名의 負傷者도 내지않고 平和的인 示威를 마친 것이었다.

어둠이 깃들기 始作하자 점점 死傷者는 늘어갔으며 이에 당황하게된 세브란스病院 當局은 모자라는 血液을 充當키 위하여 두덩이 접끄에 學生들을 등원하여 「피를 求합니다」라고 의치면서 이돈밤을 달렸다. 이때 많은 사람들, 특히 婦人層에서 自進하여 자기의 피를 써 달라고 부르짖음을 보는 사람들은 말없이 눈물만 흘렀던 것이다.

밤이 길어가자 학교에 남아있던 三十여명의 학생들은 부상자 치료에 발벗고 나서지 않으면 안되겠다 하여 작명실, 특히 外科、整形外科에서 많은 수고를 아끼지 않았고, 어덥박에 안되는 手術臺가 만원으로 차버리자 복도에서도 치료하지 않으면 안될 형편이 되어 學生들은 「후략슈」를 비춰주고 의사는 수술하고...… 이멀게 피눈물 나는 學苦로써 많은 부상자를 救했던 것이다.

그날밤 아직도 거리의 소음은 살아지지 않았으나 시체실에 쌓

인 死亡者의 옷을 뒤져가며 그들의 身元을 파악하기에 땀을 흘린본교 학생중 극심한 경찰의 고문으로 부상을 입은 민군의 이야기를 들어보면 다음과 같다.

「데모」대인이 증앙청 앞을 떠나고 본교 三학년인 박원배군과 전공과 四학년의 신촌 연세대 도서관학과 三학년인 본교 三학년 민진식군을 미룻한 흥사성군이 도청앞에서 질탄사격을 받아 쓰러진 학생을 운발견하고 이들을 구하기 위해 지나가는 시발택시의 운전수에게 부상자를 실고 가기를 청하니 운전수도 배히 승락하여 무기고 알으로 달려갔다. 이때 부상자를 실으러 가는 차를 무장경관이 자동차를 향하여 집중사격을 함으로 정지하지 않을 수 없었다. 무장경관들은 이들을 무조건 하차하라고 하고 너회들은 무기고에 방화하러 왔다고 하기에 우리는 부상자를 운반하러 왔다. 하였으나 이들을 무조건 총대로 구타하며 부상한 놈들은 죽게 놓아두지 무슨 순반이나고 호통을 치며라 한다. 이들은 이멀게 되어 종모롯에 연행되어 무수한 구타를 당하여 민진식군의 온몸은 전신이 출혈로써 못게 되며、만 二일간을 장보리 밥으로 연명한 민군은 이대에야 꼭 총살당할것만 같은 생각에 뜻을 못 이루고 四月二十三日에야 석방되어 플려나오게 되었다.

後에 민군이 부상을 입은 것을 보고 본 대학 병원에 입원하라는 親友의 권고도 무릅쓰고 다른 부상자의 입원을 양보하고 말았다.

東國大學校

政治科 三學年

李 淳 權

(一) 蜂起의 動機

人間의 自由는 하늘이 付與한 基本權利인 것이므로 何人을 莫論하고 正當한 理由없이 그를 侵害하지 못하는 것이다. 人間의 自由는 이와같이 高貴한 것이며 義로운 일에 피를 터씨을 수 있는 사람에게만 付與할 수 있는 天의 人權이다. 第一·二次 馬山事件은 全國民의 一大反抗心과 政治的 旋風을 이르켜 血氣旺盛한 우리피끓는 靑年學徒는 더 以上 欺瞞層에 屈辱的인 態度로 머물러 있을 수 없다는 結論을 얻게된 것이었으나 아직도 學業에 뿐에서 오직 正義에 呼訴할 수 없음을 가슴아퍼했든 것이다. 英國이 世界에 不老大國이요 大英帝國이라고 까지는 世界 어느 곳에서도 많은 피를 흘려 싸워왔지만 「낫슬」로 삭손」人이나 「캘트」族으로된 英國國民自體間에는 同族相爭이란 도저히 찾어볼래야 찾아 볼수가 없었던 것이다.

그러나 보다 正義의 깃발아래 不義에 反對하여 미치듯 守護의 自由를 부르짓는 學徒들에게 銃擊을 加한 것은 民權그만두고라도 이렇게 죽어간 罪없는 學徒의 屍體를 隱蔽하기 爲하여 죽은 사람 얼굴에다 催淚彈을 때려박았다니 이는 天人이 共怒할 것이오 自由의 權利가 아니라 憲法의 寒心應事가 아닐 수 없는 嚴然히 保障되어있는 以上 도저히 참을수 없는 것이다.

大韓民國은 民主共和國이라는 憲法 第一條文에 明記되어 있는바와 같이 우리의 主權을 民主主義의 逆行者요 國民의 敵인 萬若에 있다면 그는 民主主義의 逆行者요 國民의 敵인 것이다.

드디어 우리는 이수선하던 政局을 바로 잡고 쓰러져가는 祖國을 건겨야 하겠다는 共通된 心情으로 興奮을 저마다 가슴깊이 潛在해 있었지만 아직 行動面으로 옮겨지기 까지는 多少距離가 먼것 같었다.

그러나 太古로 부터 오늘에 이르기까지 部族社會에 있어서나 世界國家를 志向하는 今日에 있어서나 浴場이다.하고한 國內外 政治史는 「歷史는 피의 歷史다」라고 한 「제임스」(William James) 말과 같이 피두러진 歷史를 바로잡고 來日의 祖國을 勇敢하고 실은 心的인 衝動을 느끼며 죽엄을 무릅쓰고라도 正義의 體系를 加하기 爲動하여 느끼게된 것은 비단 筆者만이 아니라 四·一九데모에 參加했던 사

附 錄

五〇五

4·19 및 4·26 당시 세브란스병원에서의 환자 치료 기록

「4·19 및 4·26 부상자의 통계학적 고찰: 연세대 의과대학에서 취급한 환자 예」
(민광식, 허경발, 김광연, 『대한의학협회지』Vol.3, No.5, 1960)

年令別로보면 最若者가 7歲이고 最高令者가 39歲였다 가장많은 犧牲者는 19歲의 10名이고 20歲의 8名, 2의 7名의順序이고 其他의 各年令에서 平均1~2名씩다. 여기에 27例의途中死亡者를 包含시키면 亦是 가장 많은 犧牲者는 19歲 13名, 20歲 12名, 21歲 7名의順序다. (圖表Ⅱ參照)

胸部19例(22%) 腹部20例(23.6%). 上肢 11例(12.7% 下肢 19例(22%)等으로 一大別되었다. 途中死亡者27% 를 包含하면 總例11個所의 負傷이 있었고 그들을合하여 細分하면 頭部30例(26.5%) 胸部31例(27.4%) 腹部2例(18.5%) 上肢11例 (9.7%) 下肢20例(17.6%)이다. (表Ⅲ參照)

이 部位別負傷率을 外國例와 比較해보면 다음과같다.

入院患者 總數(途中死亡者包含) 外國(1) 外國(2)
頭部 19.7%　　26.5%　　　　　12%
胸 部 22%　　27.4% 13.2%
胸腹部　　　　　　　11.6% } 25%
腹 部 23%　　18.5%　　30%
四 肢 34.7% 27.3% 45.3% 63%

【E】重患과 輸血
重患28名은 적어도 1000cc(두瓶)以上의 輸血을함으로써 Shock狀態에서 回復되었던가 또는 手術準備를完了시키고 各己必要할 應急手術을 받았던것이다.

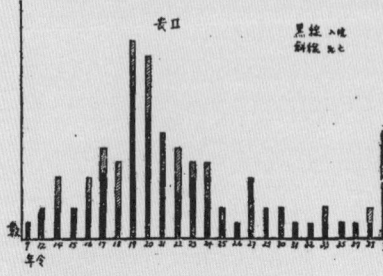

表Ⅱ

【C】原因的分類
患者의負傷原因은 그들의 陳述所見等을 綜合해서 究明해보았다. 71名 銃創이 47例 車事故가 9例 其他가 15例로되어있다. 이 15例中에는 警察拷問에 依한것이 1例이었으며 이 患者는 4.19및 日後에 入院했던것이다 途中死亡者 27例에는 銃創이 21例 車事故가 6例이고 이 6例의車事故는 모두 4.26犧牲者들로써 診斷이 頭底部骨折로 되어있다. 4.26患者를 除外하면 重患은主로 銃創이 原因이었고 車事故 및 其他에는 主로 輕患이 包含 되어있었다. (表Ⅲ參照)

【D】部位別分類
單一發의 銃彈이 一個所의 患部를 負傷시키는경우가있다. 例를들면 上胸部를貫通하고 胸部에負傷을 이르켰던例가있다. 또한 二發의受傷者도 있었음으로 71名 患者中 負傷部位를 그와 같이 究明했을時 總86個 所에서 負傷이있었으며 頭部 17例(19.7%)

表Ⅲ

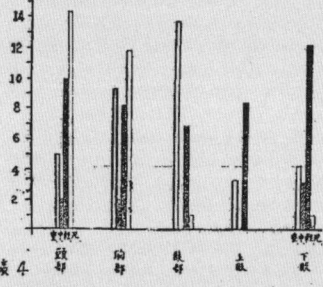

表4

Moore氏는 급격한出血이 全血量의 30~50%에 達하면 Shock의효과가 나타난다고말했다. 正常人에서의 血壓이 出血되면 血壓이70~90mm Hg가되고 脈搏이 110~130/Min가된다고 經驗上말하고있다. 故로 50kg의 體重의年少者가 出血하여 血壓이 測定不可能 又는 70mHg內外라고 假定하면 이少年의出血은 大略다음과 같다.

$$50kg \times \frac{10}{100} = 5kg (= 5000 cc)$$

故로 5000cc의 25%는 約1250cc 가된다.
反對로 患者의血壓, 脈搏 및 全身所見에 依해서 約10 0cc의 輸血이 必要했다면 그患者는 Shock에드러갔던가

또는 Shock의 效果가 影響됐으리라고 生覺되는것이다. 19歲를 前後한 韓國의 靑少年이 主患者인 今般事態에서 우리는 1000cc의 輸血이 必要했던 患者는 重患이라고 區別하는 標準으로 삼을수 있을 것이다. 이런 理由로 1000cc 以上의 輸血者를 區別했을 때 그 患者總數는 28名이 였다. 이 患者들에 使用된 全血量은 159瓶 (79500cc)였 다. 即 每人當 5.67瓶(2835cc) 輸血한 結果가 된다. 좀더 細分하면 第Ⅱ表와 같다.

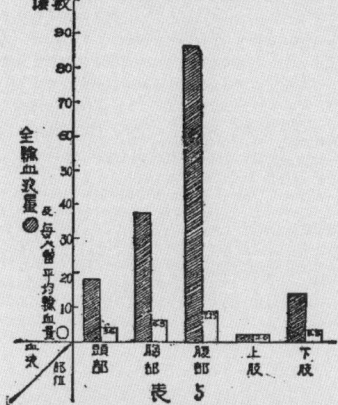

表 5

死亡者 6名에 使用된 血液瓶은 死亡者 各己에 6.3瓶(3150cc)에 該當된다. 그리고 生存者 22名에 對해서는 每人當 5.5瓶 (2750cc)을 輸血한 結果가 된다. 이를 SAKO氏 統計와 比較해보면 SAKO氏는 生存者에게는 約 2000cc 의 輸血 또는 Plasma가 必要했고 死亡者는 約 3,500cc 의 輸血及 Plasma注入이 必要했으나 生存치 못했다고한 다. 6% Dextran 及 5% p/w의 使用量은 應急室에서 血液이 準備되는 동안 主로 使用되었다. 充分한 血液供給 은 이런 失血性 Shock處置를 가장 效果있게 했던 것이다.

[F] 手 術

71名患者中 手術例는 38名이었다. 이 38名에 對한 手術法과 處置法의 總數는 74個의 各種이다. 이中 4.26直後의 手術 一例와 再手術 4例를 除하면, 69個의 手術이 4月 19日의 밤사이에 施行되었던 것이다. 이中 가장 甚한 一例는 右側上腹部 貫通銃創으로써 開腹後 그 患者의 負傷所見은 肝破裂, 胃破裂, 膵臟頭部의 裂創 그리고 肝門靜脈 및 腹部大動脈의 裂劑이었다. 이와같이 一個 部位의 損傷이 內部에서는 上部와 같은 多發性損傷을 招來하는 수가 있는 것이다.

모든 手術法에 對한 綜合은 別表와 같다.

Trephination	1
Craniectomy	4
Laminectomy	2
Mastoidectomy	1
Tracheostomy	2
Closed drainage	5
Lobectomy	1
Repair of stomach perforation	1
Suture of liver laceration	1
Repair of intestinal perforation	5
Resection & Anastomosis of intestine	6
Exteriorization of Colon	3
Splenectomy	1
Debridement, Primary closure & Hemostasis	20
Removal of Bullet	8
Neurorrhaphy	2
Cast	7
Repair of major Blood vessels	2
Skeletal traction	1
Open reduction with screw	1
Total	74

모든 手術은 無菌的으로 施行되었으며 約 9個의 外科組 가 急히 編成되고 構成은 講師級 以上의 職員 1名과 2~3 名의 醫局員과 2~3名의 卒業班 學生으로 編成되었었 다. 한 手術이 끝나면 한 사람은 手術後處置를 擔當하고 남어지 사람은 다음 新患의 Shock療法 應急止血 及 手術 準備를 完了하는 것이었다. 外科學과 應急處置 및 手術에 가장 能熟하신 두분 (K.S. Min. 及 P.W Hong)이 交代로 모든 手術迎合의 總指揮를 맡아 보셨었다. 13先輩 神經外科 胸廓外科 및 腹部外科의 手術이 앞섰고 整形外科 手術은 前者들이 끝난 後에 主로 施行되었으나 應急은 此限에 拘束되지 않았다.

應急 救命 手術이 一段 끝난 것은 翌日 새벽 1時頃이었으 며 그다음은 救命手術보다 좀 덜 急한 整形外科의 Debridement of wound, Open reduction 등이 繼續되었다. 全 手術을 도려켜보면 第一 많은 處置法이 創傷의 Debridement이고 그 다음이 應處置法이었다. 다음은 胸廓의 Closed drainage와 頭部의 Craniectomy의 順이었다.

[G] 死亡診斷

患者 發生한 死亡者는 4.19 死亡者는 25名 이고 4.26 死亡者는 7名이었다. 4.19 死亡者 中 5名 은 手術室에서 應急手術을 받았으나 蘇生하지 못했음으로 이 數字는 病院死亡으로 取扱하고 除外하고 27名을 對象으로 考察하기로했다. 27名中 21名이 4.19 犧牲者인데 이들은 모두 應急室에 到着한 直後 또는 救急車에서 또는 手術房으로 向하는 途中에 死亡하였으며 死亡時間은 대개 午後 5時부터 7時 前後로 되어있다. 4.26 犧牲者는 7名인데 이 病院으로 運搬途中에 死亡한 사람이 4名이다. 銃創患者 1名은 세브란스 病院에서 死亡하고 남어지 2名은 死亡場所가 明記되어있지 않으나 1名은 4月

26日午前 9時이고 다른한名은 4月27日 午後12時 45分으로되여있다. 이 2名의 死因은 모다 腦底骨折이다. 合計 27名은 病院에서 手術 또는 應急處置의 惠澤을 받지못했으며 그27名을 考察分析하면 다음과같다. 27名中 女子는없다. 모두男子였다. 이들의年令은 主로 20代內外이고 가장많은것이 19歲와 20歲가 各各 4名이고 18歲와 22歲가 各各 3名이고 14歲가 1名, 16歲가 2名 17歲가 2名 23歲 1名 24歲 1名 33歲 1名 39歲 1名이고 5名에서는 年令을알지못됐다. 그러나 이 年令未詳의 5名中에는 高等學校學生이 3名包含되여있는 것이다. 負傷의病類別로 考察하면 다음과같다. 頭部損傷이 13名이고 그中 銃創이 6名 頭蓋骨複雜骨折이 1名 腦底骨折이 6名이다. 이 腦底骨折은 全部 4.26의 犧牲者이고 1名의 頭蓋骨複雜骨折은 4.19에 發生및던것이다.

胸廓의銃創이 12名 腹部銃創이 1名 頭部銃創이 1名 合計 14名인데 이들은 모다 4.19의 犧牲者들이다. 남어지 5名은 應急手術을 받었으며 그中 3名은 手術後一乃至 二日間生存했음으로 入院患者로 登錄되였고 남어지 2名은 모두 手術台에서 死亡했음으로 入院登錄이 되지않았다. 이 5名은 病院死亡이고 또한 今般事態의 死亡率이란것이 71名中 6.9%에 該當된다. 이 病院死亡者 5名을 簡單히 說明하면 다음과같다.

第一例 右下腹部貫通, 銃創으로써 3000cc의 輸血을하면서 手術했으나 右側總腸骨動靜脈의 破裂로因한 甚한 Shock로 死亡했다.

第二例 右上腹部貫通銃創으로 入院했고 輸血500cc를 하면서 開腹했을때 右肝葉, 胃前面及 十二指腸後의 膵臟頭 門脈及肝靜脈及 腹部大靜脈의 破裂을 發見했으나 그들을 手術하는途中 Shock死를 이르킨 것이다.

第三例 頭部貫通銃創으로 深한 Coma로 入院했으며 氣管切開術을 施行해주고 輸血及 其他全身操法을 하는 途中 死亡했음

第四例 24歲의 女人으로써 第七胸椎附近의 貫通銃創이 있었으며 兩側性血胸及 氣胸을 이르켰다. 5500cc의 輸血을하면서 兩側胸廓의 應急處置 (Closed Thoracotomy)氣管切開術을 하고난後 다음날 脊柱의 完全切斷을 發見했으며 再手術後에 死亡했다. 이때 脊柱는 完全切斷되여 있었다.

第五例 腹部貫通銃創으로써 開腹時 盲腸及 上行結腸의 破裂이 있었고 右側腎臟이 破裂되어 있었다. 4000cc의 輸血을하고 手術이 끝났으나 Shock에 回復치못하고 死亡하였다.

— 考 察 —

死亡者中 腹部損傷이 60% 頭部 및 胸部損傷이 各各 20%이며 腹部患者(骨盤包含)20名에 比하면 15%가 死亡하고 胸部는 19名에 對하여 5.8%에 該當되고 頭部患者 17名에 對해서는 5.8에 該當되는것이다.

腹部損傷死亡率이 높은理由는 다음과같다. 即 死亡者의數字가 比較됐을때 死亡者는 途中死亡者 中에서는 頭部損傷이 27名中 13名 (48.1%), 胸部損傷死亡者는 27名中 12名 (44.4%) 腹部及 頭部死亡者는 各各 1名으로 3.7%에 該當된다. 即 胸部와 頭部損傷患者는 應急處置를 받기前에 많이死亡했고 腹部患者는 應急手術을받은後에 많이死亡했다. 頭部와 胸部에도 重要하고 生命維持에 보다더 緊急한臟器가 있기때문에 直死率이 많고 腹部에는 比較的生命維持에 덜緊急한 臟器가많을지언정 直死率은的으나 病院死亡率이 높은것이다. 以上의 5名은 4.19及 4.26當時 또는 直後에 死亡했으나 또한명의 患者가 4.19에 入院後 手術을받고 4月28日에 死亡하게 되었다.

故로 病院死亡이란것은 71名에 對해 6名이 對象이 되며 이는 8.45%에 該當된다.

換言하면 今般 4.19及 4.26事態를通해 甚한 負傷者가 發生되였고 大部分은 病院에 到着되는時間이 極히 短縮되었으며 死亡率은 8.45밖에 않되는 것이다. 萬若 延世大 附屬病院에서 取扱한 全患者 約200名을 對象으로한다면 3%의 死亡率이 되는 것이다. 腹部負傷者의 死亡率은 높으나 15%이고 가장 死亡率이 낮은部位는 四肢인데 30名中 一例의 死亡도없으니 0%에 該當된다. 腹部 다음으로 死亡率이높은것은 頭部와胸部의 5.8%이다.

結 論

(1) 4.19 及 4.26患者 71名과 死亡者 27名 合計 98名에對해 觀察했다.
(2) 患者及 犧牲者의 大部分은 男子이고 特히 19歲, 20歲, 21歲의 靑年들이 많었다.
(3) 負傷原因은 4.19에 있어서는 主로 銃創이고 4:26에서는 軍事故가많었다.
(4) 部位別負傷統計를보면 四肢 腹部 胸部 頭部의 順이고 負傷이많고 死亡者를 包含시키면 胸部의 負傷率이 第一많고 四肢 頭部 腹部의 順序로되여있다.
(5) 頁患者의 輸血量은 每人當平均 2835cc였고 死亡者에있어서는 每人當平均 3500cc의 輸血을했고 生存者에게는 平均2000cc의 輸血을했다.
(6) 우리 病院死亡者는 病院死亡率 8.45%를 表示해주고있다.
(7) 病院死亡者 5名에對한 手術所見을 極히 簡單히 紹介하였다.
(8) 手術處置法과 回數는모두 74回까지고 38名에 對해서 手術을 施行했다.

① SAKO. etol. A Survey of Education, ressuscitation and mortality in a forward Surgical Hosp, Surg 37:602:1955.
② DAVIS; Text Book of Surgery.
③ F. Moore, Metaholic Care of Surgical Patient Saunder's Co. 1959. P 194.
④ AALpocl; Abdominal Wound in Korea. Ann. S, 140:850:1954

최정규 열사 추모글

『연세춘추』(1960년 4월 27일 1면)

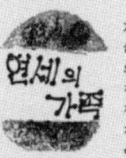

=내 동생 정규에게=
지금도 아련히 만 들려

최 문 숙

내 곁에 없는 너하고 무슨 할 말이 있겠느냐만 꿈결 같이 가버린 후 처음으로 갖는 조용한 틈이라 전과같이 너하구 얘기가 하고 싶어.

늘 이렇게 한가한 저녁이면 제나 너하구 지꺼리고 웃고 했지만 지금은 슬프기만 하다.

도대체 어처구니 없는 일이라 통 믿어지지 않는다고, 애통해 하는 엄마 아버지 앞에서 난 정말 슬퍼 할 수도 없었어.

자랑스럽고 명에롭지 뭐냐고 모두들 위로하지만, 그것이 입에 발은 소리로만 들리고 도무지 듣기조차 싫단다.

네가 알면 옹졸한 생각이라고 하겠지? 그렇지만 옹졸한 누나라고 나무라지만 이렇게 큰 가슴아픔과 네가 주고간 그렇게 많은 정(情)들을 생각해 보렴.

너 때문에 세상이 좋아지고 살기가 편해 졌기로 내게 무슨 상관이 있겠니.

너를 잃어버린 끔찍한 일이 나를 표정이 없는 벙어리로 만들뿐이란다.

너를 머나 보내고 이렇게 살수 있는 것도 우스운 일이지만, 아버지 말씀마따나 그렇게 매정하게 정을 끊고 네가 가버렸다는 것은 기막힐 웃으운 노릇이지 뭐니.

네가 죽던 날 집에서는 식구들이 밤을 지키며 애타했다.

그 다음날 소식을 들었을 때는 너의 간곳을 알았으니 차라리 덜하드구나. 가슴이 뛰고 손이 떨리어 그 때의 회상은 그만 둘래.

엄마는 지금도 네가 들어 오려니 기다리시고, 아버지는 네가 있을 때와 다름없이 네가 자면 이층에 꼭 올라가서서 창문이 잠겼나 검사하셔.

넌 가끔 걱정마시라고 통명도 부리고 심술도 부렸던것 같다.

아버지 한테 넌 절대적인 존재였기 때문에 네가 뭐라고 하면 매일밤 올라가셨지 뭐냐.

그리구 너 생각나니?

친구들이 너의 용모를 보고 미완성 석가모니라고 놀렸다고 좀 기분나뻐 했든것 말야, 지금 가만히 생각하니 네 얼굴이 그랬다기 보다는 전혁 너의 마음써가 그랬을께라고 짐작이 가는구나.

엄마나 착하고 정직하고 또 마음에 드는 너였겠니.

또 너는 미운 고집통이라 엄마를 제나 속 썩기 했지?

그래도 엄마랑 끔찍이나 보고 싶을꺼야.

집에는 큰 누나,선규, 영숙이, 인숙이, 다 같이 있기 때문에 괜찮지만 혼자 있을 네가 무척이나 걱정된다.

잘 있다는 안부나 들을 수 있었으면 좋겠다.

(이화여자대학교 미술대학 회화과 4년)

== 내 친구 정규에게 ==

그리울 손 너의 미소가

박신일

사랑은 가고 남는 것. 이제 너의 관, 너의 수의, 너의 유골을 정리하고, 너의 죽엄과 너의 생시의 추념을 나누워야 하는 우리들의 슬픔, 넌 정말 정들다만 애인처럼 가버렸구나.

어느날 아래 위 싱글 쑤트를 입고 넥타이를 매고 거리에 나왔을 적에 얼굴이 빨개 가지고 집으로 가야 겠다고, 두려워 하던 너, 그렇지만 양복입는 경험도 자꾸 해야 한다고 하지 않았느냐.

스잔·스트라스버크가 나오는 영화를 보고 "난짝" 미국에 가서 업어 오고 싶다먼 너, 샌님 같이 얌전하먼 너의 성격에 피어 나먼 우스운 이야기들.

게으른 습성에 고등학교 과외때는 자주 지각을 하여 늦게까지 소제만 하먼 "걸레"같은 미남 정규야, 고생하시는 어머니가 정말 생 하시다고 빨리 커서 성공 하겠다먼 너, 너의 음성, 너의 환영, 너와 지내먼 허다한 시간, 우리들의 주위에 선하다.

기분파적인 너의 기질, 주머니에 있는 돈이면 한푼도 안 남기고 다 쓰먼 너, 여름에는 바다를 찾아 젊은 시절에 모든 꿈과 미래를 기약 하지 않았느냐.

음악이나, 문학 이야기를 할땐 언제나 의학도다운 너의 착실하고, 상식있는 발언, 집안에 큰아들로 모든 세련된 행위, 귀족적 용모, 모든 이런 것들은 우리들의 너에 대한 기대를 너무 증가 시켰는지도 모른다.

너의 생시의 친구들, 네가 살던 서울의 거리, 다방, 극장 구석, 우리들은 빨리 자라서 우리들의 위치를 확보 하려 하지 않았느냐?

밤 늦게 등불이 스산한 거리를 지나며 헤어질 때 언제 또 만나자고 약속하먼 너가 이렇게 우정의 배반자같이 죽는단 말이냐!

조롱 속의 작은 새의 죽엄을 슬퍼하먼 너, 그 섬세한 필치, 너의 마지막 말이 생각난다.

〈비가 끄쳤다. 축축히 안개어린 날씨는 다시 화창 해지고, 빛나는 천국의 햇살이구름 사이로 눈부시다. 짝새의 임종에 자리를 함께 못한 한가닥 애수도 이제는 다사라졌으니, 그것은 영원히…〉

이렇게 번역해 본다.

너의 고독한 젊은 죽엄을 무엇이라고 이야기 해야한단 말이냐?

동일한 조종 소리 우리들 가슴에 스머들고 너의 폐부를 관통한 총성, 그것은 우리들 내부에 영원히 진동 할 것이다. 오직 신뢰할 수 있었던 너의 의지, 자유와 정의의 이름으로 최후를 고한 너의 영전에 우리들은 묵도 한다.

「아침 저녁 잊을 수 없고, 보고 싶은 너의 얼굴」

이별의 섬광 너의 동공 속에 반짝일 때, 영원히 미소하라. 또 하나의 정규야.

긴급조치 제1호 위반 세브란스 학생들의 판결문

『비상보통군법회의 판결문집』(민청학련운동계승사업회, 학민사, 1994)

	1974년 2월 2일 판결 법무사 서기

판 결

사 건 번 호	74 비보군형공 제2호
사 건 명	대통령 긴급조치 위반
피고인의 인적사항	성 명 생년월일 계급·군번 소 속 (주 거) 본 적	별지 기재와 같다.
관여한 검찰관	검사 이 규 명
변 호 인	변호사 윤 의 준 (국선)
항 소 인	
변 론	
원 판 결	
주 문	별지 기재와 같다.

296 부록

※ 별지

1. 본　　적　　전남 담양군 창평면 창평리 89번지
　 주　　거　　서울 서대문구 대현동 56 - 84.
　 직　　업　　연세대학교 의학과 1년생
　 성　　명　　고　영　하
　 생년월일　　1952. 11. 4 (만 21년)

2. 본　　적　　경남 고성군 대가면 양화리 488번지
　 주　　거　　서울 도봉구 미아3동 2 - 220
　 직　　업　　연세대학교 의학과 1년생
　 성　　명　　이　상　철
　 생년월일　　1950. 2. 10 (만23년)

3. 본　　적　　서울 마포구 아현동 62번지
　 주　　거　　서울 용산구 신계동 30 - 6
　 직　　업　　연세대학교 의학과 1년생
　 성　　명　　문　병　수
　 생년월일　　1953. 1. 21 (만21년)

4. 본　　적　　서울 성북구 삼선동 3가 82번지
　 주　　거　　서울 도봉구 미아동 439-152
　 직　　업　　연세대학교 의학과 1년생
　 성　　명　　김　석　경
　 생년월일　　1952. 9. 6 (만 21년)

5. 본   적   경기 부천군 계양면 동양리
   주   거   경기 인천시 남구 주안동 454-19
   직   업   연세대학교 의학과 1년생
   성   명   황 규 천
   생년월일   1953. 2. 11 (만22년)

6. 본   적   서울 서대문구 연희동 519-122
   주   거   서울 서대문구 대현동 121-2
   직   업   연세대학교 의학과 1년생
   성   명   서 준 규
   생년월일   1952. 12. 15 (만21년)

7. 본   적   서울 종로구 명륜동 3가 80번지
   주   거   서울 서대문구 대조동 15-56
   직   업   연세대학교 의학과 1년생
   성   명   김 향
   생년월일   1952. 3. 13 (만21년)

주 문

피고인 고영하, 동 황규천을 각 징역 10년에
동 이상철, 동 문병수 동 김석경을 각 징역 7년에
동 서준규, 동 김향을 각 징역 5년에 각 처한다.
이 판결 선고전 구금일수중 9일을 피고인들에 대한 위 각 징역형에
산입한다.
압수된 선언문 초안 1매(증제1호), 선언문 원문 1매(증제2호),
투표지 8매(증제3호), 유신헌법 및 1.8조치 반대취지문 50조 각
(증제4호)은 이를 각 몰수한다.

이 유 : 피고인들은 모두 연세대학교 의과대학 본과 1학년에
재학중인 자들인바,

우리나라는 급변하는 국제정세와 북한 공산집단이 휴전협정을 공공
연히 위반하는 도발행위를 감행하는 등 안팎으로 맞고 있는 미증유
의 급박한 위기속에 민족의 생존권을 수호하고 안정과 번영 및 평화
통일 이룩하는 국가지상 목표를 달성하기 위해서 어느때보다도 국력의
배양과 조직화가 절대적으로 요청되고 있는 현 시점에서 10월 유신
에 의해 주권자인 전 국민의 총의로 확정된 유신헌법 질서를 뒤집어
없고 유신체계를 전복하려고 기도, 사회질서의 혼란과 동요, 국민
총화의 저해와 분열등 조국의 안전을 위태롭게 하는 일부 무책임한
인사들의 분별없는 행동으로 부득이 1974.1.8 헌법이 정하는 바에 따라
국가안보와 공공의 안녕질서를 유지하고 국헌을 수호하기 위하여 대
통령 긴급조치를 선포하기에 이르면 것인바,
이 긴급조치에 위반하는 행위를 하여서는 안된다는 점을 충분히 거
실하고 있음에도 불구하고

1. 피고인 고영학, 동 이상철, 동 서준규, 동 김향은 1974.1.21
위 대학 1학년 교실 앞에서 각 상면하여 피고인 고영하가 유신
헌법 및 대통령 긴급조치 제1호에 대한 불만을 토로하면서 이를
반대하는 집회와 시위등의 실력행사를 감행하자고 제안하자 다른
피고인들은 각 이를 받아 들임으로써 상호 공모하여, 동월 22.
09:50경, 성명미상 학생 약 100여명이 모여있던 위 대학 본과 1
학년 243호 강의실에 들어가서 피고인 고영하가 먼저 교단에 올
라가 유신헌법 및 긴급조치 철회를 위한 회의를 하자고 선언한

다음 애국가를 선창하여 학생들로 하여금 애국가를 따라 부르게 하고 순국선열에 대한 묵념을 약 30초가량 한후 동 피고인이 동월 20.20:00경 서울 서대문구 대현동 56-84 소재 동인의 하숙 방에서 이미 작성하여 소지하고 있던 선언문인 "국민의 최소한 의 권리인 개헌 청원서명 운동이 지식인, 언론인, 종교, 학생 단체에서 온 국민의 성원속에 파급되어 가자 긴급조치와 비상 군법회의라는 최후의 수단으로 커다란 과오를 범하고있다. 1.8 긴급조치도 어누브머 가증스럽게도 빛좋은 개살구 같은 미 봉책으로 국민을 희유하고 있다.

1. 1.8 긴급조치를 즉각 철회하라.
1. 유신헌법을 철회하라.
1. 언론집회의 자유를 보장하라.

조국의 내일을 위한 제도적 보장에 우리는 무한한 투쟁을 불사 한 것을 맹세한다." 라는 요지의 글을 낭독하고 다시 이를 부연 설명하는 발언을 한 다음 위 3개항을 선창하면서 학생들에게 복 창시키고, 상 피고인 황규천의 동 선언문에 대한 찬성발언을 들 은 다음 실력행사 여부를 투표로 결정하자는 상 피고인 문병수 의 발언을 받아들여 무기명 투표를 실시함에 즈음하여 피고인들 은 모두 찬성투표를 한후, 피고인 고영하가 투표결과 찬성58, 반대29, 기권7로서 유신헌법 및 긴급조치 철회를 위한 실력행 사에 돌입하기로 결정되었다고 선언 한데 이어서 피고인 이상철 이 등단하여 동 고영하의 주장에 찬성발언을 하면서 실력행사에 들어갈 것을 주장하고,

2. 피고인 황규현은 전시 1항 기재 일시 장소에서 상 피고인 고영하의 발언이 끝나자 교단에 등단하여 동월 21. 19:00경 서울 마포구 동교동 소재 고모부 김동환 집에서 작성하여 미리 가지고 온 유신헌법 및 긴급조치 반대 취지문인 "정부는 북괴의 도발우려가 없음에도 불구하고 긴급조치를 선포, 긴박감을 조성하고 있다"는 요지의 글을 낭독한후, 실력행사 여부를 정하는 위 투표에서 찬성투표를 하고,

3. 피고인 문병수는 전시 1항 기재 일시 장소에서 상 피고인 황규현의 발언이 끝난후 자리에서 일어서서 상 피고인 고영하의 주장에 찬성한다는 취지의 발언을 한후 실력행사 여부를 투표로 결정하자고 제의하여, 그 투표에서 찬성투표를 하고,

4. 피고인 김석경은 전시 1항기재 일시 장소에서 실력행사 여부를 결정하는 위 투표에서 찬성투표를 한후, 상 피고인 이상철의 발언에 이어 상 피고인 고영하의 발언에 찬성한다는 취지의 발언을 함으로써,

피고인들은 각 대한민국 헌법을 반대하고, 이를 선동하는 동시 대통령 긴급조치 제1호를 비방한 것이다.

증거를 살피건대, 피고인들의 판시 각 소위는,

1. 피고인들이 이 법정에서 한 판시 사실에 부합되는 각 진술부분

1. 검찰관 및 사법경찰관 사무취급 작성의 피고인들에 대한각 피의자 신문조서중 판시 사실에 부합되는 각 진술기재 부분

1. 검찰관 작성의 참고인 임창섭에 대한 진술조서 및 사법경찰관 사무취급 작성의 참고인 김준규, 유재덕, 경진호등에 대한 각 진술조서 중 판시 사실에 부합되는 각 진술기재 부분.
1. 이창섭, 임창섭, 박윤근, 장동산, 박태영, 곽인희, 경진호, 최동인, 박성만, 최성규, 유재덕, 김달수가 작성한 각 자필 진술서중 판시 사실에 부합되는 각 진술 기재부분.
1. 압수된 선언문 초안 1매(증제1호), 선언문 원본 1매(증제2호) 투표지 8매(증제3호), 유신헌법 및 1.8조치 반대취지문 50조 각 (증제4호)의 각 현존사실,

등을 종합하면 모두 그 증명이 충분하다.

법률에 비추건대,

피고인들의 판시 각 소위중,

(가) 대한민국 헌법을 반대한 점은 대통령 긴급조치 제1호의 5, 1에,

(나) 헌법반대를 선동한 점은 동조치의 5,4에

(다) 동조치를 비방한 점은 동조치의 5에 각 해당하고

그중 피고인 고영하, 동 이상철, 동 서준규, 동 김향은 공동하여 위 각 죄를 범하였으므로 각 형법 제30조에 해당하는바, 피고인들의 위 소위는 1개의 행위가 수개의 죄에 해당하는 이른바 상상적 경합범의 경우이므로 형법 제40조, 제50조에 따라 죄질이 가장 중한 위 (가)의 대한민국 헌법을 반대한 죄에 정한 형으로 각 처단하기로 하고 그 소정 형기 범위 안에서 피고인 고영하, 동 황규천을 각 징역 10년에, 동 이상철, 동 문병수, 동 김석경을 각 징역 7년에, 동 서준규, 동 김향을 각 징역 5년에 각 처하고 형법 제57조에 의하여 이

입하고, 압수된 선언문 초안 1매(증제1호), 선언문 원본 1매(증제2호) 투표지 8매(증제3호), 유신헌법 및 1.8조치반대 취지문 50조각(증제 4호)는 피고인들이 판시 각 범행에 제공한 물건으로서 범인 이외의 자의 소유에 속하지 아니하므로 형법 제48조 제1항 제1호에 의하여 이를 각 몰수하는 것이다.

이상의 이유로 주문과 같이 판결한다.

          1974. 2. 2.

      비 상 보 통 군 법 회 의

  재 판 장 육군중장   박 현 식

  심 판 관 육군소장   이

  심 판 관   권 중 근

  심 판 관   김 전 석

  법 무 사 육군중령

1987년 6월 민주항쟁 당시 세브란스 학생 및 의과대학 연합시위대의 모습

동은의학박물관 제공

기록 속 세브란스 학생운동

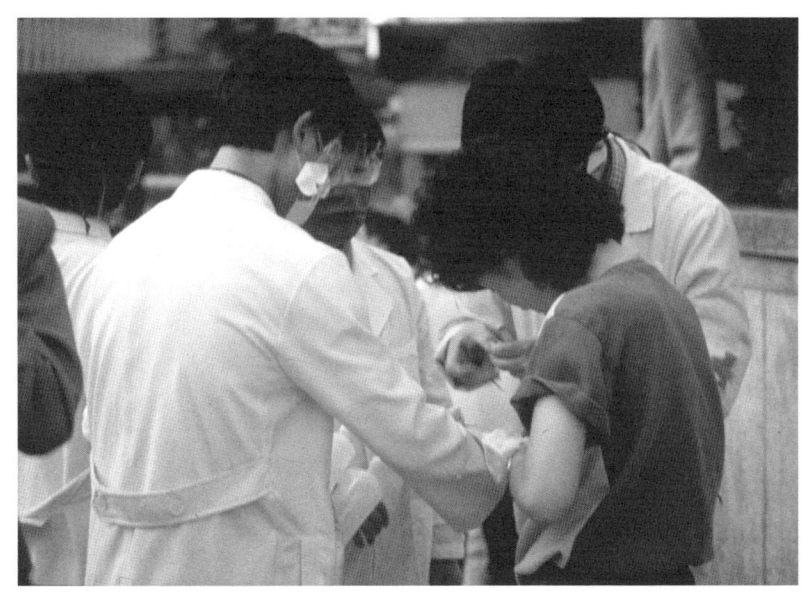

기록 속 세브란스 학생운동

세브란스 무의촌 진료반의 모습

연세대학교 의과대학 졸업앨범(1950년)

기록 속 세브란스 학생운동

연세대학교 의과대학 졸업앨범(1959년)

기록 속 세브란스 학생운동

연세대학교 의과대학 졸업앨범(1963년)

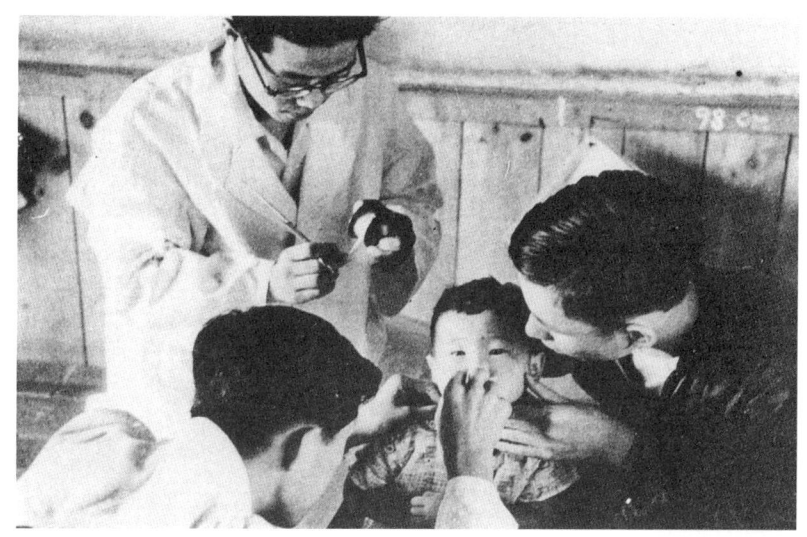

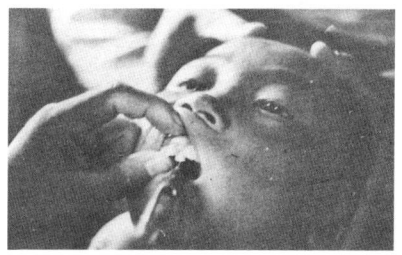

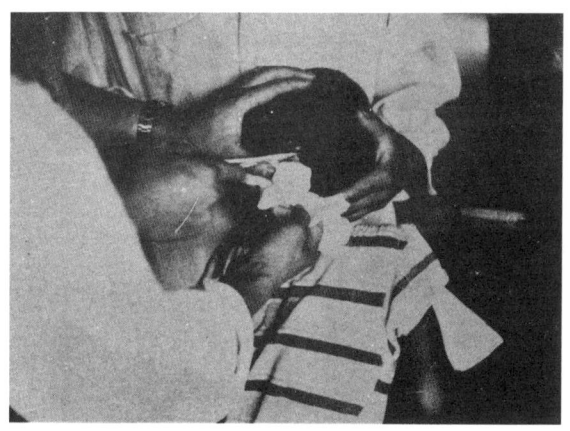

연세대학교 의과대학 졸업앨범(1972년)

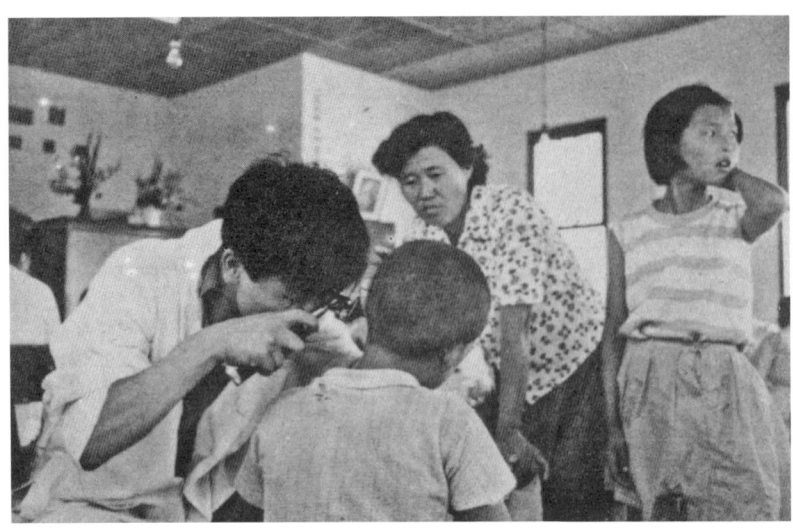

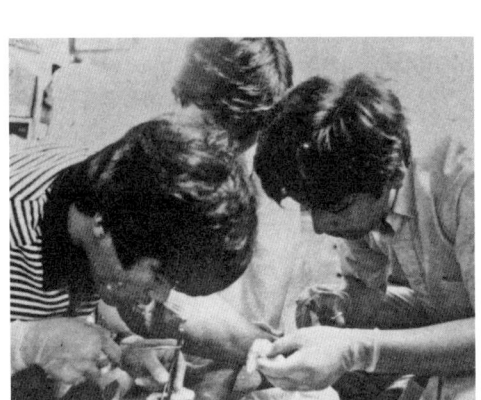

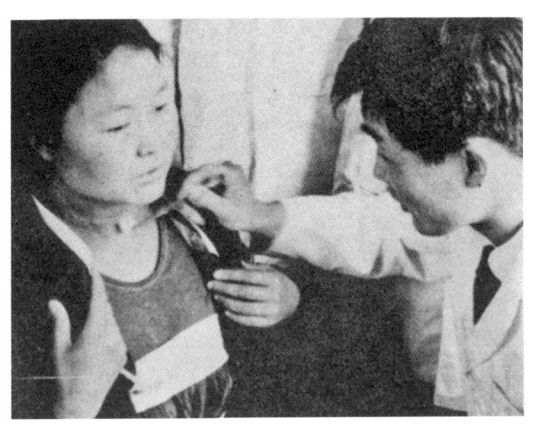

기록 속 세브란스 학생운동

구술로 만나는
세브란스인의 학생운동

해방 이후 한국은 정부 수립, 남북 분단, 경제 개발, 민주화운동 등 굵직한 정치적·사회적 변화를 경험해왔다. 이러한 흐름 속에서 세브란스인들은 정치 및 교육 문제에 대한 현실 참여, 무의촌 진료봉사와 같은 사회 참여로 한국 현대사 발전에 발맞추어왔다.

이 가운데 1960 – 1970년대는 전후 경제 논리와 민주 논리가 부딪히면서 사회 모순이 곳곳에서 터져나오던 때로, 당시 학생이었던 세브란스인의 생활에, 그리고 이후 한 사회인으로서의 삶에 큰 영향을 미쳤다. 당시 정권에 저항하면서 민주화운동에 참여한 대표적 인물로는 1960년 4·19혁명 때 학생시위에 참가했다가 사망한 최정규(1960년 입학, 1965년 명예의학사), 그리고 1974년 대통령 긴급조치 제1호 위반으로 징역형을 받은 고영하(1971 입학, 2020 명예졸업), 김석경(1983), 김향(1971 입학), 문병수(1983), 서준규(1977), 이상철(1983), 황규천(1983)을 들 수 있다.

이들 중 1960년 4월 혁명 당시 학생시위에 참가했던 최병일, 1974년 긴급조치 위반 사건으로 구속되었던 고영하, 문병수, 이상철과 인터뷰를 진행했으며, 본문에는 인터뷰 내용 중 일부를 발췌하여 실었다. 인터뷰를 통해서는 당시 시대상황 및 학내 분위기, 학생운동에 참가하게 된 계기, 수사와 재판 및 수감생활, 그리고 학생민주화운동 경험이 개인의 삶에 미친 영향 등을 담아내고자 했다.

최병일崔炳日

구술 일시	2019년 6월 13일 오후 6시
구술 장소	연세대학교 에비슨관 로비
면담자	인문사회의학교실 의사학과 신규환 교수(현 대구대학교 역사교육과 교수)

최병일은 서울에서 태어나 1959년 연세대학교 의과대학 의예과에 입학했다. 그는 1960년 최정규와 함께 4월 19일의 시위에 참여하였으며, 이후 학업을 지속하여 1965년 학교를 졸업했다. 졸업 후에는 미국으로 유학을 떠나 펜실베이니아대학교, 조지워싱턴대학교 등에서 경력을 쌓았고, 1994년 귀국하여 2004년까지 아주대학교에서 근무했다. 지금은 미국 위스콘신대학교 의대에서 심장학 교수로 재직 중이다.

── 연세대학교 의과대학에 진학한 계기가 있나요?

선친이 1957년부터 심장병에 걸리셨어요. 그래서 내가 고등학교를 선택할 때 심한 심장병으로 고생을 많이 하셨어요. 나는 원래 연대는 가고 싶어했지만 정확히는 공대 조선공학과를 희망했어요. 그런데 아버지가 심하게 아프시니까 의과대학을 가야겠다고 생각했어요. 연대는 예전부터 내가 가고 싶은 학교였고, 그래서 그때 고민을 많이 했었어요. 연대를 갈까 서울공대를 갈까. 그때 결정적인 사건이 생겼습니다. 1956년에 연대하고 세브란스하고 합쳤죠. 그때 연대 가면 된다 그런 마음이 생겼죠.

── 선생님은 최정규를 어떻게 기억하시나요?

나하고 59년에 같이 입학한 짝이었어요. 미남이고 얼굴이 준수하게 생겼어요. 그리고 얼굴이 하얘요. 여드름이 하나도 없는 그런 소년들 있지 않습니까. 그리고 영어 발음이 아주 좋았어요. 경기고를 나왔어요. 경기고 나온 애들이 그때 4명인데, 학업 성적은 그렇게 좋지 않았어요. 영어는 잘했어요. 조용하고 내성적인 친구였죠.

── 4월 19일에 학생들이 가두로 진출한 배경은 무엇인가요?

그때 어떤 일이 있었냐면 4월 18일 고대 학생들이 유자광 이런 깡패들한테 얻어맞았어요. 거기에 대한 울분이었어요. 그다음에는 연대에서 전혀 움직이지 않았다가 4월 19일에 그 전날 얘기를 듣고 기본적인 거는 깔려있었어요. 그때는 분노였습니다. 그때는 정치적인 거보다도 분노가 컸었죠.

그래서 거리로 나갔죠. 그 코스를 제가 정확히 알아요, 갔으니까. 지금 정문 앞에 거기서 나와서 그때는 연세대 앞으로 철길 밑에 굴다리가 있었어요. 지금은 그게 없어졌습니다. 그게 하나 이대 쪽으로 남아있는 게 굴다리예요. 거기는 아직 그거로 되어있죠? 그런 게 있었어요. 거기를 지나서 지금 자동차 못 다니는 길 신촌로터리로 해서 거기서 좌회전을 해서 신촌고개를 넘어서 아현동 그 다음에 서소문 쪽으로 빠졌습니다. 서소문 쪽으로 빠져서 어떻게 서울역으로 가게 됐어요. 거기는 세브란스가 있으니까. 거기에서 학생들이 나간 걸 저희들이 봤습니다. 세브란스 학생들이 나가는 거를. 하얀 까운을 입었어요, 전부. 그 사람들은 광화문으로 갔습니다.

── 최정규의 피격 순간을 목격하셨나요?

유탄 맞는 장면은 저도 못 봤어요. 어디까지 제가 정규에 대해서 아냐면, 같이 서소문에서 남대문으로 해서 시청 앞으로 갔어요. 여기서 우리는 광화문 쪽으로는 못 간다 그래서 안국동으로 돌렸습니다. 안국동으로 돌리는데 최정규는 어디서 헤어졌냐면 시청 앞에서 헤어졌어요. 그래서 제가 압니다. 왜냐하면 애가 담배를 피우는데, 그리고 쓱 웃어요. 그리고 하얀 이빨이 싹 보이는데 제가 섬칫했습니다. 그때 이런 얘기를 했어요. 나는 사이트싱Sightseeing이나 해야겠다고 하고 갔어요. 너희하고 떨어지겠다는 얘기죠.

그러면서 광화문 쪽으로 갔는데, 그건 이유가 있습니다. 걔가 집이 서대문이에요. 그렇게 해서 집으로 가려고 했던 것 같아요.

── **최정규 장학금은 어떻게 발족된 건가요?**

최정규 사후에 우리가 한 게 뭐냐면 최정규를 위한 장학금을 모집하자 해서, 모금을 했어요. 모금 플래카드를 저희 선친이 써줬습니다. 선친이 붓글씨를 잘 쓰시니까 그래서 백양로에서 그걸 들고 모금을 했어요. 근데 그때 들어온 돈이 얼마 안 돼요. 백만 원인가 이백만 원인가 모아서. 백만 원이 안 됐을지도 몰라요. 그걸 가지고 장학금을 줬습니다. 우리 졸업할 때까지 줬습니다. 학생이 모은 장학금으로 학생에게 장학금을 줬어요. 그래서 연세대학교 대강당에 가서 채플 끝나고 가서 장학금을 맡은 아이는 경기 졸업한 아이 중에 이호일. 지금 그 사람 정신과 교수 하고 있어요. 저하고 제일 친한 친구예요. 그 사람하고 저하고 가서 장학금을 받는 학생을 불러내서 채플이 끝나고 장학금을 전달했습니다. 대개 이공대학 이런 아이들이지만 아마 웃었을지도 몰라요. 그거 조그만 거 가지고 장학금이라고 한다고. 조그만 거 가지고 장학금이라고 그러다가 우리가 졸업하고 나서 나는 미국 가고 그래서 그 얼마 남은 거를 박대선 총장한테 맡겼습니다. 계속 유지시켜줬으면 좋겠다고 총장실까지 찾아갔습니다. 그거까지 제가 했어요.

── **혹시 최정규 흉상에 관해서도 아시는 바가 있을까요?**

원래 흉상이 강당이 있었는데 그게 없어졌어요. 졸업 때 최정규가 명예의학사를 받았는데, 그때 그 전에 흉상이 만들어져서 대강당 뒤에 2층에 있었습니다. 학교에서 했어요. 연세대에서 했고, 그러니까 학교 재산이고, 그 기금이 4·19재단에서 나왔는지 모르겠고. 정규장학금의 기금 제공자 중에 학생에게 모금한 것은 그렇게 많지 않고 아마 아버지가 내지 않았나 싶네요. 정규 부친께서.

— **최정규에 관해 덧붙일 말씀이 있으면 부탁드립니다.**

　얘는 그런 정치적인 거에 관심이 없었어요. 지나고 우리가 최정규를 미화하고 그런 거는 안 했으면 좋겠어요. 그때 우리 의예과에서도 정규를 미화하는 그런 작업을 했어요. 그러나 정규는 우리 친구지 투쟁의 선봉은 아니다, 우리는 정규를 폴리티컬리 이용하고 하지 말자, 제가 의예과에서 그 말을 했습니다. 지금은 정규를 인간으로서, 투사가 아니고 하나의 동급생으로서, 똑같은 의사가 되겠다는 의사를 가진 사람이었다는 것을 다 잊어버렸어요. 투사로 부각이 됐는데, 그건 아니거든요. 정규는 열사도 아니고 가장 평범한 학생이면서 지조 있는 학생이에요.

고영하 高永夏

구술 일시	2019년 5월 20일 오후 1시
구술 장소	서울특별시 종로구 소재 모 식당
면담자	인문사회의학교실 의사학과 신규환 교수(현 대구대학교 역사교육과 교수)

고영하는 1971년 연세대학교 의과대학에 입학했다. 그는 본과 1학년 재학 중이던 1974년 1월 연세대학교 의과대학 학생들의 긴급조치 제1호 위반 사건으로 구속되어 대법원에서 징역 7년형을 선고받았다. 그는 1975년 2월 15일 형 집행정지로 석방되었지만, 1979년에 다시 남조선민족해방전선준비위원회 사건에 연루되어 고초를 치렀다. 이후 연세대학교 의과대학에 복교하지 않고 학생운동, 정당운동 등에 꾸준히 관여하였고, 현재 기업가로 살고 있다.

── 연세대학교 의과대학에 진학한 계기가 있나요?

저희 할아버님도 일제강점기에 대학을 나오셔서 의사셨고 저희 아버님도 의사였고요. 그래서 어렸을 때 나는 뭐 다른 생각을 안 하고 의대를 가는 걸 당연하게 생각했죠. 또 아버지가 그래도 사람은 서울로 가야 한다고 해서 내가 서울로 가겠다고 하니까 아버님이 흔쾌히 가라고 해서 세브란스로 가게 됐죠. 기독교하고는 아무 상관이 없었구요.

── 1971년 예과로 입학하셨을 때 학교 분위기는 어땠나요?

71년도에 대학을 들어오니까 그때가 교련 강화 반대 데모를 할 때입니다. 그걸 반대를 했죠, 군사훈련을. 그 데모가 시작하는 시점이에요. 그때 내가 데모를 하다가 잡혀갔어요. 연대 앞에서 데모를 하는데 그때 경찰이 막으면 갈 데가 없어 못 나가요. 그때 이대로 돌파를 해서 빠진거야. 아현동까지 빠져나갔죠. 경찰들이 허를 찔린 건데, 거기서 잡혀들어갔어요. 그래서 유치장에 들어갔죠.

72년도에는 유신헌법이 나와요. 박정희가 대통령 선거 이제 안 하고 계속 장기집권을 하겠다는 생각으로. 그래서 73년도에 거세게 데모가 일어났죠. 73년 9월에 위수령이 나구요. 위수령이 나면서 학교 문을 닫죠. 73년도 9월, 10월 즈음 문을 닫을 겁니다. 그러니까 나는 이제 광주로 내려갔죠. 수업이 없으니까. 학교 안에 탱크 들어와서 학생들 못 들어오게 막았으니까.

── **1974년 1월의 상황은 어땠나요?**

우리는 의대니까 동반 전체 유급을 해요, 공부를 안 하면은. 그러니까 공부를 해야 하죠. 그래서 1월에 개교를 해요, 의대만. 전국적으로 의대생들 다 문교부에서 공부시키라고 해서 했겠죠. 그래서 1월에 제가 이제 서울로 올라오게 됐죠. 그런데 74년도 상황이 어떻게 되냐면, 1월 7일인가 8일 긴급조치 1호가 떨어져요. 유신헌법에 대해서 왈가왈부하면 안 된다는 내용으로. 그때 장준하, 백기완 선생들 중심으로 해서 유신헌법 철폐 백만인 서명운동을 벌여요. 그러니까 긴급조치가 나오고 그리고 그 양반들이 1월 초에 들어가요. 그리고 목사님들 몇 분이 들어가고.

── **그럼 1974년 1월 22일의 사건은 어떻게 진행된 건가요?**

1월 20일경인가 개학을 해서 제가 광주에서 서울로 올라오죠. 서울로 올라와서 친구들하고 오랜만에 만나서 시국에 대해서 논의를 하게 됐죠. 그러면서 유신헌법에 대해서 우리도 뭔가 의사표현을 해야 하지 않겠느냐. 그런 이야기를 했어요. 그래서 대충 그런 분위기여서 내가 이제 문제제기를 해야겠다 그래서 내가 장만을 했죠. 선언문도 쓰고.

그 다음날 강당에 다 모여서 거기서 이야기를 했어요. 처음 내가 문제제기를 한 거예요. 지금 시국이 어수선하고 이런데 우리도 뭔가 유신헌법에 대해서 뭔가 의사표현을 해야 하지 않겠느냐. 내가 써온 글도 읽으면서 그러면서 친구들한테 나의 그런 문제의식을 전달했어요. 전달했다고 해서 그 친구들이 다 동의하는 게 아니에요. 그러니까 그때부터 토론에 들어갔죠. 여기서 유신에 반대하는 사람 7명이 의사표현을 했고.

—— **수사와 재판은 어떤 식으로 진행되었나요?**

우리가 토론 끝나고 이제 강의실로 갔는데 그때 이제 경찰들이 들어와 가지고 우리 120명을 전부 다 모조리 잡아서 경찰서로 갔지. 가서 경찰서에서 경찰들이 120명을 상대로 조사를 하니까 그날 누가 발언을 했고 누가 뭘 주동했는지가 나오는 거야. 그러니까 그 7명만 남겨두고 나머지 훈방시키고 7명을 구속시킨 거지. 경찰서에 꽤 오래 있으면서 조사를 받았고. 좀 두드려 맞았지. 구형을 하고 재판장이 선고 7년을 하니까 실소가 나오더라고요. 내가 한 일이 아무것도 없는데 7년이라는 형을 때리니까 실소가 나오더라고.

—— **석방 이후에는 어떤 생각을 하셨나요?**

75년 2월 15일 출소가 됐지. 그래서 이제 복학을 원했고 복학을 했어요. 그런데 그것도 연대만 복학을 받아줬어요. 다른 학교는 복학을 박정희가 다 못하게 했으니까. 그런데 그 당시에 박대선 총장이 연대만 받은 거예요. 그래서 학교를 다니기로 했는데, 다니고 있는데 박대선 총장까지 쫓아버린 거야. 그래서 다시 다 쫓겨나고 나는 광주를 갔지. 왜냐면 서울에 있을 수가 없으니까. 하숙을 해야 하는데 학교도 안 다니는데 부모가 돈을 대줄 리도 없고요. 집에 있으면서 거기서 이제 뭔가 해야 하나 아르바이트도 하고 애들 가르치기도 하고 포장마차도 하고 뭐 많이 했죠.

그리고 이게 장기화되겠구나 싶어서 내가 모색을 한 게 독일 유학을 가려고 했는데 여권을 안 내줘요. 그러니까 유학도 못 가, 학교는 안 돼, 그러면 장기적으로 내 인생을 설계를 해야겠다. 그래서 그때는 할 수 있는 게 뭐냐면 비즈니스 창업이에요. 그래서 76년까지는 혼자서 이것저것 모색하다가, 77년도에 서울로 올라와서 내가 청계천에서 오퍼상(Offering Agent)을 해요. 그런데 79년도에 남민전사건이 있었고, 그 사건 때문에 내가 호되게 당해요. 나는 남민전하고는 아무 상관이 없는데, 남민전사건을 주동했던 김남주 선배랑 박성주 선배, 그 당시에 그걸 했던 분들인데, 다 선후배 간이고 나하고 친하게 지내던 사람들이니까 돈이 필요하면 나한테 와요. 내가 조금씩 지원해주고 나는 돈이 있을 때니까, 근데 그것이 어떻게 샜어요. 그래서 당시에 수사본부에서 나를 끌고 옥인동 대공분실로 우리 직원까지 잡혀간 거예요. 그게 언제냐면은 79년 10월이야. 거기서 고문을 하더라고. 너도 남민전 멤버 아니냐, 니가 위장해서 지금 돈 벌고 있는 것 아니냐, 이런 식으로 해서 아주 호되게 당하고 있었어요. 그런데 10월 26일 박정희가 죽고 나도 풀려 나왔어요.

── **1980년대에는 어떤 방향으로 삶의 진로를 정하셨나요?**

80년 5월 17일 예비검속이 들어왔어요. 내 동업자가 큰처남인데 그 선배 여동생이랑 내가 결혼을 했으니까. 그 처남이 잡혀가버렸어. 잡혀가서 무지무지 고문을 당했지, 그때. 나는 잡혀갔다는 소리를 듣고 그날부터 도망 다니기 시작한 거야. 그러고 있는데 광주에서 민주화운동이 터진거야. 내 고향이 광주잖아. 그래서 광주에 전화를 해보니까 난리가 난거야. 그런데 그 사실이 안 알려졌어요. 서울에는 보도 통제를 해서 안 알려졌고. 아, 이거 상당히 심각하구나, 그리고 광주 상황을 아는 선후배들끼리 모인거야. 모여 가지고 이거 심각하구나, 도망다니면서 그래서 거기서 몇몇 사람들이 유인물을 만들었어요. '광주의 진상'이라는 유인물을 만든 거야. 81년이 돼서야 계엄 해지되고 수배도 풀렸어요. 하지만 도망다니면서 생긴 빚을 갚아야 해서 복학할 꿈은 못 꾸었어요.

문병수 文秉洙

구술 일시	2019년 4월 11일 오후 2시
구술 장소	연세대학교 의과대학 임상실기교육센터
면담자	인문사회의학교실 의사학과 신규환 교수(현 대구대학교 역사교육과 교수)

문병수는 1953년 서울에서 출생하여 배재중·고등학교를 졸업한 후 1971년 연세대학교 의과대학에 입학했다. 그는 본과 1학년 재학 중이던 1974년 1월 연세대학교 의과대학 학생들의 긴급조치 제1호 위반 사건으로 구속되어 대법원에서 징역 5년형을 선고받았다. 그는 1975년 2월 15일 형 집행정지로 석방될 때까지 옥고를 치렀으며, 이후 유신정권이 무너지자 복교하여 1983년 연세대학교 의과대학을 졸업했다. 그가 주력한 분야는 소화기내과 및 소화기내시경으로, 해당 전공으로 연세대학교 의과대학에서 석·박사를 졸업한 후 동 대학 소화기내과 교수로 재직하면서 용인세브란스병원장을 역임했다.

── 연세대학교 의과대학에 진학한 계기가 있나요?

고등학교 1학년 때부터 신문기자를 했는데요, 여러 진로를 고민하는 와중에 도서관에서 신문을 살펴보다가 가톨릭의과대학에서 신장이식을 한 기사가 나왔어요. 국내 최초였어요. 그걸 보고 이런 분야도 멋있겠다는 생각을 했어요. 의과대학에 가서 그런 환자를 위해서 일하면 좋겠다고 그랬어요. 그리고 그 당시에 슈바이처가 유명했고 또 그 전집이 나왔어요. 그분이 아프리카에서 진료활동을 하며 쓰신 글을 보면서 관심이 커졌지요. 여러 의과대학 중에서는 연세대가 개방적이고 코스모폴리탄적으로 보여서 택했어요.

― 1971년 예과로 입학하셨을 때 학교 분위기는 어땠나요?

　1971년부터 연대캠퍼스를 비롯한 대학가에 민주화 학생운동의 격랑이 휩쓸게 되거든요. 그때의 이슈는 교련 반대였지요. 교련은 박정희 대통령이 학교를 병영화하려는 시도였어요. 특히 1971년 가을에는 대학생들의 민주화 시위가 격화되자 위수령까지 발동시켰지요. 1972년도에 들어서도 위수령, 긴급조치 때문에 제대로 대학교 들어와서 공부할 수 있는 상황이 없었어요.

― 1974년 1월의 상황은 어땠나요?

　본과 2학년은 3월에 개학하니까 그동안 못했던 공부를 하려고 1월 20일에 다시 학생들을 소집해서 1월 21일 수업을 받기 위해 학생들이 모였어요. 그런데 이때에는 유신헌법에 반대하는 데모가 쭉 있었는데 1973년도 12월에 학생들의 데모가 엄청나게 일어났어요. 이때 대학교에 휴교령이 내려졌지요. 12월 며칠인가에. 학교 바깥에서는 장준하 선생을 비롯한 백기완 선생 이런 분들을 중심으로 종교계, 학계, 예술계 인사들이 헌법에 대한 국민청원운동, '개헌청원백만명서명운동'을 벌이는 움직임도 있었죠. 그러다가 1974년 긴급조치 1호, 2호가 1월 8일에 동시에 발표됐어요.

― 1974년 1월 22일의 토론에는 어떻게 참여하시게 된 건가요?

　나는 그 전의 모의나 전후 사정을 전혀 몰랐어요. 1월 22일 11시쯤 병리실습실에서 고영하, 이상철, 황규천 등이 앞으로 나와서 자유발언을 하고 그랬죠. 그리고 거기서 발언을 마치고 병리학교실로 올라가 투표를 했어요. 나는 사전에 준비를 한 것은 아니었지만 유신 반대 데모에 찬성하는 입장이었기에 '유신헌법에 대해서는 우리들이 역사적인 책임이 있다. 반대해야 할 책임이 있다' 정도의 원론적인 발언을 했구요. 그런데 이제 막 수업을 시작하려고 할 때 경찰들이 들어왔죠.

── 수사와 재판은 어떤 식으로 진행되었나요?

1월 24일 구속되서 경찰서 유치장에서 서대문형무소 독방으로 옮겨졌어요. 취조와 재판은 일사천리였어요. 처음부터 각본이 다 짜여 있더라구요. 사전모의도 없고 공식적이고 조직적이지도 않은 단순한 의과대학생들도 이런 일 벌이면 이렇게 된다는 걸 일벌백계로 보여주려고 한 거 같아요. 3일 잠 안 재우고 부정하고 말 안 들으면 한 대씩 때리는 경우도 있었구요. 그래서 1, 2심의 군사재판이 끝난 다음 대법원도 일사천리로 진행됐어요. 2-3개월 안에 다 끝난 것 같아요. 6월 이후에는 다 안양교도소로 옮겨갔어요.

── 수감되셨을 때 심정은 어떠셨나요?

처음에는 갑갑했어요. 그런데 대학생들 재소자도 많아지고, 그때 막 긴급조치 4호 위반으로 운동권 학생들이 계속 들어오는 거예요. 형이 확정된 사람들은 재소자 인권 차원에서 감방 밖의 운동장에서 운동도 시켜주고 하니까 그런 곳에서 만나면서 서로 대화했죠. 재밌는 얘기도 하고 역사에 관한 얘기도 하고. 그러다 보니 오히려 거기서 민주화에 대한 인식이 강하게 생겨요. 다만 독재정권의 장기화로 절망적인 상황에 있었고 육체적인 구속 상태도 갑갑하죠. 내 맘대로 다니는 것도 못 하지. 공부도 못하겠구나 이런 생각이 드니까 그것도 절망적이고. 근데 조금 지나니까 그런 생각도 다 잊어요. 다 잊고 그 세계 속에서의 환경에 적응해 나가지요.

── 석방 이후에는 어떤 생각을 하셨나요?

1975년 2월 15일에 형 집행정지로 나왔어요. 당시 연세대 박대선 총장은 제적된 학생과 교수들을 무조건 복교시키겠다고 했는데, 문교부가 반대했어요. 그래서 일단 복교는 돼서 4월까지 한 달여 넘게 다녔는데, 결국은 문교부에서 말을 안 듣는다고 박대선 총장을 해직시키고 학생들을 '장기결석으로 인한 제적'으로 제적시켰어요. 그 후에는 사학과의 홍성엽이라는 친구와 연세대학교 문과대학의 수업들을 몰래몰래 들으며 공부했구요. 또 국제엠네스티에서 감옥에 다녀온 정치범에 대한 교육프로그램사업을 하여 재취업을 도와주는 펀드가 있었어요. 그래서 거기 도움으로 한의학도 공부해보고, 1977년도 8월에는 기독교장로회에서 만든 위탁교육생코스를 다니면서 신학도 하구요. 특별히 직업을 가질 수 없는 상황이었어요.

── **복교 이후에는 별다른 문제가 없었나요?**

1980년도 복학해서 5·18민주화운동이 일어났죠. 그때 이슈가 뭐냐면 실질적으로 최규하가 대통령이었지만 최규하는 사실 허수아비이고 정치권력은 신군부의 수괴인 전두환을 비롯한 하나회 군부가 틀어쥐고 있었지요. 그래서 최규하 대통령이 사임하고, 국회를 무시하고 통일주체국민회의라는 탈헌법적인 기구가 전두환을 체육관에서 대통령으로 추대했잖아요. 이에 반대하는 학생, 시민들의 자발적 참여 데모대가 백만 가까이 된다 하지요. 서울역에서 학생들이 회군하자마자 김대중 대통령에게 사형선고가 떨어지고, 그 여파로 5·18민주화운동이 일어난 것이지요.

'서울의 봄' 이후 대대적인 사전 검거를 했었는데, 나는 그때 수배자 명단에 들어가서 사전 검속 당했죠. 나는 5·18민주화운동이 일어난 것도 몰랐는데 거기 가서 알았어요. 그게 그런 식으로 사건이 벌어지고 그때 내가 45일 동안 옛 전매청 자리 합동수사본부에 끌려들어가서 거기서 혹독하게 조사를 받았어요. 나는 무슨 행동을 한 게 아닌데도. 그때 유기정학이 됐구요. 다행히 나중에 학교에서 배려해줘서 레포트 제출하는 것으로 졸업했어요. 다른 생각을 할 시간도 없고 일단 접자, 일단 의사부터 되어야겠다, 그랬어요.

── **1974년의 사건이 선생님의 인생에 있어 어떤 의미를 가진다고 생각하시나요?**

몇 가지가 있지만 오히려 긍정적으로 변화시킨 면이 많지 않았나 싶습니다. 물론 감정적으로는 내가 처음 생각한 대로 인생이 굴러가지 않았지만, 그런 거로 해서 인생에 대해서 깊이 생각하게 되고 어떻게 살아야겠다는 생각을 더 많이 하게 된 것 같아요. 그런 계기가 성공적으로 움직여지지 않았나 생각이 됩니다.

우리 모델이 4·19세대라서 예전에도 감옥에서 나와서 낭인 시절 1년에 한 번 4·19묘지에 갔어요. 요새 가면 좋잖아요. 벚꽃이 우거지고 좋았는데 그런 생각을 많이 했어요. 4·19가 미완의 혁명이라고 해요. 어떤 씨만 뿌리고 그 외에는 똑같이 독재정권으로 회귀가 됐는데 그러했던 것이 1970년대를 거치면서 대중들이 조직화되었죠. 대중사회 예를 들면, 노동사회, 농민사회, 학계, 종교계 등에서 여러 가지 역량이 성숙해지면서 시민사회세력이 등장해 나왔던 것이고, 그런 것들이 지금도 계속 컸던 게 아닌가, 촛불까지도. 이제는 그런 국민의 힘을 무시 못하는 시대가 된 게 아닌가, 그렇게 생각합니다.

이상철 李相哲

구술 일시	2019년 6월 1일 오후 2시
구술 장소	서울특별시 서초구 남부성심의원
면담자	인문사회의학교실 의사학과 김영수 교수

이상철은 1950년 경상남도 진주에서 태어나 서울로 이주하여 삼성중·고등학교를 졸업한 후 1971년 연세대학교 의과대학에 입학했다. 그는 본과 1학년 재학 중이던 1974년 1월 연세대학교 의과대학 학생들의 긴급조치 제1호 위반 사건으로 구속되어 대법원에서 징역 5년형을 선고받았다. 그는 1975년 2월 15일 형 집행정지로 석방되었으며, 이후 유신정권이 무너지자 복교하여 1983년 연세대학교 의과대학을 졸업했다. 졸업 후 이상철은 백병원, 국립의료원 등에서 경력을 쌓은 다음, 1990년 남부성심의원을 개원했다.

── 학교에 입학하셨을 때 분위기는 어땠나요?

본교에서 독재정권 타도와 같은 문제들로 자주 시위가 있던 시절이었지요. 시위가 격해지면 휴교를 하고 다시 개강을 하곤 하던 시절이었어요. 거의 매년 꽃피는 사오월이면 학생들의 교내 시위가 벌어져서 수업이 안 되고 그러다 잦아들곤 하던 때였어요. 우리 과는 수업이 고등학교 때처럼 시간표가 나오고 거의 매일 7, 8교시까지 수업과 실습으로, 수시로 쪽지시험으로 저녁 대여섯 시에 하교하곤 했어요. 우리에게는 강 건너의 불같은 시위 모습이었어요. 그래도 가슴 한 켠에는 그 시대의 대학생으로서 느끼는 부담감 같은 것이 있었지요. 그러다가 74년도 1월 8일에 긴급조치가 내려졌고, 유신헌법을 반대하면 15년 이하의 징역에 처한다는 거였어요. 이때 전체 대학이 휴교를 당했고, 의대는 수업이 많아서 1월 21일에 먼저 개강을 했지요.

── **1974년 1월 22일의 토론에는 어떻게 참여하시게 된 건가요?**

1월 21일에 개강을 했고, 그 다음날인 22일에 아침 첫 수업 끝나고 고영하 선생이 부당한 시국에 대한 성토대회를 시작했어요. 그렇게 성토대회를 시작했는데 분위기가 좀 냉랭했어요. 유신헌법을 반대한다는 것만으로 징역 15년에 처한다니… 어처구니없는 일이지만 분위기는 살벌했어요. 그래도 나는 나가서 하고 싶은 말을 했어요. 진리, 자유를 새겨둔 커다란 바위 앞을 수년간 지나다녔으니까요. 그 정신을 받았겠죠. 장기집권은 퇴진해야 한다, 장기집권을 하면 인권이 억압되고, 비밀경찰이 필요하고 세금도 많이 써야 하고 오래된 권력은 필연적으로 부패한다, 그리고 유신헌법 철폐 서명운동을 막는 것은 민주주의의 말살이다, 많은 국민이 유신헌법이 철폐되기를 원한다면 그것은 철폐되어야 한다, 이렇게요. 그 시대를 산 젊은 사람의 분노 이런 게 순간적으로 터져나왔던 거라고 볼 수 있죠. 학장님, 교수님들은 극구 만류를 하셨지만, 내심은 시원하셨을 거예요.

── **수사와 재판은 어떤 식으로 진행되었나요?**

토론이 끝나고 병리실습실로 이동을 했는데, 경찰들이 쭉 서가지고 사람들을 불러냈죠. 저는 서대문경찰서로 갔어요. 거기서 3일간 조사를 받았는데, 뭘 했는지 물어봤어요. 같은 거를 계속 물어봐요. 어떻게 시작했냐, 누가 시작했냐, 무슨 말 했냐, 그걸 이야기하고 나서 불러다가 또 이야기하고. 또 진술서를 쓰라고 그러는데, 거기다가 내 느낌, 이런 걸 다 썼어요. 그게 이제 큰 문제가 됐겠죠. 장기집권은 안 되는 거다, 국민 다수가 원하는 대로 이끌어가야 하는 거고, 이렇게 되면 권력이 점점 부정부패로 빠지게 되고, 국가가 살기가 어려워질 것이다, 그렇게 해서는 안 된다, 그리고 그때 어떤 공무원이 부정을 저질러서 잡혀갔는데, 그 사람이 받는 보수가 너무 적으니까 그 사람을 용서해주는 일이 있었는데, 그렇게 적은 보수를 받는 공무원이 있어서야 되느냐, 그 사람들은 죄를 지어도 벌을 못 줄 만큼 박봉에 시달리게 하고 권력을 쥔 사람들은 법을 제 마음대로 만들어내고 전 국민을 자기 종 부리듯이 부리면 되느냐, 그런 걸 쭉 썼어요. 조사를 하던 형사분은 "내가 강력계 형사인데 너희들 붙들고 이러고 있어서 되겠어?"라고 그러더군요. 그러고 우리는 바로 구치소로 갔어요. 비상군법회의에서 재판을 받았죠. 그때는 법이 그랬어요. 처음에 비상보통군법회의, 그다음에 상고를 해가지고 비상고등군법회의로 넘어갔어요. 재판장은 별을 네 개나 달고 있는 장성이었어요. 1주일 만에 바로바로 재판에 넘어갔어요. 국선 변호인이 저를 만나러 오셨어요. 반성한다는 항소문을 국선 변호인이 써주셨지요. 변호하던 변호사가 구속되던 그런 시절, 그래서 결국 5년을 받았죠.

— **수감되셨을 때 심정은 어떠셨나요?**

의대는 수업이 많이 힘들었는데 수업이 없는 것이 좀 허전하더군요. 그리고 아무리 자기네들이 15년 이하의 징역형에 처한다고 그랬지만, '저희도 인간이라면 그런 일 가지고 그렇게 사람을 못 살게 굴지는 않을 것이다. 그리고 우리보다 먼저 정부에 반대해서 퇴진운동했던 학생들도 다 다시 복학해서 졸업을 하고 사회에 복귀를 했다. 그래서 오래 가지는 않을 것이다' 그렇게 생각을 했는데요. 그런데 저희부터 딱 풀어주지를 않았어요.

— **석방 이후에는 어떤 생각을 하셨나요?**

1975년 2월엔가 풀려났어요. 그리고 그해 3월에 복학을 했어요. 그런데 5월에 다시 데모를 해가지고 휴교가 되면서 우리도 같이 쉬게 됐는데, 다시 개학했을 때 우리는 복학이 불허됐어요. 그게 복교시키고 학생들을 수업하게 해줬는데 그걸 문교부에서 못하게 한 거예요. 나는 구명운동을 열심히 했어요. 정부기관, 청와대, 문교부, 심지어는 중앙정보부에도 탄원을 했어요. 그러던 중 중정에 근무한다는 어떤 분에게서 전화가 왔어요. 머지않아 특별사면이 있고 복교하게 될 것이다, 문교부에 계신 모 분이 애를 써주셨다, 가서 고맙다는 인사를 하라고 하더군요. 문교부에 그분을 찾아갔었는데, 그분 말씀이 "인사는 무슨 … 공부나 열심히 해"라고 그러시더군요. 그해 특별사면을 받기는 했는데 복학되지는 않았어요. 다음해 7월쯤 다시 중정부장님 앞으로 "이제는 젊은 학생들이 제몫을 할 수 있게 풀어달라"는 간절한 소망을 적어 보냈습니다. 8월 어느 날 "자네 편지를 우리 사장님이 보셨어. 자네 근황을 좀 알아보려고 왔어. 이번에 연대 의대 5명, 서울대 의대 3명은 복교가 되도록 할 거야. 공부 열심히 하고 있어. 자네는 운이 좋은 거야" 그러고 돌아갔는데… 두어 달 지나서 대통령의 유고가 발생하고, 모두 다 구제되는 봄이 오는 분위기가 됐지요. 그래서 저희는 복교가 되었어요. 우리는 본과 2학년으로 다시 복교를 했어요. 그래서 열심히 공부해서 졸업을 했지요.

── **복교 이후에는 큰 문제가 없으셨나요?**

내가 5월 18일에 휴교가 되어 부산 이모집에 놀러갔었어요. 그런데 광주에서 전쟁터 같은 일이 벌어졌다고 그래요. 혹시 나를 찾을지도 모르겠다 싶었어요. 전에 보면 가끔 사람이 따라와서 보고, 다방에 친구들과 같이 있으면 "너 저 사람 아는 사람이냐? 아까부터 우리를 보고 있어" 하는 일들이 있었거든요. 내 흔적을 찾으려나 싶어서 다시 서울로 왔어요. 학교에 나와 있던 형사분도 서로 인사를 나누는 사이였거든요. 그분은 자기가 맡은 일을 성실히 하시는 분이었어요. 사람들은 대부분 자기가 맡은 일에는 성의를 다하니까요. 기숙사에서 종이비행기에 '전두환을 타도하자'는 문구가 쓰인 비행기가 발견되었는데, 혹시 아는 것이 있느냐고 물어왔어요. 물론 몰랐지만, 안다 한들 모른다고 그랬겠죠. 수업을 따라가기가 힘들고 어려웠지요. 83년에 졸업하고 나서 백병원에서 인턴을 하고, 국립의료원에서 외과에 근무했어요. 일반외과에서 4년간 레지던트를 했어요. 그리고 90년도부터 이 자리에서 개업을 해가지고 30년 됐어요.

── **민주화운동을 한 경험이 선생님의 이후 인생에 어떤 영향을 미쳤을까요?**

이제 나이가 70이 되잖아요. 그러니까 내가 맑고 투명한 젊은 시절에 그래도 불의에 굽히지 않고 부딪쳐 봤다, 그렇게 생각을 하고요. 그리고 정말 세상이 많이 변했어요. 그때는 어디에서 감히 지도자를 험담하고 그럴 수 있었겠어요. 그런데 지금은 유튜브에서 대통령에 대한 욕설도 나오고 하니까요. 그리고 그 사이에 인간의 존엄이 더 부각됐고, 개개인의 자존감과 소중함에 초점이 맞춰지는 시절이잖아요. 나는 그걸로 만족해요. 어떤 사람이 그랬잖아요. 나는 네 의견에 반대하지만 네가 의견을 얘기할 수 있는 자유를 위해서 싸우겠다, 그런 사람이 있잖아요. 이제는 자유롭게 말할 수 있고, 이만큼만 해도 나는 뭐 만족이에요. 6년의 격변을 겪었지만, 우리는 전과자라서 군면제를 받았어요. 그래도 그 긴 달력의 6년, 내 달력으로는 60년이었어요. 아직도 가슴이 아파요.

참고문헌

자료

『4·19의거희생자공적조서』.
『국무회의록』.

『가정신문』, 『경향신문』, 『대동신문』, 『독립신보』, 『동아일보』, 『매일경제』, 『매일신보』, 『민국일보』, 『부녀신보』, 『부인신보』, 『사상계』, 『새벽』, 『서울신문』, 『세계』, 『세브란스』(세브란스병원 원목실 편), 『세브란스』(연세대학교 의과대학 학생회 편), 『세우』, 『연세춘추』, 『의료원소식』, 『자유신문』, 『조선독립신문』, 『조선일보』, 『한성일보』, 『한성주보』, 『해방일보』, 『호남신문』, 『황성신문』.

Record Group 111: Records of the Office of the Chief Signal Officer, 1860-1985.
Record Group 332: Records of U.S. Theaters of War, World War II, 1939-1948.

국가기록원 독립운동관련판결문 시스템.
국가법령정보센터.
국가보훈처 공훈전자사료관.
국사편찬위원회 전자사료관.

국사편찬위원회 한국사데이터베이스.
민주화운동기념사업회 구술아카이브.
민주화운동기념사업회 오픈아카이브.
연세대학교 의과대학 졸업앨범.
이한열기념사업회.
중앙선거관리위원회 선거통계시스템.

「고영재 구술」(구술일시: 2019년 5월 10일, 면담자: 신규환).
「고영하 구술」(구술일시: 2019년 5월 20일, 면담자: 신규환).
「김영수 구술」(구술일시: 2012년 10월 5일, 면담자: 신동호).
「문병수 구술」(구술일시: 2019년 4월 11일, 면담자: 신규환).
「이상철 구술」(구술일시: 2019년 6월 1일, 면담자: 김영수).
「최병일 구술」(구술일시: 2019년 6월 13일, 면담자: 신규환).

대통령소속 의문사진상규명위원회, 『의문사진상규명위원회 활동 보고서』 II, 대통령소속 의문사진상규명위원회, 2002.
민주화운동기념사업회 편, 『4월혁명: 사료총집』 1, 민주화운동기념사업회, 2010.
_____, 『4월혁명 이후 민주화운동 사료집』 2, 민주화운동기념사업회, 2013.
_____, 『한일협정반대운동: 사료총집』 1, 민주화운동기념사업회, 2013.
_____, 『한일협정반대운동: 사료총집』 2, 민주화운동기념사업회, 2013.
_____, 『한일협정반대운동: 사료총집』 3, 민주화운동기념사업회, 2013.
_____, 『한일협정반대운동: 사료총집』 5, 민주화운동기념사업회, 2013.
_____, 『3선개헌반대운동 사료집』 1, 민주화운동기념사업회, 2016.

_____, 『3선개헌반대운동 사료집』 2, 민주화운동기념사업회, 2016.

민청학련운동계승사업회, 『비상보통군법회의 판결문집』, 학민사, 1994.

박형우·여인석, 『최정규 명예동창 관련 자료집』, 연세대학교 의과대학 의사학과, 2003.

연세대학교 의과대학 의사학과, 동은의학박물관 편, 『세브란스교우회보(世富蘭偲校友會報)』, 역사공간, 2016.

진실·화해를위한과거사정리위원회 편, 「2006년 하반기 조사 보고서」, 2006.

_____, 『진실화해위원회 종합보고서』 4, 2010.

단행본

건국청년운동협의회 편, 『건국청년운동사』, 건국청년운동협의회, 1989.

김호일, 『한국근대학생운동사』, 선인, 2005.

김희곤, 『대한민국임시정부 I-상해시기』, 독립기념관 한국독립운동사연구소, 2008.

문창모, 『천리마 꼬리에 붙은 쉬파리: 영원한 젊은이, 문창모 박사 자서전』, 삶과꿈, 1996.

민주화운동기념사업회 한국민주주의연구소 편, 『6월 민주항쟁: 전개와 의의』, 한울, 2017.

_____, 『한국민주화운동사』 3, 돌베개, 2010.

민주화운동기념사업회연구소 편, 『한국민주화운동사』 1, 돌베개, 2008.

_____, 『한국민주화운동사』 2, 돌베개, 2009.

박찬승, 『한국근대정치사상사연구』, 역사비평사, 1992.

박태균, 『원형과 변용: 한국 경제개발계획의 기원』, 서울대학교출판문화원, 2007.

4월혁명청사편집위 편, 『민주한국4월혁명청사』, 성공사, 1960.

서중석, 『이승만의 정치 이데올로기』, 역사비평사, 2008.

_____, 『조봉암과 1950년대』 上, 역사비평사, 2000.
_____, 『한국현대민족운동연구』 1, 역사비평사, 1991.
신규환, 『세브란스, 새로운 세상을 꿈꾸다』, 역사공간, 2019.
신규환·박윤재 공저, 『제중원 세브란스 이야기』, 역사공간, 2015.
안병욱 편, 『유신과 반유신』, 민주화운동기념사업회, 2005.
양재모, 『사랑의 빚만 지고』, 큐라인, 2001.
여인석·신규환 공저, 『제중원 뿌리논쟁』, 역사공간, 2015.
연세대학교 의과대학 의사학과, 『세브란스 독립운동사』, 역사공간, 2019.
_____, 『세브란스 선교사 편람』, 역사공간, 2019.
_____, 『근대의학과 의사 독립운동 탐방기』, 역사공간, 2019.
_____, 동은의학박물관 편, 『세브란스교우회보(世富蘭校友會報)』, 역사공간, 2016.
연세대학교 의과대학 의학백년편찬위원회 편, 『의학백년: 1885-1985』, 연세대학교출판부, 1986.
연세대학교 의학사연구소, 『한국 근대의학의 기원, 연세』, 역사공간, 2016.
_____, 『한국 근대의학의 탄생과 국가』, 역사공간, 2016.
_____, 『제중원 130년과 근대의학』, 역사공간, 2016.
연세대학교백년사편찬위원회 편, 『연세대학교백년사: 1885-1985』 2, 연세대학교출판부, 1985.
_____, 『연세대학교백년사: 1885-1985』 4, 연세대학교출판부, 1985.
6·3동지회, 『6·3학생운동사』, 역사비평사, 2001.
이기훈, 『청년아 청년아 우리 청년아』, 돌베개, 2014.
이재오, 『한국학생운동사: 1945-1979년』, 파라북스, 2011.
임경석, 『초기 사회주의운동』, 독립기념관 한국독립운동사연구소, 2009.
정근식·이호룡 편, 『4월혁명과 한국민주주의』, 선인, 2010.
정병준, 『우남 이승만 연구』, 역사비평사, 2005.
정용욱, 『해방 전후 미국의 대한정책』, 서울대학교출판문화원, 2003.

학민사 편집실 편, 『4·19의 민중사』, 학민사, 1984.
한국반탁반공학생운동기념사업회, 『한국학생건국운동사』, 한국반탁·반공학생운동기념사업회출판국, 1986.
호레이스 알렌 저, 김원모 역, 『알렌의 일기』, 단국대학교출판부, 2004.
황민호·홍선표, 『3·1운동 직후 무장투쟁과 외교활동』, 독립기념관 한국독립운동사연구소, 2008.

논문

강혜경, 『한국경찰의 형성과 성격(1945-1953년)』, 숙명여자대학교 사학과 박사학위논문, 2002.
김무용, 『해방 후 조선공산당의 노선과 국가건설 운동』, 고려대학교 사학과 박사학위논문, 2005.
김영수, 「세브란스 학생 독립운동-네트워크 형성과 3·1운동의 전국적 확대를 중심으로」, 『연세의사학』 22-2, 2019.
김은지, 「대한민국 임시정부의 제2차 독립시위운동」, 『한국독립운동사연구』 44, 2013.
김인덕, 「일본지역 유학생의 2.8운동과 3·1운동」, 『한국독립운동사연구』 13, 1999.
김진흠, 「1958년 5·2총선 연구: 부정선거를 중심으로」, 성균관대학교 사학과 석사학위논문, 2012.
김호일, 「1940년대 항일학생운동연구-흑백당의 활동을 중심으로」, 『중앙사론』 7, 1992.
민광식, 허경발, 김광연, 「4·19 및 4·26 부상자의 통계학적 고찰: 연세대 의과대학에서 취급한 환자 예」, 『대한의학협회지』 Vol.3, No.5, 1960.
문명기, 「20세기 전반기 대만인과 조선인의 역외이주와 귀환」, 『한국학논총』 50, 2018.
박진희, 『제1공화국의 대일정책과 한일회담 연구』, 이화여자대학교 사학과 박사학위논문, 2005.

반병률, 「세브란스와 독립운동」, 『연세의사학』 2-2, 1998.
_____, 「세브란스와 한국독립운동-3·1운동 시기를 중심으로」, 『연세의사학』 18-2, 2015.
서준석, 「1950년대 후반의 자유당 정권과 '정치깡패'」, 성균관대학교 사학과 석사학위논문, 2011.
신규환, 「전환기의 세브란스병원과 선교활동(1934~1957)」, 『연세의사학』 18-1, 2015.
_____, 「3·1운동과 세브란스의 독립운동」, 『동방학지』 184, 2018.
_____, 「해방 전후기 의료계의 의학인식과 사립병원의 발전: 재단법인 백병원을 중심으로」, 『의료사회사연구』 1, 2018.
여인석, 「대한민국 건국과 기독교 의료」, 『연세의사학』 15-2, 2012.
_____, 「세브란스 독립운동사 연구 성과-포상자를 중심으로」, 『3·1운동과 세브란스』(제중원 창립 134주년 및 3·1운동 100주년 기념 학술 심포지엄), 2019.
연세대학교 의과대학, 『제중원·세브란스인의 사회공헌: 연세의대 졸업생을 중심으로』, 역사공간, 2016.
연세대학교 의사학과, 「해방과 세브란스학도대의 활동」, 『연세의사학』 6-2, 2002.
_____, 「세브란스와 한국전쟁」, 『연세의사학』 7-2, 2003.
_____, 「세브란스 의과대학 의예과 제1회 입학생, 이상종(李祥鍾)」, 『연세의사학』 21-1, 2018.
_____, 「재미 피부과학의 개척자, 제퍼슨의과대학 명예교수 고영재」, 『연세의사학』 22-1, 2019.
_____, 「서슬 퍼런 1974년 봄을 말하다, 소화기내과 명예교수 문병수」, 『연세의사학』 22-2, 2019.
오제연, 「1960-1971년 대학 학생운동 연구」, 서울대학교 국사학과 박사학위논문, 2014.
이양희, 「일본군의 3·1운동 탄압과 조선통치방안」, 『한국근현대사연구』 65, 2013.
이정민, 「동백림사건과 한독관계」, 성균관대학교 사학과 박사학위논문, 2019.

이준영, 「해방 직후 우익 학생운동의 조직화와 그 귀결」, 성균관대학교 사학과 석사학위논문, 2019.

이혜영, 「제1공화국기 자유당과 '이승만 이후' 정치 구상」, 이화여자대학교 사학과 박사학위논문, 2015.

임송자, 「미군정기 우익정치세력과 우익 학생단체의 문해·계몽운동」, 『한국민족운동사연구』 79, 한국민족운동사학회, 2014.

장규식, 「YMCA학생운동과 3·1운동의 초기 조직화」, 『한국근현대사연구』 20, 2002.

_____, 「1920-30년대 YMCA학생운동의 전개와 일상활동」, 『한국기독교와 역사』 27, 2007.

_____, 「3·1운동과 세브란스」, 『연세의사학』 12-1, 2009.

정병준, 「중국 관내 신한청년당과 3·1운동」, 『한국독립운동사연구』 65, 2019.

정선이, 「일제강점기고등교육 졸업자의 사회적 진출 양상과 특성」, 『사회와 역사』 77, 2008.

정주신, 「10.26 이후 "서울의 봄" 과정과 민주화의 좌절」, 『동북아연구』 23-2, 2008.

정진아, 「제1공화국기(1948-1960) 이승만정권의 경제정책론 연구-국가 주도의 산업화정책과 경제개발계획을 중심으로」, 연세대학교 사학과 박사학위논문, 2007.

최규진, 「학교를 덮친 '전시체제', 동원되는 학생」, 『내일을 여는 역사』 50, 2013.

한국역사연구회근현대청년운동사연구반 편, 『한국근현대청년운동사』, 풀빛, 1995.

홍석률, 「1940-45년 학생운동의 성격변화」, 서울대학교 국사학과 석사학위논문, 1990.

_____, 「1971년의 선거와 민주화운동 세력의 대응」, 『역사비평』 98, 2012.

자료출처

자료 1-1　국사편찬위원회 삼일운동데이터베이스, 『조선독립신문』 제1호 (1919.3.1.).

자료 1-2　국사편찬위원회 한국사데이터베이스, 『조선소요사건관계서류』, 「不逞鮮人 檢擧의 件」(1919.12.23.).

자료 1-3　국사편찬위원회 한국사데이터베이스, 『일제감시대상인물카드』, 「宋春根」.

자료 1-4　국사편찬위원회 한국사데이터베이스, 『국외 항일운동 자료: 일본 외무성 기록』, 「不逞鮮人의 獨立速成演說의 件」(1922.6.9.).

자료 1-5　『동아일보』 1930년 11월 2일 4면; 『조선일보』 1933년 11월 17일 2면.

자료 1-6　『세브란스교우회보』 제12호(1929년호).

자료 2-1　국사편찬위원회 전자사료관, Record Group 111, Entry 111-SC, 「Severance Union Medical College of Korea, Building draped with American, China, Russian, British and Korean flags(세브란스의학전문학교 건물에 걸린 태극기와 미, 영, 중, 소 국기들)」(1945.9.10.).

자료 2-2　국사편찬위원회 전자사료관, Record Group 111, Entry 111-SC, 「Keijo, Korea-Alt. 1000′ F. L. 63/8. Taken by Plane from USS ANZIO (CVE-57), Main Railroad at Keijo. Note Troops Moving into City(서울역 전경)」(1945.9.9.).

자료 2-3　국사편찬위원회 전자사료관, Record Group 111, Entry 111-SC, 「Koreans wait patiently outside the railroad station at Seoul, to

	buy tickets(서울역에서 기차표를 사기 위해 줄을 길게 늘어선 조선인들)」(1945.10.7.).
자료 2-4	국사편찬위원회 전자사료관, Record Group 111, Entry 111-SC, 「Korean travelers sit on their baggage while waiting for their train, in Seoul Railroad Station(서울역에서 짐을 깔고 앉아 기차를 기다리고 있는 한국인 승객들)」(1945.10.7.).
자료 2-5	『동아일보』 1945년 12월 27일 1면.
자료 2-6	국사편찬위원회 전자사료관, 『서울 박건호 소장(제공) 사료』, 「三相會議決定을 바르게 認識하자!!」(1946.1.7.).
자료 2-7	국사편찬위원회 전자사료관, 『서울 박건호 소장(제공) 사료』, 「반탁전국학생총연맹 성명서(2)」(1946.1.12.).
자료 2-8	국사편찬위원회 전자사료관, 『서울 박건호 소장(제공) 사료』, 「삼천만 동포에 고함」(1946.1.).
자료 2-9	『부인신보』 1948년 8월 27일 2면.
자료 2-10	연세대학교 의과대학 1959년도 졸업앨범.
자료 2-11	『연세춘추』 1960년 8월 15일 3면.
자료 3-1	『연세춘추』 1960년 4월 27일 1면.
자료 3-2	『연세춘추』 1960년 7월 27일 1면, 「연세대학교 의과대학 투쟁실기」(4월혁명청사편집위 편, 『민주한국4월혁명청사』, 1960), 『4·19혁명』(김정남, 민주화운동기념사업회, 2003)을 참고하여 그림.
자료 3-3	『민주한국4월혁명청사』(4월혁명청사편집위 편, 성공사, 1960).
자료 3-4	민주화운동기념사업회 오픈아카이브, 「덕수궁 앞에 운집해 있는 시위 군중들」(1960.4.19.), 사진 제공: 『경향신문』.
자료 3-5	『연세춘추』 1960년 4월 27일 3면(위부터 1, 2 사진); 1984년 4월 9일 7면(위부터 3, 4 사진).
자료 3-6	『연세춘추』 1960년 4월 27일 1면.
자료 3-7	『연세춘추』 1960년 5월 9일 3면.
자료 3-8	『연세춘추』 1963년 4월 8일 3면.
자료 3-9	연세대학교 의사학과 촬영.

자료 3-10   민주화운동기념사업회 오픈아카이브, 「연세대학교 의과대학 학도호국 단이 수습활동을 하고 있는 모습」(1960.4.26.), 사진 제공: 『경향신문』.

자료 3-11   민주화운동기념사업회 오픈아카이브, 「연세대학생들로 인해 엉망이된 싸우어의 집안과 "싸우어와 언더우드를 본국으로 소환하라"는 피켓」(1960.11.16.), 사진 제공: 『경향신문』.

자료 3-12   『연세춘추』 1960년 11월 21일 1면.

자료 3-13   연세대학교 의과대학 1965년도 졸업앨범.

자료 3-14   『연세춘추』 1984년 4월 9일 7면.

자료 4-1   민주화운동기념사업회 오픈아카이브, 「한일회담을 반대하며 플래카드를 들고 가두시위에 참여한 연세대학교 학생들」(1964.3.1.), 사진 제공: 『경향신문』.

자료 4-2   민주화운동기념사업회 오픈아카이브, 「창립 80주년을 맞아 풍자와 익살의 가장행렬하는 연세대 학생들」(1965.5.17.), 사진 제공: 『경향신문』.

자료 4-3   연세대학교 의과대학 1967년도 졸업앨범.

자료 4-4   연세대학교 의과대학 1967년도 졸업앨범.

자료 4-5   민주화운동기념사업회 오픈아카이브, 「6·8 부정선거 데모를 하다 잡힌 학생을 세 명의 전경이 잡아끄는 모습들」(1967.6.13.), 사진 제공: 『경향신문』.

자료 4-6   『연세춘추』 1969년 8월 4일 1면.

자료 4-7   연세대학교 의과대학 1970년도 졸업앨범.

자료 4-8   『세브란스』 제13호(1970년호).

자료 5-1   민주화운동기념사업회 오픈아카이브, 「위수령으로 연세대학교에 주둔한 위수군」(1971.10.16.), 사진 제공: 『경향신문』.

자료 5-2   민주화운동기념사업회 오픈아카이브, 「위수령 발동으로 한산한 연세대학교의 모습」(1971.10.27.), 사진 제공: 『경향신문』.

자료 5-3   민주화운동기념사업회 오픈아카이브, 「Violators of Emergency Measure」, 자료 제공: Jones, Linda Huffman.

자료 5-4   민주화운동기념사업회 오픈아카이브, 「긴급조치 1호의 위반으로 비상고등군법회의 재판에서 선고받은 피고인들」(1974.3.2.), 사진 제공: 『경향신문』.

자료 6-1 『연세춘추』 1980년 5월 12일 7면.
자료 6-2 민주화운동기념사업회 오픈아카이브, 「이 땅에 억울한 죽음이 결코 있어서는 안됩니다」(1984).
자료 6-3 민주화운동기념사업회 오픈아카이브, 「연세대 의과대학 학생들에게 최루탄을 쏘는 전경들」(1984.11.3.), 사진 제공: 『경향신문』.
자료 6-4 민주화운동기념사업회 오픈아카이브, 「연세대 학생들의 86아시안게임 반대 시위」(1986.9.25.), 사진 제공: 정태원.
자료 6-5 『의료원소식』 1987년 6월 22일 1면.
자료 6-6 민주화운동기념사업회 오픈아카이브, 「서울시내 8개대 의대생들의 최루탄추방 및 민주화염원대회」(1987.6.25.), 『경향신문』 제공(왼쪽 사진); 민주화운동기념사업회 오픈아카이브, 「최루탄 추방대회를 벌이고 있는 서울지역 8개 의과대 연합 학생」(1987.6.25.), 『경향신문』 제공(중앙 사진); 『의료원소식』 1987년 7월 6일 1면(오른쪽 사진).
자료 6-7 「압수수색영장」(1987.7.5.), 사진 제공: 이한열기념사업회.
자료 6-8 『의료원소식』 1986년 12월 8일 3면.

찾아보기

ㄱ

강성웅姜聖雄 261
강필구姜必求 68
강형창 124
개헌청원백만인서명운동 201
거제도 진료소 89
건국준비위원회建國準備委員會 70
건국학도대建國學徒隊 63
경기고등학교京畿高等學校 119
경복중학교景福中學校 50
경성광산전문학교京城鑛山專門學校 50
경성대학동지회京城大學同志會 82
경성신약京城新藥 94
경성제국대학 65
계엄포고령 228
고병간高秉幹 122, 138
고영하高永夏 204
고형일高亨一 261
공명선거추진전국학생위원회 105
광혜원廣惠院 21

구영석具映晳 254
국가보안법 103
국가보위비상대책위원회國家保衛非常對策
　委員會 231
국가재건최고회의國家再建最高會議 145
국민방위군國民防衛軍 90
국민복지회 사건 173
국제연합학생회UNSA, United Nations
　Student Association 130
권동진權東鎭 27
권순만權純萬 248
기독교영문사基督敎影文社 53
기독교청년회YMCA, Young Men's
　Christian Association 24
「기미독립선언서」 27
긴급조치 202
긴급조치 제1호 위반 사건 141
김구金九 61, 75
김규식金奎植 26, 61
김긍년金兢年 249

김기반金基盤 32
김기상 124
김기호金起虎 78
김대중 241
김덕순金德舜 76
김명선金鳴善 56, 89
김명호金明鎬 138
김문진金文軫 30, 33
김미수 32
김병길金炳吉 111
김병수 33
김병철 123
김봉렬金鳳烈 33
김상민金相玫 57
김석경金錫京 204
김성국 33, 44
김성수 69
김성전金成銓 76
김수환金壽煥 201
김승일金承一 246
김신기金信基 88
김영삼 241
김영수金榮水 167
김영신金永信 45
김영진金暎辰 184
김영환 232
김원벽金元壁 31
김윤경金允經 85
김이배 76

김인국金寅國 131
김재규金載圭 223
김재전金在洰 65, 76, 88
김재준金在俊 201
김정택金廷澤 261
김종원金宗元 254
김종철 237
김종현金宗鉉 183
김주열金朱烈 105
김진호金鎭浩 54
김찬두金瓚斗 33, 44
김창순金昌舜 76
김창흠 51
김채원金采元 184
김천만金千萬 69
김춘석 124
김태윤金兌潤 184
김필순金弼淳 14
김향金鄉 204
김형욱金炯旭 174
김홍수 110
김희영金熙榮 15
김희준 233
김희영金熙榮 15

ㄴ

나규연羅珪淵 131
나도헌羅燾憲 65
나병진료단 95

남상갑南相甲 50
노경병盧庚昞 89
노기서盧基瑞 246
녹화사업綠化事業 233
농촌영양실태조사반 95

ㄷ

대통령 긴급조치 제1호(긴급조치 제1호) 202-216
대한민국임시정부大韓民國臨時政府 35, 71
대한수산중앙회 94
도정호都正昊 249
독립대동단獨立大同團 41
독립학생전선獨立學生戰線 80, 82
동백림사건 172
동아제약東亞製藥 94

ㅁ

마산상업고등학교馬山商業高等學校 105
면려청년회勉勵靑年會 45
면학동지회勉學同志會 86
명륜전문학교明倫專門學校 50
명의택明義宅 50
모스크바삼상회의 71
무의촌無醫村 92
무의촌 진료 83, 92, 93, 95-97, 185
무의촌 진료봉사대 84
문맹퇴치운동 85
문병수文秉洙 204

문영한文榮漢 88
문준식文駿植 183, 184
문홍석文洪錫 87
문희용文熙用 261
미군정청United States Military Government in Korea 64
미소공동위원회 71, 81
민족통일·민주쟁취·민주해방투쟁위원회(삼민투) 242
민족해방민중민주주의혁명론NLPDR, National Liberation People's Democratic Revolution 243
민주공화당民主共和黨 158
민주당民主黨 102
민주화추진협의회(민추협) 242
민주화투쟁위원회(민투위) 240
민진식閔震植 117, 123

ㅂ

박경수朴京秀 261
박대선朴大善 161, 215
박두진朴斗鎭 133
박상근朴相根 243
박서양朴瑞陽 15
박성희 261
박영섭朴永燮 65
박용래朴溶來 45
박용만朴容萬 73
박용문朴溶文 184

박일신 124
박장근 233
박종철朴鍾哲 251
박진한朴鎭韓 184
박태건朴泰建 116
박헌영朴憲永 70
반미자주화반파쇼민주화투쟁위원회(자민투) 243, 245, 248
반복기潘福奇, J. D. Van Buskirk 56
반외세반독재애국학생투쟁연합(애학투련) 248
반제반파쇼민족민주투쟁위원회(민민투) 243, 245
배동석裵東奭 30, 33
배순형裵順亨 32
배헌裵憲 56
백기완白基玩 201
백낙준 132
백상창白尙昌 184
백태성白泰星 53
법정法頂 201
변기백邊基伯 32
보성전문학교普成專門學校 50
분극의 밤Stunt Night 217
비상계엄 228
빈주원賓注源 111

3·15부정선거 101
서영완徐永琓 33, 38
서울지역대학생대표자협의회(서대협) 251
서인수徐仁銖 88
서준규徐準揆 204
성낙현成樂鉉 174
성익환成益煥 50
성주호成周皓 88
성진모成鎭模 183
세계기독교봉사회 94
세란제 217
세브란스Louis H. Severance 22
세브란스YMCA 24, 44
세브란스고등간호학교 90
『세브란스교우회보世富蘭偲校友會報, The Severance Bulletin』 53
세브란스병원의학교 14
세브란스연합의학전문학교 23
『세우世友』 17
손병호孫炳鎬 249
손병희孫秉熙 27
손인배孫仁培 65
송선규宋璇圭 88
송영길 239
송진우宋鎭禹 61
송춘근宋春根 33
수도의과대학首都醫科大學 114
순화병원順化病院 117

ㅅ

3선개헌반대운동 175

숭실전문학교崇實專門學校 89
스탠리 마틴S. H. Martin 53, 54
신원선 65
신익희申翼熙 102
신창희申昌熙 15
신필호申弼浩 56
신한민주당新韓民主黨 241
신한청년당新韓靑年黨 26
심강섭沈剛燮 184

ㅇ

아사히의학전문학교旭醫學專門學校 49
아치볼드 아놀드Archibald V. Arnold 70
안기창安基昌 124
안성혁安聖爀 152
알렌Horace N. Allen 21
양재모梁在謨 76
여운형呂運亨 26, 61
연세대학교 총학생회 139, 140, 149, 153, 190, 198, 199, 215, 225-227, 239
『연세의사학』 17
『연세춘추』 236
연주흠延周欽 174
연희전문학교 87
오세창吳世昌 27
오영택 253
오원선吳元善 88
올리버 에비슨Oliver R. Avison 22
원두우元杜尤, Horace Grant UnderWood 133
원일한元一漢, Horace Grant Underwood Jr. 133
원종욱元鍾旭 183, 261
위수령 159, 189
유내춘柳來春 184
유승헌劉承憲 88
유시연柳時然 131
유신헌법 196
유영호劉永浩 32
유준柳駿 95
유한양행柳韓洋行 94
6·8부정선거 170
윤복영尹福榮 65
윤상하尹相夏 65
윤석우尹錫宇 76
윤일선尹日善 56
윤자영尹滋英 31
윤종석尹鍾奭 40
의과대학 총기독학생회SCA, Students Christian Association 130
이갑성李甲成 30
이광용李光鏞 88
이굉상 33
이규희 237
이기붕李起鵬 102
이기섭李基燮 88
이길구李吉求 87
이길상李吉相 122

이만홍李萬弘 184
이면식李冕植 45
이명혁李明赫 56
이병학李炳學 93
이봉호李奉鎬 93
이부현 87
이상준李相峻 180
이상철李相哲 204
이상훈李相勳 249
이석신李錫申 54
이성기李成基 184
이성산李聖山 69
이성우李成雨 87
이성재李聖宰 129
이수원李壽源 53
이순필李順弼 32
이승규李升圭 121
이승만李承晚 71
이승우李昇雨 184, 261
이승헌李承憲 261
이여규李如圭 65
이연혜李延惠 242
이영식李英植 184, 261
이영우 122
이영준李榮俊 70
이영춘李永春 56
이용겸李容兼 69
이용설李容卨 30, 69
이용찬李容讚 184

이원종李元鐘 65
이이제李二濟 124
이재성李在星 131
이준환李俊煥 131
이진우李溱祐 183
이찬수李燦洙 261
이철승李哲承 73
이필주李弼柱 31
이한열李韓烈 252
이한주李漢柱 89
이현상李賢相 50
이호림 87
이호일李浩一 123
이화여자고등학교梨花女子高等學校 86
이희영李喜永 138
인민당人民黨 76
인민일보人民日報 76
인천 5·3사건 245
임경호 123
임평기林平基 76

ㅈ

자유당 101
장경학張庚鶴 133
장기영 65
장덕수張德秀 69
장덕순張德順 133
장면張勉 102
장승포국민학교 90

장윤호 124
장일웅張一雄 123
장준하張俊河 149, 201
장택상張澤相 78
전국반제반파쇼민족민주학생연맹(전민학련) 243
전국반탁학생총연맹全國反託學生總聯盟(반탁학련) 73, 76-79, 82, 85
전국학생총연맹全國學生總聯盟(전국학련) 82, 85, 86,
전국학생총연합(전학련) 242
전두환全斗煥 227
전선순회전도대全鮮巡廻傳道隊 45
전성식田盛植 249
전세준全世俊 65
전시연합대학戰時聯合大學 89
전영찬 232
전재민 구호 266
정갑은鄭甲殷 131
정규철鄭圭哲 249
정동섭鄭東燮 32
정문도鄭文道 69
정상혁丁相赫 184
정성희鄭星熙 233
정승화鄭昇和 230
정용표鄭容杓 261
정일권丁一權 153
정홍섭鄭弘燮 87
제중원濟衆院 14

제중원의학당濟衆院醫學堂 14, 21
조규환曺圭煥 76
조봉암曺奉岩 102
조선공산당朝鮮共産黨 70
조선청년연합회朝鮮靑年聯合會 39
조선청년회연합회朝鮮靑年會聯合會 39
조선학도대朝鮮學徒隊 63
조선학도대 세브란스지대(세브란스학도대) 61, 65-69, 74
조선학생대회朝鮮學生大會 44
조진빈曺震彬 111
조홍휴曺洪烋 261
조홍만曺興萬 174
존 부츠J. L. Boots 53, 54
종로경찰서 117
주낙원朱樂元 50
주미경 232
주현측朱賢則 15
중앙정보부 174
진도선陳道善 89

ㅊ

찰스 사우어Charles August Sauer 133
채문식蔡汶植 73
채희달蔡熙達 138
천관우千寬宇 201
철식 123
최규하崔圭夏 223
최동崔棟 33, 53

최린崔麟 27
최무길崔武吉 138
최병문 122
최병일崔炳日 123
최선학崔善鶴 65
최성장崔性章 69
최수길崔秀吉 138
최승호崔勝皓 225
최용국崔龍國 88
최인규崔仁圭 104
최정규崔正圭 16, 117
최정규장학회 122
최진혁崔辰赫 184
최현배崔鉉培 85

ㅌ
통속의학강연회通俗醫學講演會 46

ㅎ
학도호국단 128, 224
학원민주화추진위원회(학민추) 235-239
학원민주화투쟁 138
학원자율화 235
한국문제연구회 171
한국민주당韓國民主黨 71
한국전쟁 87
한글보급회 85
한기영 124

한남수韓南洙 131
한대용韓大用 131
한미재단 94
한성도서주식회사漢城圖書株式會社 53
한위건韓偉健 31
한위수 65
한응수韓膺洙 65
한일어업협정 148
한일협정 145
한일협정반대운동 139, 145, 159, 160
한일회담반대운동 155, 156, 158-160, 168, 171, 189
함석헌咸錫憲 149, 201
함영훈咸永焄 76
허경빌許景泌 118
허욱 232
허정許政 129
현용호玄勇鎬 243
홍건표洪建杓 50
홍경표洪庚杓 264
홍석기洪潟基 76
홍석후洪錫厚 15, 56
홍성범洪性範 183, 184
홍영재洪永宰 180
홍종은洪鐘殷 15
황규천黃圭泉 204
황규철黃圭哲 65
휴교령 171
흑백당 사건 48

355

세브란스
학생운동사

초판 1쇄 인쇄 2020년 6월 9일
초판 1쇄 발행 2020년 6월 19일

엮 은 이 연세대학교 의과대학 의사학과
펴 낸 이 주혜숙

펴 낸 곳 역사공간
등   록 2003년 7월 22일 제6-510호
주   소 03996 서울시 마포구 월드컵로 100 한산빌딩 4층
전   화 02-725-8806
팩   스 02-725-8801
전자우편 jhs8807@hanmail.net

ISBN 979-11-5707-407-5 93910

- 책값은 뒤표지에 있습니다. 잘못된 책은 바꾸어 드립니다.
- 이 도서의 국립중앙도서관 출판예정도서목록(CIP)은 서지정보유통지원시스템 홈페이지
  (http://seoji.nl.go.kr)와 국가자료종합목록시스템(http://www.nl.go.kr/kolisnet)에서
  이용하실 수 있습니다. (CIP제어번호 : CIP2020023069)